Langston Hughes
et la renaissance de Harlem

Émergence d'une voix noire américaine

Etudes Afro-Diasporiques
Afrà-Diasporic Studies

Collection bilingue/bilingual collection
dirigée par Marc Mvé Bekale,
Hélène Le Dantec-Lowry et Arlette Frund

La présente collection accueille toutes les études touchant au domaine africain-américain et aux nouvelles interactions littéraires, culturelles et politiques entre l'Afrique et sa diaspora. Elle encourage des travaux ouverts à l'interdisciplinarité.

The present French-English collection welcomes all scholarly studies in the African-American field as well as research works addressing the new literary, cultural and political dynamics between Africa and its diaspora. We particularly encourage cross-disciplinary works.

Déjà parus :

Arlette Frund. *Politiques du sensible dans le monde afro-américain et diasporique*, 2015.
Marc Mvé Bekale. *Méditations senghoriennes. Vers une ontologie des régimes esthétiques afro-diasporiques*, 2015.
Christine Dualé, *Harlem Blues. Langston Hughes et la poétique de la Renaissance africaine-américaine*, 2014.
Marc Mvé Bekale. *Traite négrière & expérience du temps dans la littérature afro-américaine*, 2007.
Christine Dualé. *Les Noirs et la réussite universitaire aux Etats-Unis*, 2008.

Christine Dualé

Langston Hughes et la renaissance de Harlem

Émergence d'une voix noire américaine

L'Harmattan

© L'Harmattan, 2017
5-7, rue de l'Ecole-Polytechnique, 75005 Paris

www.editions-harmattan.fr

ISBN : 978-2-343-13767-4
EAN : 9782343137674

Préface

De Françoise Clary

Professeur émérite de littérature et civilisation américaines
Université de Rouen

Images voulues. Images sublimées. L'être humain a sans cesse besoin de mirages pour vivre. La vérité, c'est que l'on ne sait comment nommer ce qui pousse l'écrivain à fabriquer des lointains, à partir vers un ailleurs, à faire de l'imaginaire une structure supplémentaire et non une alternative à l'action. Il existe des images qui sont des formes de visibilité et d'autres images qui sont des modes de conceptualisation du sens. Différenciées par leurs origines, ces images le sont aussi par leur destination, par la manière dont elles « s'inscrivent dans le partage des occupations de la cité », selon Jacques Rancière qui voit dans les variations de la représentation les formes d'une « éthique » des images, qui sont comme autant de reflets de l'ethos des individus. A supposer qu'il existe une vérité sur le discours et une vérité sur les images, est-il possible de négocier le sens d'un changement de paradigme de lecture, d'établir un rapport nouveau de l'artistique au texte social ?

L'ouvrage de Christine Dualé *Langston Hughes et la Renaissance de Harlem. Emergence d'une voix noire* indique qu'il existe une voie vers un questionnement de la conscience rebelle et vers une interrogation sur la perception de l'altérité et de la subalternité dans une relecture des œuvres des écrivains afro-américains. Mais, bien plus qu'une réflexion sur l'œuvre de Hughes, le livre *Langston Hughes et la Renaissance de Harlem. Emergence d'une voix noire* s'ouvre à un jeu de problématiques articulées dans une double dimension, historique et discursive avec un point central d'articulation entre la nature politique de l'histoire et les discours de la minorité reléguée dans un entre-deux de l'espace et du temps, donc souvent inaudibles.

Chronologie

1902
Naissance de Langston Hughes à Joplin dans le Missouri. Son père abandonne sa famille et quitte les États-Unis pour s'installer au Mexique.

1907-1920
Hughes vit dans différentes villes du Midwest avec sa mère et sa grand-mère et obtient son diplôme d'études secondaires à l'école de Cleveland dans l'Ohio.

1920
Après son diplôme, il part rejoindre son père au Mexique pendant un an. Son père a d'autres ambitions pour son fils que l'écriture et ne le soutient pas.

1921
En juin, Hughes publie le poème *The Negro Speaks of Rivers* dans le journal noir Crisis. En septembre, il s'inscrit à l'Université de Columbia à New York. Il rencontre Jessie Fauset, la rédactrice littéraire de Crisis, W.E.B. Du Bois, son rédacteur en chef et un jeune poète noir, Countee Cullen.

1922
Hughes termine son année universitaire à Columbia et vit de travaux précaires. Il continue à écrire des poèmes et à les publier.

1923-1924
Après avoir passé une soirée dans un cabaret de Harlem, il écrit *The Weary Blues*. En juin, il embarque à bord du West Hesseltine pour l'Afrique puis l'Europe. À Paris, il travaille dans le cabaret Le Grand Duc à Montmartre et écrit des poèmes inspirés du jazz qu'il entend tous les soirs. En vacances en Italie, il écrit *I Too*.

1925
Hughes passe l'année à Washington D.C. en compagnie de sa mère. En avril, il obtient le premier prix littéraire d'Opportunity pour *The Weary Blues*. Hughes rencontre Carl Van Vechten, qui l'aide à publier son travail, Alain Locke, Arna Bontemps, Zora Neale Hurston, Wallace Thurman et d'autres acteurs de la Renaissance de Harlem.

1926
The Weary Blues est salué par la critique. Hughes s'inscrit à Lincoln University en Pennsylvanie. En juin, il publie son article manifeste, *The Negro Artist and the Racial Mountain* (L'artiste nègre et la montagne raciale).

1927
Hughes publie *Fine Clothes to the Jew* et est sévèrement critiqué. Par l'intermédiaire d'Alain Locke il rencontre la riche héritière Charlotte Mason (Godmother) qui devient sa bienfaitrice et le restera pendant trois ans. Hughes voyage dans les États du Sud des États-Unis avec Zora Neale Hurston, elle aussi sous la protection de Charlotte Mason.

1929
Hughes est diplômé de Lincoln University. Charlotte Mason lui demande d'écrire son premier roman.

1930
Aidé financièrement par Charlotte Mason, il visite Cuba où il rencontre de nombreux artistes et intellectuels, Nicolás Guillén notamment. Charlotte Mason rompt leur amitié et cesse de l'aider. *Not Without Laughter* est publié et est très bien accueilli par la critique.

1931
Hughes part en Haïti et se radicalise. De retour d'Haïti, il entreprend un tour des États du Sud et de l'Ouest pour des lectures publiques de ses poèmes. Il se rend en Alabama et est très impliqué dans l'affaire de Scottsboro. Il soutient et défend les garçons de Scottsboro qui attendent leurs exécutions en prison. Cette même année il publie *Dear Lovely Death* et *The Negro Mother*.

1932
Hughes publie *Scottsboro Limited*, *The Dream Keeper* et *Popo and Fifina: Children of Haïti* (avec Arna Bontemps), inspiré de son séjour en Haïti. En juin il se rend à Moscou. Il écrit *Goodbye Christ* et *Good Morning Revolution*.

1933
Il visite la Chine et le Japon.

1934-1940
Hughes publie *The Way of White Folks* en 1934. Sa pièce, *Mulatto*, est mise en scène à Broadway. Il écrit *Let America Be America Again* en 1935 et effectue de nombreux voyages en Europe jusqu'en 1940. Son autobiographie, *The Big Sea*, est publiée en 1940.

1942
Hughes publie Shakespeare in Harlem, où il renoue avec les thèmes de la Renaissance de Harlem et l'écriture du blues. Il accepte d'écrire une chronique pour le journal Chicago Defender.

1943
Hughes présente Simple à ses lecteurs. Il devient un personnage très populaire de ses chroniques pour le Chicago Defender. Publication de *Jim Crow's Last Stand*.

1949
Hughes publie une anthologie avec Arna Bontemps : *The Poetry of the Negro, 1746-1949*.

1950
Publication de *Simple Speaks His Mind* qui regroupe les histoires de Simple publiées dans le Chicago Defender.

1951
Publication de *Montage of a Dream Deferred*.

1952
Publication de la collection de nouvelles : *Laughing to Keep from Crying*.

1953
Soupçonné d'être un sympathisant communiste, Hughes est entendu par le Sénat américain.

1961
Hughes est admis au National Institute of Arts and Letters (Institut National des Arts et Lettres) et rencontre le poète Robert Frost. En novembre, il est invité à la Maison Blanche par le président Kennedy en l'honneur de Léopold Sédar Senghor, poète et président du Sénégal.
Publication de *Ask Your Mama: 12 Moods for Jazz*, qui est mal accueilli par la critique, puis de *The Best of Simple*.

1962
Hughes visite l'Afrique à nouveau et assiste à une conférence organisée par des écrivains africains en Uganda. À la demande de la NAACP, il publie un livre d'histoire : *Fight for Freedom: The Story of the NAACP*.

1963
Hughes publie une autre anthologie : *Poems from Black Africa, Ethiopia, and Other Countries*. Sa pièce *Tambourines for Glory* est produite à Broadway et est très critiquée. Le spectacle est annulé après quelques représentations.

1964
Jericho-Jim Crow, une autre pièce de Hughes, est présentée au public et est encensée par la critique. Hughes publie l'anthologie : New Negro Poets : U.S.A. À Paris, il est célébré par de nombreux intellectuels. À la demande de l'éditeur Pierre Seghers, Hughes accepte de publier deux volumes, l'un rassemblant ses propres poèmes, l'autre rassemblant des poèmes appartenant à la poésie noire américaine.

1966
Hughes annonce la fin des aventures de Simple et écrit sa dernière chronique pour le Chicago Defender en janvier. Il publie *The Book of Negro Humor*. À la demande du président Johnson, Hughes se rend à Dakar pour représenter la délégation américaine au Festival Mondial

des Arts Nègres où il est reçu par le président Senghor. Il est considéré comme le représentant incontesté de la littérature noire.

1967
Hughes se rend dans des universités américaines pour des lectures publiques et prend position contre la guerre du Viêt Nam. Il publie : *The Best Short-Stories by Negro Writers: An Anthology from 1899 to the Present* où il inclut *To Hell from Dying*, la toute première nouvelle écrite par Alice Walker. *The Best of Simple* est traduit en français sous le titre *L'ingénu de Harlem* et publié aux éditions Robert Laffont.

Langston Hughes décède le 22 mai. Deux volumes sont publiés à titre posthume : *The Panther and the Lash : Poems of Our Times* et, co-écrit avec Milton Meltzer, *Black Magic: A Pictorial History of the Negro in American Entertainment*.

Introduction

Au cours de sa carrière artistique, Langston Hughes a maintes fois exprimé le désir de retranscrire l'âme et les émotions des Noirs américains à travers son écriture. Grâce à sa conception personnelle d'une « esthétique noire » Hughes contribue très jeune aux riches heures de la Renaissance de Harlem, en revendiquant une autre écriture et une autre image des Noirs, loin du monde policé d'autres écrivains. Appelant les artistes et écrivains noirs à se débarrasser du complexe d'infériorité, il revalorise des aspects occultés de l'héritage culturel noir américain et revendique sa fierté raciale dans son célèbre manifeste, The Negro Artist and the Racial Mountain (« L'artiste nègre et la montagne raciale ») qu'il écrit en 1926 (et traduit ici par Isabelle Richet) :

> J'ai honte pour le poète noir qui dit « je veux être un poète, pas un poète nègre », comme si le monde de sa race n'était pas aussi intéressant qu'un autre monde. […] Si les Blancs sont satisfaits, tant mieux. S'ils ne le sont pas, cela n'a pas d'importance. Nous savons que nous sommes beaux. Et laids aussi. Le tam-tam pleure et le tam-tam rit. Si les Noirs sont satisfaits, tant mieux. S'ils ne le sont pas, leur insatisfaction n'a aucune importance non plus. Nous construisons nos temples pour demain, aussi solides que nous pouvons, et nous nous dressons au sommet de la montagne, libres à l'intérieur de nous-mêmes (Hughes, in Richet, ed., 131).

Entre les stéréotypes imposés par les mécènes blancs, mais aussi par la bourgeoisie noire et les Talented Tenth, ces écrivains conservateurs de la Renaissance de Harlem auxquels Hughes s'opposera, le jeune poète cherche sa voie et comprend très tôt qu'il doit trouver une expression propre, une expression libre, pour affirmer sa voix. Influencé par les poètes modernistes américains comme Vachel Lindsay et T.S. Eliot, dont l'intérêt pour le jazz est perceptible dans leur écriture, et grand admirateur de Carl Sandburg et de Walt Whitman, Hughes construit peu à peu son propre style.

Le blues occupe une place prépondérante dans la vie et l'écriture de l'écrivain, mais aussi les origines africaines, autant d'aspects qui constituent le fondement de son inspiration. Hughes expérimente de nouvelles formes d'écriture tout au long de sa carrière et suit l'évolution de la musique. En s'éloignant de la tradition culturelle anglo-saxonne et européenne et en s'appropriant les modes d'expression dominants pour les restituer avec les outils de la culture noire américaine, il va être à l'origine d'un renouvellement de la poésie noire. Avec son écriture musicale, calquée sur les rythmes du blues et du jazz, Hughes reconstruit une image noire forte et combative. Il est « alors célébré comme le 'poète jazz' ou le 'poète blues' de la Renaissance de Harlem » (Sylvanise 11). Des pionniers tels Vachel Lindsay et T.S. Eliot ont certes ouvert la voie, mais Hughes est le premier à proposer systématiquement dans ses poèmes cette forme d'écriture. Son travail de création lui permet d'offrir des agencements différents et nouveaux et de « faire rhizome » au sens où l'entendent Gilles Deleuze et Félix Guattari :

> La question, c'est de produire de l'inconscient, et, avec lui, de nouveaux énoncés, d'autres désirs : le rhizome est cette production d'inconscient même. [...] Il faudrait faire une place à part à l'Amérique. Bien sûr, elle n'est pas exempte de la domination des arbres et d'une recherche des racines. On le voit jusque dans la littérature, dans la quête d'une identité nationale, et même d'une ascendance ou généalogie européenne (Kérouac repart à la recherche de ses ancêtres[1]). Reste que tout ce qui s'est passé d'important, tout ce qui se passe d'important procède par rhizome américain : beatnik, underground, souterrains, bands et gangs, poussées latérales successives en connexion immédiate avec un dehors (Deleuze et Guattari, 1980, 27, 29).

Dans le discours postcolonial sur la littérature diasporique noire, les termes « créolisation », « métissage » ou encore « hybridité » sont utilisés pour traduire le syncrétisme culturel et identitaire à l'œuvre et souligner le processus de (dis)continuité dans la création culturelle et identitaire ; ce que nous retrouvons dans l'écriture de Hughes. Dans *The Black Atlantic* (1993) Gilroy parle de « créolisation ». Homi Bhabha, lui, parle plutôt de « culture de

---

[1] Puisque la quête des origines est essentielle, nous pouvons dire ici qu'avant Kerouac, Hughes repart lui aussi à la recherche de ses racines africaines pour produire une écriture nouvelle et « autre », une écriture de la marge.

survie » portée par « des êtres évoluant entre des traditions culturelles et capables de révéler des formes de vie et des formes artistiques hybrides qui n'ont aucune existence préalable langagière et culturelle [...][2] » (Bhabha, 1994, xii), car « la cale du bateau était le lieu d'un dynamitage massif du communautaire. L'on n'avait point d'autres choix que d'y naître à soi-même et de manière inouïe. [...] Toute forme artistique est une concentration de présences jusqu'alors dispersées » (Chamoiseau 148, 164). Nous reviendrons sur ces points, car dans ce processus de « devenir », l'écriture de Hughes porte en elle les traces d'un métissage et d'emprunts qui lui permettent de modeler son écriture, d'insuffler un nouveau dynamisme et devenir le fer-de-lance d'une tradition littéraire noire américaine renouvelée.

Langston Hughes est né en 1902 à Joplin, dans le Missouri. À sa naissance, trente-sept ans à peine se sont écoulés depuis la fin de la guerre de Sécession. La période qui suit, appelée « Reconstruction » (1863-1877), donne des droits aux Noirs nouvellement affranchis, ce qui attise les tensions entre Blancs et Noirs mais aussi entre les États du Sud et du Nord. Désormais occupés par l'administration du Nord chargée de faire respecter la Reconstruction imposée par les républicains nordistes, les Sudistes blancs ont beaucoup de mal à accepter la citoyenneté de leurs anciens esclaves régulièrement victimes d'actes d'intimidation[3]. En effet, deux amendements majeurs dans l'histoire des Noirs américains sont ratifiés durant cette période. Il s'agit des quatorzième et quinzième amendements à la Constitution (*Reconstruction amendments*). Avec ces amendements, les États-Unis font l'expérience de la démocratie interraciale pour la première fois ; c'est là un changement considérable qui ne dure cependant pas longtemps puisque ces amendements, même s'ils sont conservés dans la Constitution, sont rapidement violés dans le Sud jusqu'au vingtième siècle, avec l'instauration des lois « Jim Crow[4] ».

---

[2] *People moving in-between cultural traditions and revealing hybrid forms of life and art that do not have a prior existence [...].*
Afin d'éviter une rupture avec le texte, nous avons traduit les citations. Sauf indication contraire, les traductions de l'anglais au français sont de notre main. La langue originale apparaîtra par la suite en italique en note de bas de page.
[3] Le quatorzième amendement (1868) accorde la citoyenneté aux personnes nées aux États-Unis. Le quinzième amendement (1870) accorde le droit de vote aux esclaves nouvellement affranchis.
[4] Les lois Jim Crow désignent une série d'arrêtés et de règlements promulgués essentiellement dans les États du sud des États-Unis entre 1876 et 1964, afin de contourner les 13e, 14e et 15e amendements à la Constitution ayant aboli l'esclavage et reconnu la citoyenneté aux Noirs américains. Ces lois constituaient l'un des principaux éléments de la ségrégation raciale selon

Langston Hughes grandit dans une atmosphère de tension raciale au sein d'une famille désunie qui subit les contrecoups de la Reconstruction puis du racisme et de la ségrégation. Élevé par sa grand-mère jusqu'à l'âge de douze ans puis par sa mère, elles guident toutes deux sa lutte contre les préjugés raciaux. Les sentiments de solitude et de tristesse, thèmes récurrents de son écriture poétique, apparaissent dès l'enfance. Par la suite, de nombreux poèmes évoqueront d'ailleurs la tristesse, la colère et la mort et exprimeront sa désolation personnelle. Dès 1920, il n'a alors que dix-huit ans, il écrit déjà sur le temps qui passe et utilise la métaphore du moulin qui égrène inexorablement les grains de la vie pour traduire sa tristesse face à la mort irrémédiable :

> The mills
> That grind and grind,
> That grind out steel
> And grind way the lives
> Of men… (In Rampersad, 1986, 36)[5].

Suivant sa grand-mère ou sa mère au gré de leurs déménagements, Hughes conservera cette vie solitaire et nomade tout au long de sa vie[6]. Il prend cependant vite conscience de la ségrégation et des discriminations, mais aussi de la place de la culture noire dans la société blanche. De ses moments passés en compagnie des Reeds, les voisins de sa grand-mère, Hughes découvre plusieurs aspects de la culture noire qui vont imprégner sa production poétique future. Fasciné par les sermons et les chants passionnés qu'il entend, entre dix

---

le principe « séparés mais égaux ». En 1896 la Cour suprême donna sa légitimité à cette législation avec l'arrêt *Plessy vs. Ferguson* et la doctrine *separate but equal*. Les lois Jim Crow furent progressivement abolies pendant les années soixante avec le mouvement des droits civiques. Au début du XIXe siècle, cette expression se substitue au terme ségrégation et est synonyme de discrimination raciale.

[5] Tous les poèmes de Langston Hughes n'ayant pas nécessairement fait l'objet d'une traduction officielle, nous avons fait le choix de citer les poèmes dans leur langue originale afin de ne rien enlever à l'écriture poétique de Hughes. Sauf indication contraire, tous les poèmes cités sont extraits soit de la biographie de Langston Hughes par Arnold Rampersad (1986), soit de l'anthologie publiée par Arnold Rampersad et David Roessel en 1994. Nous préciserons uniquement la pagination pour les entrées suivantes lorsqu'elles sont extraites de l'anthologie de 1994. Pour des raisons de droits, uniquement des extraits des poèmes utilisés seront cités.

[6] Très jeune, il part à la découverte du Mexique (où son père résidait), de Cuba, d'Haïti, de l'Afrique et de l'Europe. Il découvre un peu plus tard l'Union Soviétique, la Chine et le Japon.

et douze ans, dans la congrégation baptiste de Lawrence (Kansas), Hughes se rappellera toute sa vie de ces chants, symbole de liberté des Noirs américains et fondement de sa culture. C'est certainement à ce moment précis, entre l'Église et les chanteurs de blues, que se façonne son expression artistique. C'est aussi semaine après semaine, à la lecture du Chicago Defender, qui détaille toujours plus de lynchages et exhorte les gens de couleur à se mobiliser, qu'il se rapproche des Noirs les plus humbles et les plus démunis, eux qui seront l'autre thème essentiel de son œuvre poétique et aussi de sa prose.

À New York, où il s'installe en 1920, il cherche son héritage culturel dans les rues de Harlem et évite la bourgeoisie noire quand il le peut. De New York, il dira d'ailleurs :

> J'étais amoureux de Harlem bien avant de m'y installer. D'ailleurs, à cette époque où j'étais jeune, si j'avais été riche j'aurais acheté une maison à Harlem et fait construire des marches musicales jusqu'à la porte d'entrée. J'aurais aussi fait installer des carillons qui, à chaque utilisation, auraient laissé échapper des airs d'Ellington[7].

Harlem est tour à tour surnommé la « Mecque noire », ou la « Babylone des temps modernes », car, sous l'impulsion de jeunes artistes et écrivains noirs, Harlem est en train de se transformer en creuset culturel et va bientôt devenir la capitale du monde noir :

> Harlem fut une providence pour les pèlerins ou picaros décidés à saisir un autre rêve à l'aube d'une ère nouvelle. Au nord de Manhattan, Harlem serait le « paradis des nègres », selon l'expression de Carl Van Vechten. Il serait la capitale noire où l'on pourrait oublier un passé de servitude (Fabre G., in Richet, ed., 93).

Sous l'impulsion des intellectuels noirs qui convergent à Harlem, des groupes de discussion, mais aussi des journaux politiques, artistiques et littéraires[8] voient le jour pour mieux diffuser leurs

---

[7] *I was in love with Harlem long before I got there. Had I been a rich young man, I would have bought a house in Harlem and built musical steps up to the front door, and installed chimes that at the press of a button played Ellington tunes.* Rampersad, 1986, 51.
[8] Il s'agit notamment des journaux : *Fire !!, The Messenger, Voice of the Negro, The Negro Champion, Harlem* qui sont créés, comme pendant la période de l'abolition de l'esclavage, par des Noirs.

opinions. Cette période sans précédent d'intense créativité artistique[9] et intellectuelle voit naître des auteurs et poètes noirs emblématiques comme Claude McKay, Countee Cullen, Jean Toomer et bien sûr Langston Hughes[10]. Le temps était venu de réévaluer l'héritage culturel noir et de prôner une révolution artistique sans objectif politique. L'époque devient alors propice à cette Renaissance largement favorisée par l'engouement des Blancs :

> Les historiens ont souvent cherché à déterminer si cette Renaissance noire (terme inspiré par la renaissance nationaliste irlandaise du début du siècle) aurait pu fleurir sans l'appui d'une partie de l'intelligentsia libérale américaine. Il est surtout permis de se demander si ses écrivains, artistes et musiciens auraient survécu sans l'engouement new-yorkais pour les spectacles de vaudeville et les comédies musicales qui firent alors la réputation de la Mecque noire (Fabre M., in Richet, ed., 82-83).

Sur le plan littéraire, les nouveaux écrivains de la Renaissance revendiquent une image différente des Noirs américains tout en revalorisant des aspects occultés de leur héritage racial, comme la culture populaire et le blues pour Hughes. La recherche d'une tradition remontant aux origines africaines devient prépondérante pour ces écrivains :

> Ces écrivains ne veulent pas que leurs préoccupations raciales les écartent de l'universel : c'est en exprimant les particularités de la vie noire, en peignant l'individualité nègre qu'ils veulent l'atteindre. Les mythes et le passé raciaux ne s'opposent nullement pour eux à l'expression de l'être personnel ou à la représentation de l'universel (Fabre M., in Richet, 90).

Pour certains écrivains noirs, leurs sujets sont tirés des manifestations les plus populaires de la vie noire, mais ils s'attirent les

---

[9] Eubie Blake et Noble Sissle créent *Shuffle Along* en 1921 avec des artistes comme Josephine Baker et Florence Mills. En 1923, Willis Richardson présente *The Chip Woman's Fortune* à Broadway; première pièce dramatique écrite par un auteur noir et présentée à Broadway.

[10] En 1922, Claude McKay devient le premier poète noir à être publié pendant la Renaissance de Harlem, avec notamment, *Harlem Shadows*. Il est suivi de Countee Cullen en 1925, puis de Langston Hughes qui publie *The Weary Blues* en 1926. Jean Toomer, l'auteur de *Cane* est, lui, le premier écrivain noir à être publié par un éditeur blanc en 1923. En explorant de nouvelles formes d'écriture et en proposant un mode narratif où l'oralité est omniprésente, *Cane* est immédiatement considéré comme un roman innovant et moderniste. La critique littéraire décrit *Cane* comme un roman avant-gardiste.

foudres de l'intelligentsia noire, car cette image est incompatible avec celle de respectabilité, voire d'exceptionnalisme, que l'élite noire souhaite diffuser. Les intellectuels de la Renaissance ne parlent jamais d'une seule et même voix et laissent entrevoir qu'un conflit social va se greffer au conflit racial. Langston Hughes, qui rejette les idées de l'intelligentsia noire et incarne un désir d'émancipation intellectuelle et stylistique, peine à se faire comprendre. En explorant de nouvelles formes d'écriture pour s'éloigner des portraits stéréotypés et pleins de bons sentiments de la littérature blanche et noire, Hughes trouve la voie d'une expression libre et nouvelle :

> C'est une notion très complexe, celle de minorité, avec ses renvois musicaux, littéraires, linguistiques, mais aussi juridiques, politiques. Minorité et majorité ne s'opposent pas d'une manière seulement quantitative. Majorité implique une constante, d'expression ou de contenu, comme un mètre-étalon par rapport auquel elle s'évalue. [...] C'est pourquoi nous devons distinguer : le majoritaire comme système homogène et constant, les minorités comme sous-systèmes, et le minoritaire comme devenir potentiel et créé, créatif (Deleuze et Guattari, 1980, 133-134).

Le foisonnement créatif et esthétique de la poésie musicale de Hughes ne s'est pas limité à l'« écriture blues » et « jazz », puisqu'il a, tout au long de sa carrière, suivi l'évolution et l'histoire de la musique noire américaine, passant ensuite au be-bop puis au free-jazz. Hughes n'était pas musicien, mais en adaptant la musique noire à sa poésie, il transforme le langage et les rythmes pour expérimenter de nouvelles formes et renouveler l'écriture.

Critiqué et contesté dans son pays, très souvent boudé par la critique, Hughes montre qu'écrire à la marge signifie, pendant et après la Renaissance de Harlem, ébranler la tradition littéraire. Aussi, nous verrons comment l'écriture de Hughes s'inscrit dans une problématique du centre qui privilégie l'écriture des Blancs américains et réduit à la périphérie les écrivains noirs. L'écriture de Hughes, qui porte en elle une série de ruptures et d'antagonismes, est une écriture doublement marginalisée, car en écrivant pour et sur le peuple, Hughes se place dans une perspective contestataire et se marginalise doublement puisqu'en privilégiant les sources folkloriques et le dialecte noir il s'oppose aux principes de la bourgeoisie noire ; et en proposant un style propre et « révolutionnaire », voire expérimental dans sa forme et son idéologie, son écriture est rejetée du canon littéraire de l'époque. Difficile d'obtenir la reconnaissance littéraire tant attendue et de faire rhizome dans tout le champ littéraire. Pourtant, il est le seul poète à survivre à la Renaissance de Harlem et à marquer de son influence de grands auteurs et poètes américains aussi bien qu'étrangers. Avec le temps, il devient même le poète américain le plus acclamé, au point d'être invité à la Maison Blanche dans les années soixante et d'être considéré comme le représentant incontesté de la littérature noire américaine. Mais cette reconnaissance arrive sur le tard, et c'est après sa mort que Hughes devient « le poète africain-américain le plus officiel des États-Unis, alors même que ses choix formels le situent toujours en marge de tous les courants et témoignent d'une répugnance pour toutes sortes de normes, comme les jazzmen ignorent toute norme musicale » (Sylvanise 204).

Une vingtaine d'années après la Renaissance de Harlem que de nombreux observateurs nomment une « révolution » artistique, Langston Hughes a, à nouveau, utilisé le Sud, l'Afrique, le folklore, l'exotisme et le blues, ces thèmes qui lui sont chers, pour donner naissance à son personnage le plus emblématique : Jesse B. Simple dont les histoires, traduites en français sous le titre *L'ingénu de Harlem*, seront publiées aux éditions Robert Laffont peu de temps avant sa mort. Avec Simple, l'espace littéraire de Hughes est à nouveau celui de la marge, car ce personnage de la frontière culturelle, ce concentré de stéréotypes, subit une double exclusion : la marginalisation raciale infligée aux Noirs sur la base de leur couleur de peau, et la marginalisation culturelle dans une société qui les rejette. Les aventures de ce personnage singulier et atypique sont un prétexte à une grande fresque sociale du « petit peuple » de Harlem et de l'Amérique dans son ensemble. Tour à tour cocasses, émouvantes et drôles, ces aventures ne laissent pas le lecteur indifférent et permettent à l'auteur d'aborder les thèmes de l'appartenance raciale, de la violence et des brimades lorsqu'on est Noir en Amérique. Ces histoires capturent ainsi la personnalité, l'esprit et le sens de l'humour du personnage, tout en donnant un aperçu précis et rétrospectif de la Renaissance de Harlem. Créé bien après ce mouvement intellectuel et artistique, Simple permet d'appréhender un Harlem en miniature, où les Noirs comme lui sont confrontés aux problèmes de logement, d'emploi, de ségrégation et d'immigration. Ses histoires sont à la fois réalistes, puisqu'elles sont un documentaire sur la Renaissance de Harlem, mais elles sont aussi poétiques, car le lecteur y retrouve l'omniprésence de la musique noire, le style rythmé de Hughes et ses créations lexico-grammaticales, marques de fabrique de l'auteur. On voit donc dans cette écriture, rythmée par l'histoire culturelle et musicale des Africains-Américains, se dessiner les contours d'une écriture poétique noire autre, mais aussi diasporique, car, en France, le mouvement de la négritude s'inspirera de la Renaissance de Harlem.

Hughes construisit sa création esthétique sur le mode d'une oralité réminiscente du blues et du jazz. De par sa force de conviction et sa valeur critique de la culture dominante, mais aussi par son traitement de l'héritage littéraire africain-américain, Hughes a laissé une autre empreinte et a amorcé un nouveau tournant dans la littérature africaine-américaine comme nous allons tenter de le démontrer. Dans notre précédent ouvrage *Harlem Blues : Langston Hughes et la poétique de la Renaissance afro-américaine* (2014) nous avions souhaité montrer en quoi la Renaissance de Harlem avait servi de toile de fond à Hughes pour créer et faire évoluer Simple, son personnage phare. Notre analyse soulignait le caractère historique et culturel de *The Best of Simple* sans aborder le principe d'écriture de Hughes et son travail de toute une vie sur la forme et l'adaptation d'un « langage musical ». Nous avions davantage privilégié les aspects culturels et historiques de ce recueil de chroniques afin de comprendre Harlem durant sa Renaissance artistique et de voir comment Hughes passait de la réalité vécue à la fiction tout en offrant un regard de l'intérieur de ce quartier et de ces bouleversements intellectuels auxquels il avait pleinement participé. Aussi, nous reprendrons des éléments de notre analyse de 2014 dans la quatrième partie de cet ouvrage afin de comprendre le passage de la marge à la norme de l'écriture de Hughes et souligner que le canon littéraire américain est finalement une construction esthético-politique.

Le présent ouvrage vise à souligner l'originalité d'une écriture très critiquée du vivant du poète et souvent incomprise au moment où la Renaissance de Harlem bat son plein. Afin de comprendre en quoi la Renaissance de Harlem fut un tournant dans l'histoire culturelle noire américaine sans nécessairement être une révolution, nous reviendrons sur ce mouvement et montrerons comment de nouvelles voies noires se sont dessinées, mais aussi comment de nouvelles voix se sont imposées. Ce cadrage historique nous permettra de mettre en perspective la propre voi(e)x de Langston Hughes et de nous demander comment s'est construite son écriture. Tiraillée entre normalité et subversion, formulation et reformulation identitaires, non-dits et vérités, collaborations et rapports de force entre auteurs et éditeurs, entre Blancs et Noirs, pourquoi l'écriture de Hughes fut-elle autant critiquée et incomprise de son vivant ? Comment réussit-il à passer de la marge à la norme et à affirmer sa voix à une période où les positions discordantes se heurtèrent à « une hiérarchie figée des identités[11] » et où les relations raciales ne furent pas envisagées d'emblée à l'aune de l'interracialité et de l'« hybridité » ?

---

[11] Nous empruntons cette expression à Jean-Paul Rochi (15).

**Première partie
De l'esclavage
à la renaissance culturelle**

Chapitre premier
L'écriture de l'histoire

L'écriture, qui a ouvert les voies de la liberté aux esclaves en leur permettant de raconter leur propre histoire et de passer du statut d'objet à celui de sujet, va permettre à Hughes de revendiquer son identité d'écrivain noir américain à une époque où il est encore difficile aux intellectuels noirs d'affirmer leur identité et d'échapper aux dictats de la bourgeoisie blanche et noire. L'écriture de l'histoire et plus particulièrement de l'esclavage est en lien avec l'écriture de Hughes qui s'est nourri de cet héritage. C'est à travers cette histoire double, entre Afrique et Amérique, que Hughes trouve sa voie, mais va aussi exprimer sa voix. Nous allons voir en quoi l'écriture de Hughes est liée à l'esclavage, à son histoire et à son écriture, mais aussi à ses formes d'expression comme la danse, le chant et la musique. Ce retour sur l'écriture de l'histoire et sur l'expression culturelle des Noirs américains nous permettra d'appréhender et de déchiffrer les différentes écritures de Hughes, qui se pose finalement comme un témoin de premier ordre de la culture noire populaire du début du vingtième siècle, lui qui va lui redonner toutes ses lettres de noblesse à travers sa propre écriture poétique.

Il a fallu des années avant que l'histoire des Noirs soit reconnue, car elle a été « simplement ignorée ou considérée de façon périphérique à celle de la nation américaine [...]. Dans un schéma qui soulignait la supériorité des institutions américaines dans le monde, on ne pouvait insister sur l'histoire d'un groupe dont l'asservissement remettait en cause les fondements mêmes de la nation, ceux-ci étant basés sur une doctrine égalitaire » (Le Dantec-Lowry, 21-22). L'histoire noire n'était pas totalement ignorée, mais elle n'était cependant pas la préoccupation majeure des historiens blancs. Il faut attendre les revendications des années soixante et la politique d'affirmative action lancée par le président Kennedy pour que l'histoire africaine-américaine s'intègre à l'histoire nationale et soit acceptée dans les universités et les manuels scolaires. Cette période, qui voit se développer de nouvelles techniques d'analyse et s'intéresse à des sources plus variées, offre une approche historique différente dont le rapport à la mémoire et aux sources documentaires évolue et devient même essentiel[12]. Dans les années soixante, les études qui se développent aux États-Unis comme en France se caractérisent par une divergence d'approches (sociologiques, anthropologiques, économiques et civilisationistes), mais démontrent toutes l'influence de l'Afrique au sein des sociétés américaines issues de l'esclavage. En France, le sociologue Roger Bastide[13] est le premier à démontrer l'influence africaine dans ses travaux sur les populations du Brésil et à parler « d'interpénétrations des civilisations ».

Les changements d'approche ont régulièrement remis en cause la continuité culturelle entre l'Afrique et l'Amérique ainsi que l'écriture de l'histoire africaine-américaine. Aux États-Unis, le champ des études afro-américaines qui se développent dans les années soixante-dix est source de débats et de controverses :

> Le thème récurrent dans les travaux de ces auteurs est la question de l'acculturation qui, à travers des notions comme « syncrétisme » et « réinterprétation », essaie d'appréhender les processus qui ont permis la transformation des cultures africaines en cultures « afro-américaines ». Le travail de Sidney Mintz[14] et Richard Price [1976] est en ce sens fondamental, puisque pour la première fois les cultures afro-américaines ne sont pas pensées comme la réminiscence – plus ou moins accomplie – d'un passé traditionnel, mais comme des créations nouvelles, résultant des nouvelles conditions de vie dans les colonies américaines (Capone 2005).

Dans les années quarante, les travaux de l'anthropologue Melville J. Herskovits (un des pères de l'anthropologie afro-

---

[12] Par exemple dans *La mémoire, l'histoire, l'oubli*, Paul Ricœur montre que la recherche documentaire est au cœur du travail de l'historien.

[13] Roger Bastide (1898-1974) fut Professeur de sociologie spécialiste du Brésil, il étudia les religions en Afrique et l'influence de l'Afrique sur les religions au Brésil. Il publia notamment : *Initiation aux recherches sur les interpénétrations de civilisations* (1948) ; *Brésil, terre des contrastes* (1957) ; *Le Candomblé de Bahia* (1958) ; *Les Religions africaines au Brésil* (1960) ; *Les Amériques noires* (1967).

[14] Sidney Mintz est un anthropologue spécialiste des Caraïbes et de la créolisation ; il est aussi reconnu pour ses études sur la nourriture. Il collabore avec l'anthropologue Richard Price dans *The Birth of African-American Culture: An Anthropological Approach* (1976). Ils y démontrent que la culture afro-américaine est le résultat de survivances culturelles africaines. Dans les années soixante-dix, leur position alimente la controverse. Pour eux, la déportation et l'esclavage n'avaient pas réussi à effacer l'Afrique dans les pratiques culturelles des Noirs une fois dans les colonies ; au contraire un mélange de pratiques ancestrales et de pratiques empruntées au milieu caractérisait la construction culturelle afro-américaine.

américaine) sont les premiers à établir un lien historique et culturel entre l'Afrique et l'Amérique. Herskovits affirme dans le très controversé *The Myth of the Negro Past* (1941) que les Africains ont pu conserver des traces de leur passé africain une fois déportés dans les plantations d'Amérique. Pour le sociologue noir Franklin Frazier[15], au contraire, la survivance de l'Afrique dans les pratiques culturelles noires est inexistante :

> Quels que soient les souvenirs et les coutumes de la terre d'origine, ils devinrent inexistants une fois dans le Nouveau Monde. De plus, la majorité des esclaves étant de jeunes hommes, cela élimina toute possibilité de mise en place d'un cadre social permettant la transmission de l'héritage culturel africain (Frazier, 12)[16].

Frazier remet en question les conclusions d'Herskovits et ses travaux alimentent le débat idéologique autour des survivances africaines dans la construction de la culture noire américaine. Pour Frazier, en effet, les Africains adaptèrent leurs traditions et leur héritage culturel à leur nouvel environnement puisqu'ils ne partageaient ni une langue ni des traditions communes. Dans *Black Bourgeoisie* Franklin Frazier affirme que l'esclavage a anéanti tout souvenir de l'Afrique. Selon lui, l'esclavage a non seulement « détribalisé » les Africains, il les a aussi détruits en tant qu'êtres humains :

> L'esclavage du Nègre aux États-Unis a détruit non seulement ses liens familiaux et ses croyances ; l'esclavage a oblitéré aussi toutes les traces mémorielles de l'Afrique des origines qui auraient pu survivre après le passage du milieu. La destruction de croyances et de pratiques religieuses et traditionnelles a réduit le Nègre à l'état « d'atome », dépourvu de personnalité et même d'identité sociale (Frazier 13)[17].

---

[15] Franklin Frazier (1894-1962) fut professeur et président du Département de Sociologie à Howard University. Il fut un des premiers sociologues noirs à être reconnus. Il a réalisé des études majeures sur la communauté noire américaine, dont : *Durham: Capital of the Black Middle Class* (1925); *The Negro Family in the United States* (1939); *The Negro in the United States* (1949); *Black Bourgeoisie* (1957) ou *The Negro Church in America* (1964).

[16] *Whatever memories he might have retained of his native land and native customs became meaningless in the New World. The very fact that the majority of the slaves were young males practically eliminated the possibility of recreating a social organization that could perpetuate and transmit the African cultural heritage.*

[17] *The enslavement of the Negro in the United States destroyed not only his family ties and his household gods; it effaced whatever memories of the African homeland that had survived the*

Au dix-neuvième siècle, la description des esclaves par Alexis de Tocqueville dans *De la démocratie en Amérique*, faisait d'ailleurs état du même constat :

> Le nègre des États-Unis a perdu jusqu'au souvenir de son pays ; il n'entend plus la langue qu'ont parlée ses pères ; il a abjuré leur religion et oublié leurs mœurs. En cessant ainsi d'appartenir à l'Afrique, il n'a pourtant acquis aucun droit aux biens de l'Europe; mais il s'est arrêté entre les deux sociétés; il est resté isolé entre les deux peuples; vendu par l'un et répudié par l'autre; ne trouvant dans l'univers entier que le foyer de son maître pour lui offrir l'image incomplète de la patrie (Tocqueville 427).

Hughes, qui n'est ni anthropologue ni historien établit lui aussi très tôt dans son écriture le lien entre l'Afrique et l'Amérique. Ce rapport est déjà présent dès les années vingt et est source d'inspiration. En mai 1923, Poem[1] est publié dans World Tomorrow (il est aussi inclus dans le recueil *The Dream Keeper*). Il y décrit un Africain tiraillé entre des pratiques ancestrales et les méfaits de la civilisation venus bousculer et bouleverser les traditions et pratiques africaines ancestrales :

> « Poem [1] »
> All the toms-toms of the jungles beat in my blood,
> And all the wild hot moons of the jungle shine in my
> soul.
> I am afraid of this civilization [...].

La présentation fragmentée des lignes du poème traduit le choc des civilisations et pose la question de la préservation de l'âme noire, de l'identité africaine, dans un monde dominé par la civilisation européenne. Hughes oppose la chaleur de l'âme africaine à la froideur de la civilisation blanche. On peut interpréter ce court poème de deux façons : nous pouvons en effet le comprendre comme une allusion aux Africains du début du vingtième siècle, faisant l'expérience sur leur sol de la colonisation blanche (I am afraid of this civilization, So hard, So strong, So cold) ; mais aussi comme le résultat du déracinement des Africains enlevés puis déportés pour être réduits en esclavage dans les colonies d'Amérique et qui ont dû s'adapter à une autre civilisation

---

Middle Passage. The destruction of a common tradition and religious beliefs and practices reduced the Negro to a mere 'atom' without a personality or social identity.

et à d'autres pratiques culturelles. L'histoire africaine, mais aussi africaine-américaine, telle que l'écrit Hughes, est envisagée comme une opposition entre civilisation blanche et noire, mais aussi comme une continuité entre l'Afrique et l'Amérique dont les traditions ancestrales et les pratiques culturelles seraient un fil conducteur entre les deux continents (All the toms-toms of the jungles beat in my blood/ And all the wild hot moons of the jungle shine in my / soul). Cette identité noire, qui se distingue sur la page en étant isolée typographiquement, est déjà un paradigme récurrent dans l'écriture du poète alors que les scientifiques et les historiens commencent à se poser la question des origines africaines des esclaves et à reconsidérer l'écriture de l'histoire de l'esclavage.

À partir des années soixante, avec le développement des études africaines-américaines, les esclaves des colonies américaines sont désormais perçus comme une population déportée, constituée d'agents actifs dans la reformulation de leur identité culturelle et sociale en dépit de leurs conditions de vie et d'oppression. À travers cette praxis, la notion de « diaspora noire » est aussi utilisée pour rendre compte des nombreux changements (géographiques, démographiques, politiques, épistémologiques et culturels) dans le monde colonial et postcolonial. Les Noirs forment en effet une communauté autour d'une histoire commune faite de multiples déplacements depuis les rives africaines jusqu'aux colonies anglo-américaines (et dans les colonies elles-mêmes) ou sur le territoire français :

> Pour ceux d'origine africaine l'Amérique du Nord, ce qui est ensuite devenu les États-Unis, ne fut qu'une première étape dans les déplacements massifs qu'ils subirent. […] Pendant plus de quatre siècles, les originaires d'Afrique furent constamment déplacés une fois aux États-Unis, revivant sans cesse le drame de la migration : l'abandon du familier, le traumatisme du transit, la confrontation à la nouveauté, la compréhension - bien qu'avec réticence […] - du lieu, les conflits générationnels qui en découlèrent et finalement, le souvenir du passé, de ce qu'il avait été et de ce qu'il était devenu (Berlin 21)[18].

---

[18] *[…] For people of African descent in North America—what became the United States—it was only the first of many massive relocations. […] For more than four centuries, people of African descent in the United States have been on the move, reenacting the timeless drama of migration: the abandonment of the familiar, the trauma of transit, the confrontation with the new, the embrace—however reluctantly, […] of place, the generational struggles that followed, and finally the remembrance of the past, reflecting on what once was and what then became.*

Dans le contexte post-colonial, l'histoire de l'esclavage est aussi replacée dans le temps et les différentes origines géographiques considérées. La recherche dans ce domaine n'offre plus une vision globale et unique. Les outils d'analyse se diversifient, « de politique, l'histoire devint sociale et culturelle » (Le Dantec-Lowry 24). Cette approche de l'histoire « from the bottom up » s'intéresse de plus en plus aux témoignages des Noirs. D'objets d'étude, ils deviennent sujets et leur histoire influence l'histoire d'autres groupes :

> L'histoire africaine-américaine a beaucoup influencé les historiens d'autres groupes, nous l'avons dit, mais elle a aussi été largement marquée à son tour par l'écriture de ces histoires diverses et notamment les études sur les femmes (women's studies puis gender studies), mais également par les divers courants venus d'autres disciplines, la sociologie ou les cultural studies, ou ceux venus d'Europe comme le structuralisme et le postmodernisme souvent inspirés des travaux français (Le Dantec-Lowry 25).

Avec cette nouvelle approche, les différentes ères géographiques et origines ethniques sont étudiées afin de comprendre avec précision les relations qui se sont développées entre les différentes régions d'Afrique et les plantations. Les relations et interactions entre les esclaves nés en Afrique et ceux nés dans les plantations sont aussi envisagées afin de mettre à jour des traditions qui auraient pu être perpétuées. L'héritage culturel de l'esclavage paraît donc indéniable. L'adaptation au milieu et la continuité d'un code d'expressivité fondé sur des relations affectives participent de cet héritage. Daniel Royot parle « d'interactions communautaires inscrites dans une mémoire collective » (Royot et al., 297) ; Edouard Glissant nomme cela l'« opposition bénéfique » (Glissant, 1996, 97) entre êtres différents, ce qui témoigne de l'échange et de la pollinisation dans la construction culturelle. Patrick Chamoiseau encore parle d'« une culture du choc, de la rencontre, et de toutes les modalités morales, immorales ou amorales d'une mise en relation » (Chamoiseau 151) :

> Les captifs qui survécurent aux bateaux négriers amenèrent dans nos îles des ancêtres et ce qu'ils savaient de l'Afrique, mais cette charge gisait dans la poche liquéfiante de l'oubli. Leur structure mémorielle s'était vue éprouvée à l'extrême par la terreur d'avoir eu à vivre ce qu'étaient la cale, l'inconnu sans limites du bateau et de « l'immense voyage ». Comme le dit Glissant, ils furent les seuls *migrants nus*

qui débarquèrent dans la Caraïbe et dans les Amériques. Sans vêtements, sans armes, sans valises, sans ustensiles, sans bibliothèque, sans le moindre instrument, ils n'étaient porteurs que de « Traces » (Chamoiseau 150).

En 1994, Homi Bhabha a défini « the in-between spaces » comme un espace liminal, un entre-deux, où l'identité culturelle se constitue à la fois dans un espace d'imitations et de créations, un « tiers espace », en définitive. Selon lui, cet espace de négociation et de (re)définition permet d'éviter l'opposition binaire dominant/dominé car il repose sur l'échange et la médiation. Pour Bhabha, le sujet diasporique est l'habitant d'un « entre-deux » hybride entre centre et marge. Dans cet « interstice », les notions de classe, de genre et de race se rencontrent et se recoupent pour créer un nouvel espace identitaire ; un espace où l'identité noire américaine fut/est repensée à l'aune d'affiliations et d'agencements sociaux comme l'illustre l'écriture de Langston Hughes et ses échanges avec les intellectuels de son temps. C'est aussi ce que Chamoiseau définit comme la « Trace », « un rien-univers qui subsiste, une résultante subtile, légère, tremblante, toujours en devenir, et qui clignote un autre possible dans la ruine des symboles antérieurs et des hautes certitudes » (151) :

> L'importance de l'hybridité n'est pas tant d'être capable de remonter aux deux moments d'origine à partir desquels le troisième moment émerge ; l'hybridité est plutôt, selon moi, un 'troisième espace' à partir duquel de nouvelles positions peuvent émerger (Bhabha, 1990, 211)[19].

Toutefois, si la théorie de Bhabha permet d'envisager les relations raciales en dépassant la binarité culturelle « colons/colonisés » ou encore « dominants/dominés » dans ce transfert culturel, la littérature et la culture africaines américaines témoignent d'un combat contre la domination, combat pleinement confronté, où l'identité collective noire américaine s'est forgée et où les enjeux poétiques sont devenus une arme politique révolutionnaire.

L'héritage culturel est, par conséquent, de deux ordres. À l'origine, il se transmet oralement par le chant et la musique et établit des liens entre Afrique et Amérique ; puis il se transmet par l'écrit

---

[19] *For me the importance of hybridity is not to be able to trace two original moments from which the third emerges, rather hybridity to me is the 'third space' which enables other positions to emerge.*

grâce aux récits autobiographiques d'esclaves qui se développent au milieu du dix-neuvième siècle.

La danse, le chant, la musique

L'héritage culturel de l'esclavage a présidé au développement des formes d'expression comme le chant, la danse, mais aussi la musique. L'écriture, qui ouvrira les voies de la liberté aux esclaves et à laquelle ils ont rarement accès, arrivera plus tardivement dans leur histoire. Il est difficile de déceler les premières traces de la culture africaine dans la culture africaine-américaine, car les premiers esclaves ont certes amené avec eux leurs traditions et leur culture, mais leur dispersion, une fois dans les plantations, ajoutée à la barrière de la langue, puisqu'ils provenaient de différentes régions d'Afrique, les empêchèrent de former un groupe dont les pratiques culturelles pouvaient perpétuer les traditions africaines. D'autant plus que les maîtres n'autorisaient pas les esclaves à se regrouper par peur des insurrections. Perpétuer des pratiques traditionnelles leur est donc extrêmement difficile. Les premiers Africains ont développé un mode de vie original en s'adaptant au milieu dans lequel ils étaient transplantés et ont créé leur propre patrimoine culturel qui allait être transmis aux générations suivantes. Nous pouvons donc avancer qu'ils ont réussi à créer une expression culturelle spécifique à partir des éléments de leur expérience en Amérique et de leurs souvenirs de l'Afrique. Ces différentes manifestations culturelles doivent être comprises comme les instruments de leur survie[20] :

> Ni l'organisation clanique africaine ni le modèle socioculturel des Blancs n'existait chez les esclaves, aussi certains sociologues ont-ils conclu peut-être hâtivement à un hiatus entre l'Afrique et l'Amérique, d'où une déculturation des Noirs. À cette interprétation répond celle qui fait état des continuités du code d'expressivité fondé sur un réseau de relations affectives, de croyances accumulées, d'interactions communautaires inscrites dans une mémoire collective (Royot et al., 297).

---

[20] Patrick Chamoiseau écrit fort justement d'ailleurs : « Dans ces situations extrêmes, la création des œuvres de l'art a escorté la libération du mental et du corps, l'autonomisation des esprits, l'élargissement de la conscience. Le sacré est là – dans la rencontre qui vous augmente, qui vous change sans vous dénaturer […] » (Chamoiseau 156-157).

C'est par la danse que la transition de l'Afrique vers l'Amérique s'est faite le plus facilement, car on décèle aisément les traces du continent africain dans certaines célébrations traditionnelles. La danse est un langage de communication fondamental de l'expression africaine. Elle est vécue comme un moyen d'expression et une façon de montrer le rapport de l'homme à la nature. La Juba, aussi appelée Patting Juba dans les plantations américaines, est caractéristique des danses africaines. Des danseurs exécutent des mouvements et sont au centre d'un cercle formé d'autres danseurs qui les accompagnent en frappant sur les parties du corps (mains, pieds, cuisses). Dans une danse traditionnelle de la Nouvelle-Orléans, par exemple, les participants évoluent en cercle autour de deux danseurs et les accompagnent de leur voix ou en tapant du pied. La chorégraphe Katherine Dunham[21], qui travaille aux côtés de l'anthropologue Melville Herskovits dans les années cinquante et étudie les danses traditionnelles des Caraïbes, évoque les influences africaines et la fusion des cultures dans ses travaux, notamment dans *Dances of Haïti* (1947), mais aussi dans ses chorégraphies.

La *Jim Crow dance* est un autre exemple de la transmission de l'Afrique à l'Amérique. Cette danse remonte au dix-septième siècle lorsque la législation empêche les esclaves de se rassembler pour exécuter des danses traditionnelles africaines jugées blasphématoires. Les esclaves s'adaptent à cette interdiction en mettant au point un pas de danse qui leur évite de former une croix avec les pieds, ce qui leur est interdit. La *Shuffle dance*, ou traîner les pieds, leur permet de continuer à danser. Cette danse devient la *Jim Crow dance*. Elle est popularisée par Thomas Rice (*Jump Jim Crow Dance*) dans les années 1830 : « Weel about and turn about and do jis so/ Eb'ry time I weel about I jump Jim Crow ». Ce type de danse est ensuite repris par les Blancs qui caricaturent les esclaves, et est intégré aux premiers *minstrels shows* destinés à amuser les planteurs.

À la fin du dix-neuvième siècle, pratiquement toutes les villes dotées d'une gare et d'une salle de spectacle recevaient des troupes de

---

[21] Katherine Dunham (1909-2006), danseuse et chorégraphe africaine-américaine, étudie l'anthropologie aux côtés de Melville Herskovits. Elle étudie les danses traditionnelles des Antilles et montre l'influence de l'Afrique et la fusion des cultures par la danse. Dans les années quarante, elle fonde la première compagnie africaine-américaine de danse contemporaine et crée une technique marquée par les influences antillaises, africaines et africaines-américaines qu'elle a étudiées. Elle propose un style différent et très loin des stéréotypes blancs.

minstrel. Ce sont des spectacles divertissants qui s'apparentent à la tradition du ménestrel[22] :

> À l'origine, le *black-faced minstrel* est un clown itinérant avant d'être reconnu comme artiste vers 1830. Il est accompagné d'un orchestre de joueurs de banjo (instrument inspiré du bania africain) et d'os de moutons qu'on entrechoque savamment pour marquer le rythme des chansons (*jig-song*). Il tire aussi partie du *cakewalk*, parodie acrobatique du quadrille qui vaut un gâteau comme prix au meilleur danseur. Les représentations sont destinées aux planteurs et à leurs familles, aussi les numéros visent-ils à montrer le pittoresque hilarant des mœurs africaines. Paradoxalement, laconisme et fatalisme africains se sont transmués en gestuelle naïve et exubérante, nourrie d'expériences douloureuses (Royot et al., 299).

Un des thèmes récurrents de ces spectacles était l'installation dans une ville du Nord car beaucoup de Noirs croyaient mettre fin à leurs problèmes en quittant le Sud. Traitées avec humour, ces saynètes sont très appréciées du public, car nombreux sont ceux qui se reconnaissent dans un tel portrait et retrouvent leurs illusions perdues. En jouant avec les stéréotypes et les idées reçues, les *minstrels* portent atteinte aux Noirs et installent durablement dans les esprits une image très caricaturale :

> Le *minstrel* est habillé en gentleman de manière grotesque et paraît se moquer des mœurs de la haute société. Son spectacle consiste en trois parties. Le maître de cérémonie s'adresse aux comédiens disposés en demi-cercle et échange des phrases avec ceux qui se trouvent aux extrémités. Le dialogue inclut gags, anecdotes et jeux de mots. Après chaque sketch passe une chanson en chœur ou en solo. Chacun des membres de la troupe exécute ensuite un numéro selon sa spécialité (jongleur, acrobate ou danseur). La troisième partie comprend des sermons burlesques et des saynètes (Royot et al., 337).

Cela n'échappe pas à Hughes. En 1925, il publie dans le journal *Crisis*, le poème « Minstrel Man » où il capture toute

---

[22] Au Moyen-âge, le ménestrel est sous la protection d'un seigneur qu'il doit divertir. Il s'accompagne d'un instrument et raconte, en chantant, des histoires réelles ou imaginaires. Cette fonction de divertissement par les domestiques se retrouve dans les plantations du Sud où les esclaves doivent danser devant leurs maîtres après leur journée dans les champs. C'est ainsi que naîtra la danse du *cakewalk*.

l'ambiguïté du *minstrel* et rappelle la période de l'esclavage où les maîtres blancs pensaient que les esclaves n'étaient finalement pas si malheureux, puisqu'ils chantaient pour rythmer leur travail dans les champs. « Minstrel Man » sera ensuite publié dans *The New Negro* :

> « Minstrel Man »
> Because my mouth
> Is wide with laughter
> And my throat
> Is deep with song,
> You do not think
> I suffer after
> I have held my pain
> So long? [...]

Toutefois, ces spectacles permettent à des comédiens noirs d'entrer sur scène après 1865 et de caricaturer, par la suite, la société blanche qu'ils ont observée pendant l'esclavage. Initialement uniquement interprétés par des comédiens blancs qui se noircissent le visage[23], les minstrels diffusent largement les stéréotypes noirs et les transforment en caricatures :

> Le rôle du *minstrel* est considéré aujourd'hui comme très ambigu : il offrait une image caricaturale des Noirs qui servit d'antithèse à l'idéal protestant. [...] Le minstrel renouait ainsi ironiquement avec ses véritables sources, les spectacles présentés par les esclaves dans les plantations, et son succès à la fin du siècle contribua à faire tomber les barrières raciales et prédisposa le public blanc à accueillir les expériences plus audacieuses des artistes de la Renaissance (Fabre G., in Richet, ed., 107).

Lorsque les Noirs interprètent des *minstrels,* les Blancs deviennent, à leur tour, l'objet de railleries et sont décrits avec dérision. Le *cake walk*, qui consiste à danser en imitant la raideur et l'attitude guindée des Blancs, est un exemple de caricature des Blancs par les Noirs. Une part de gâteau était ensuite offerte au meilleur danseur qui réussissait à évoluer sur une ligne tracée à la craie, d'où le nom. Les *minstrels*, avec leurs images caricaturales, sont populaires d'emblée auprès des Blancs, bien avant la musique et les chants. Cette

---

[23] Il s'agit de la pratique du *blackface*, une forme théâtrale présente dans les *minstrels* qui se développa en parallèle pour mieux stigmatiser les Noirs.

expression artistique annonce aussi les prémices d'une réflexion et d'une reformulation identitaires dans une société qui place ses citoyens noirs au plus bas de l'échelle sociale et en fait des êtres de la marge. À travers la pratique théâtrale et le déguisement, les Noirs trouvent finalement le moyen de se réapproprier leur identité tout en revendiquant une identité artistique ne menaçant pas l'ordre établi. En reformulant leurs « coordonnées identitaires (race, classe, genre et sexualité) » (Lemoine in, Rocchi, ed., 128) les acteurs de *minstrels* commencent à ébaucher une culture propre, spécifique à leur communauté, où la dissidence apparaît en pointillés et ils font ainsi évoluer les *minstrels* vers les *coon shows*. Dans les années 1860 quelques troupes de *minstrels* noirs se forment pour une très courte durée et dès les années 1870 elles sont récupérées par des Blancs :

> Les troupes de *minstrels* noirs deviennent très vite des opérations rentables et annoncent une tendance qui deviendra la norme dans le monde du spectacle noir, et ce bien après le milieu des années 1900. En effet, les Blancs contrôlaient à la fois la gestion et les bénéfices tirés de ces spectacles[24] (Watkins 109).

La musique et les chants religieux, qui se sont développés en parallèle, ont permis aux esclaves de perpétuer leurs croyances ancestrales tout en préservant une unité. La musique noire est étroitement liée à la religion et à l'évangélisation des esclaves. La musique née de l'esclavage renvoie à trois catégories de chants : les chants religieux, les chants de travail (*work songs*) et les chants du divertissement (*recreational songs*). Chaque catégorie est le résultat de l'adaptation d'éléments appartenant à la tradition africaine et européenne ce qui permit de développer différents genres musicaux tels les spirituals, les gospels, le blues et le jazz.

Dans les champs, les travaux collectifs sont scandés par des chants de travail ou *work songs*. Les planteurs les encouragent, car en apportant, selon eux, de la joie de vivre à la main-d'œuvre, ils permettent un meilleur rendement puisque la musique rythmait leurs efforts[25]. Ces *field calls* sont une injonction au travail, un moyen de

---

[24] *Black minstrel troupes were quickly becoming profitable business ventures; foreshadowing a trend that would characterize black entertainment until after the mid-1900s, both the management and the profit derived from black stage acts were controlled by whites.*

[25] Après l'abolition de l'esclavage, les Noirs continuent à rythmer leurs efforts par des chants tels que celui-ci: « Ain't it hard, ain't it hard, ain't it hard to be a nigger, nigger, nigger,

communiquer, mais aussi un chant individuel et un code secret dans la mesure où les esclaves, auxquels il est interdit la pratique des langues, parlent un dialecte noir à peine compris des planteurs. Les esclaves des champs communiquent donc par des appels qui se situent entre le récit et le chant[26]. Il existait trois types de chants pour les Noirs durant l'esclavage : le *field call* (l'appel des champs), le *father call* (l'appel du père), et le *dirge* (le chant du désespoir). Le *field call* est associé au travail dans les champs et permet de maintenir l'ardeur au travail. Le *father call* est le chant du père rentrant et signalant son arrivée à la mère. Cette complainte accompagne le travailleur sur son chemin et le protège des dangers ; elle peut se doubler d'un chant de départ ou de séparation. Le *dirge* est à la fois un chant du désespoir où l'angoisse de la mort est présente, et un appel au Seigneur, ce qui relève du spirituel. Ce chant, teinté d'africanisme, sera véhiculé par les Noirs et se transformera en blues et en spirituals.

Les *death songs*

> Before I'll be a slave,
> I'll be buried in my grave
> And go home to my Lord
> And be free[27]

La mort et la liberté après la mort sont des thèmes récurrents des chants d'esclaves. Chanter l'imaginaire de la mort était une pratique déguisée qui permettait d'évoquer l'esclavage et la liberté, mais surtout d'exprimer l'impatience de la liberté dans un contexte marqué par le durcissement des conditions de vie. Loin d'être un peuple passif et sans voix, comme l'historiographie du début du vingtième siècle porte à croire, les esclaves s'affirment peu à peu, mettent en place des stratégies de résistance pour supporter la violence

---

nigger? For you can't get yo' money when it's due » / « C'est-y pas dur d'être un nègre? Car tu touches jamais l'argent qui t'est dû » (Bergerot, Merlin 17).

[26] Franck Bergerot et Arnaud Merlin signalent : « On trouve encore des équivalents de ces *field hollers* (ou cris des champs) dans les campagnes américaines ou sur les marchés à la criée des États du Sud » (Bergerot, Merlin 16).

[27] *Avant d'être esclave/ Je serai dans la tombe / Dans ma demeure près du Seigneur / Enfin libre*. Cet extrait est un chant de liberté qui est apparu après la guerre de Sécession. Son auteur est inconnu. Il fut interprété, notamment, par Odetta Holmes (1930-2008) dans son album *Odetta Sings Ballades and Blues* en 1956. Chanteuse, guitariste et activiste Odetta Holmes était surnommée « La voix du Mouvement des Droits Civiques ». Ce chant de liberté fut ensuite repris en 1963 par Joan Baez lors de la Marche de Washington.

et se forger un monde propre. Comme le constate Anne Garrait-Bourrier dans son ouvrage sur l'esclavage, « il n'est pas un esclave qui parvint à la fin de sa vie sans avoir été corrigé au moins une fois et sans avoir le corps marqué de cicatrices. Même les planteurs les plus éclairés avaient recours à la punition corporelle avec une grande désinvolture » (Garrait-Bourrier, 2001, 69). Le chant est donc un moyen de faire face au quotidien et à des conditions de vie extrêmement difficiles. Dans les *death songs*, la mort est envisagée non pas comme la fin de la vie, mais au contraire comme le début d'une existence libre, paisible et ardemment attendue. La vision de la mort, qui évolue avec l'histoire et en fonction des expériences, tient une place de choix dans le quotidien des esclaves depuis les rives d'Afrique jusqu'à la détention dans les quartiers d'esclaves des plantations. Les descriptions de corps violentés, de cadavres exposés à titre d'exemple sont des thèmes constamment abordés dans les *death songs* et sont d'ailleurs relayées par les descriptions des autobiographies d'esclaves où la mort y est abondamment relatée. Deux des autobiographies les plus connues, celle de Sojourner Truth (1850) et celle de Frederick Douglass (1845), montrent à quel point la mort faisait partie du quotidien des esclaves. Née esclave en 1797, Sojourner Truth[28] écrit dans son récit :

> Ce fidèle esclave, ce naufragé de l'humanité, fut retrouvé sur sa palette le corps gelé et raidi par la mort. Le bon ange était enfin passé et l'avait délivré des souffrances dont les hommes l'avaient accablé. Oui, il était mort, glacé et affamé, sans personne pour lui parler ou l'aider dans ce moment effroyable (Truth 9)[29].

De même Frederick Douglass[30] évoque la souffrance et l'humiliation comme des habitudes de la vie d'esclave ainsi que la négligence et la violence des maîtres :

---

[28] Sojourner Truth est considérée comme une des premières abolitionnistes noires. Elle est connue dans l'histoire africaine-américaine pour avoir prononcé le fameux discours « Ain't I a Woman? » à Akron (Ohio) en 1851, au cours duquel elle revendique l'égalité de toutes les femmes.
[29] *This faithful slave, this deserted wreck of humanity, was found on his miserable pallet, frozen and stiff in death. The kind angel had come at last, and relieved him of the many miseries that his fellow-man had heaped upon him. Yes, he had died, chilled and starved, with none to speak a kindly word, or do a kindly deed for him, in that last dread hour of need.*
[30] Frederick Douglass (1818-1895) est né esclave; il est l'auteur du premier récit autobiographique d'esclave *Narrative of the Life of Frederick Douglass, an American Slave. Written by Himself* (*La vie de Frederick Douglass, esclave américain, écrite par lui-même*),

> Monsieur Severe le bien nommé était un homme cruel. Je l'ai vu fouetter une femme si fort que son sang a coulé pendant une demi-heure. Et cela sous le regard de ses enfants en pleurs, implorant leur maître de la laisser. Il semblait prendre plaisir à cette barbarie infernale (Douglass 7)[31].

Décider de sa propre mort devint pratique courante chez les esclaves et les fugitifs qui préféraient la mort plutôt que d'être repris ou châtiés :

> Les esclaves revendiquent le droit de choisir la façon et le moment de mourir et considéraient que c'était là un acte de résistance à l'autorité. Mais de tels actes étaient le plus souvent ignorés par les maîtres qui ne préféraient pas y réfléchir. S'ils les considéraient, ils percevaient cela comme des actes d'insubordination qui menaçaient l'ordre social et économique de la plantation et les privaient de la main d'œuvre dont ils avaient tant besoin. En conséquence, les châtiments étaient immédiats afin d'empêcher davantage d'actes de résistance (Fabre G., 2003, 66-67)[32].

Les *death songs* permettent de se préparer à la mort et de l'envisager comme le chemin vers la liberté ; mourir dignement et s'y préparer est aussi évoqué : « I want to die easy when I die / shout salvation when I fly » (Quand je mourrai je veux mourir dignement / je veux crier mon salut lorsque j'irai aux cieux). Se préparer à la mort faisait partie des coutumes des esclaves dont les rites incorporaient à la fois des souvenirs d'Afrique et des croyances chrétiennes empruntées à leurs maîtres. L'historien Claude Folhen nous informe d'ailleurs :

---

qui connut un énorme succès dès sa parution en 1845. Frederick Douglass fonda le journal abolitionniste *The North Star* (1847) et combattit pour l'égalité des droits toute sa vie.

[31] *Mr. Severe was rightly named: he was a cruel man. I have seen him whip a woman, causing the blood to run half an hour at the time; and this, too, in the midst of her crying children, pleading for their mother's release. He seemed to take pleasure in manifesting his fiendish barbarity.*

[32] *Slaves claimed the right to choose their own way and the moment of their dying, and considered such deaths as acts of resistance challenging authority. The challenge was either ignored by masters who would rather not ponder on the meaning of such desperate acts, or it was perceived as insubordination that could threaten the social and economic order, deprive them of a much needed labor force, and thus called for immediate punishment and measures to prevent further resistance.*

> Si la tonalité de la musique et des chants semble plus africaine qu'occidentale, il n'en est pas de même du contenu. Dans ce domaine, il semble bien qu'il n'y ait pas eu transmission de l'héritage africain. L'inspiration vient d'abord du travail [...]. L'inspiration fondamentale est en général d'essence religieuse, car c'est dans leur foi que les esclaves ont puisé les raisons d'espérer. Des expressions comme « Nous sommes le peuple de Dieu », « Nous sommes les enfants du Seigneur », « Nous marchons vers le Paradis » apparaissent couramment. Les références à l'Ancien Testament [...] sont significatives d'un peuple asservi à la liberté. Les opprimés de l'Ancien Testament sont invoqués comme des références tutélaires, tant la comparaison paraît valable (Folhen 181).

Parce que la mort apportait la liberté à l'esclave, les deux thèmes sont étroitement liés. Les *death songs* sont l'occasion pour l'esclave de rêver son émancipation et d'accéder enfin à la liberté. Ces thèmes seront ensuite repris dans les spirituals.

Musique noire et religion : les spirituals

Les spirituals ou *sorrow songs* expriment la tristesse et l'espoir, et enseignent la patience, car la liberté se trouve dans une vie future, dans l'au-delà. L'Église fournit aux Noirs un premier lieu d'expression et de prise de responsabilités. « La religion fut certainement, avec la culture d'une mémoire africaine, ce qui offrit aux Noirs, libres ou enchaînés, un réel soutien moral » (Garrait-Bourrier, 2001, 70). Les Noirs étaient tolérés durant les offices religieux. Ils ne lisaient pas, mais ils entendaient et chantaient les psaumes. Ils comptaient donc sur la mémoire orale pour retenir les airs. De là date, vraisemblablement, une certaine alchimie entre les airs africains et les airs qu'ils entendent :

> Le lien qui unit l'esclave à la religion évolue en même temps que l'esclave s'américanise. L'Africain des débuts de la traite n'envisagera pas le rapport à la divinité de la même façon que l'Afro-Américain de la seconde moitié du XVIIIe siècle. [...] La première génération d'esclaves africains importés dans les colonies britanniques restera très attachée aux croyances africaines. [...] Très spiritualistes, ces croyances avaient pour dénominateur commun un attachement indestructible au culte des ancêtres. [...] Arrivés sur la terre d'Amérique, les Africains perpétuèrent la tradition en

continuant à vénérer les esprits naturels et même si leurs familles avaient été détruites, le culte des ancêtres restait possible et leur permettait au contraire de vivre dans le souvenir d'un pays et d'une culture dont ils n'accepteraient jamais d'avoir été privés (Garrait-Bourrier, 2001, 71, 73).

L'évangélisation ayant été menée surtout par les méthodistes et les baptistes, les Noirs adaptent sous la forme du negro spiritual la tradition protestante des Blancs. Selon Franck Bergerot et Arnaud Merlin :

> La conversion et la prière étaient vécues comme une expérience du pardon de Dieu, accordé lors de crises de possession. Les Noirs trouvèrent de la sorte une théologie de l'espoir qui répondait à leur malheur et un culte peu formel, compatible avec l'héritage africain. À travers les prêches exaltés, les hymnes collectifs et les scènes d'hystérie, les Noirs plièrent la liturgie à leurs habitudes, leur sensibilité, laissant ainsi s'épanouir la spontanéité de leur ferveur religieuse (Bergerot, Merlin, 19).

Les *negro spirituals* sont chantés dans les églises baptistes et méthodistes[33]. Ce sont des prières chantées qui s'adressent directement à Dieu (*God*, *Lord Jesus* ou *Savior* sont d'ailleurs des termes récurrents) et s'accompagnent d'une danse rituelle. Ces chants permettent aux Noirs d'établir une analogie entre leur situation et les situations bibliques. D'ailleurs, les thèmes des Gospels et des Spirituals sont Dieu et le voyage vers la Terre Promise. Durant le dix-huitième siècle, ces chants expriment la captivité, ainsi qu'un passé mythique :

> Ces chants religieux, scandés et parfois criés lors des cérémonies religieuses hebdomadaires, sont les témoignages artistiques et culturels de la grande richesse créatrice de la communauté afro-américaine. Ils contiennent, comme les discours des prêtres noirs du XVIIIe siècle, peu de références explicites à l'esclavage, mais le ton qu'ils véhiculent – tristesse, désespoir, révolte ou colère – est le vrai message destiné au groupe et partagé de tous… bien que toujours dissimulé aux Blancs. Probablement inspiré à la base des chants religieux des Blancs et des hymnes méthodistes de John Wesley,

---

[33] Les historiens de la musique s'accordent à trouver les commencements du *spiritual* américain non pas au dix-neuvième siècle, ni chez les Noirs, mais dès le Moyen-Âge occitan. À ce sujet voir l'article de Joël Cohen, « Spirituals noir et blanc » (56).

encore trop statiques pour permettre une catharsis, le chant d'esclave est plein de vie et d'émotion (Garrait-Bourrier, 2001, 79).

La musique permet aux Noirs d'extérioriser leur sentiment de désespoir, eux qui ont une vie très dure et un avenir peu prometteur, mais aussi d'établir des codes et de parler un même langage afin de se protéger des maîtres[34]. Ce processus d'incorporation du religieux à la musique africaine-américaine a certainement été accéléré par les camp meetings et les *bush meetings*, ces rassemblements dans les bois ou dans les champs où les fidèles noirs se regroupaient pour communier ensemble et rêver d'un monde meilleur loin de la plantation et à l'insu des maîtres. De ces réunions clandestines, sont nés les *tabernacle songs*, des hymnes propres aux esclaves qui réinterprètent des rituels et des traditions d'Afrique. Ces chants, qui évoquent le sacrifice des esclaves, rendent aussi grâce à Dieu comme, par exemple, l'extrait suivant de *A Vessel of Honor* :

> Walking with the King
> What a mighty God we serve
> Bless that wonderful name of Jesus
> I'm so glad Jesus lifted me[35].

« C'est bien au cœur de l'esclavage et des quartiers d'esclave que cette expression culturelle prend son essor dans la seconde moitié du XVIIIe siècle, avant même que l'idée de l'abolition de l'institution particulière n'ait traversé l'esprit des enchaînés » (Garrait-Bourrier, 2001, 80). Peu à peu, ces chants vont se transformer et sortir définitivement de leur anonymat après l'abolition de l'esclavage. Ils deviendront le résultat d'un travail collectif après l'Émancipation[36].

Issu du *negro spiritual*, le *gospel song* (chant évangélique) a marqué l'ensemble de la musique populaire actuelle. Au départ, le gospel est une expérience, il doit être ressenti. Le gospel va devenir un chant religieux propre aux Noirs américains, et, dès les années vingt, il va propulser les chanteurs et les prêcheurs sur la scène. La culture

---

[34] Voir l'ouvrage d'Anne Garrait-Bourrier de 2001 pour plus de détails sur ce sujet, notamment les pages 79 et 80.
[35] *Marchant aux côtés du Roi/ Quel Dieu tout puissant nous servons/ Loué soit Jésus/ Je suis si heureux que Jésus ait élevé mon âme*. Ce chant est interprété notamment par le chœur The Brooklyn Tabernacle dans l'album : *Songs from the Altar*, Warner Alliance, 1998.
[36] Le premier janvier 1863, la proclamation d'Émancipation est déclarée.

l'écoutent. Il pourra aussi plus ou moins plaire en fonction du talent et de la personnalité du conteur. Ces contes doivent toujours être dits le soir afin de ne pas porter malheur :

> Dans la société igbo du Nigeria, chaque genre est pratiqué de façon privilégiée par un groupe social. Les hommes investissent dans les discours politiques et les proverbes, registres les mieux considérés qui permettent d'exprimer des talents d'orateur et de concentrer une sagesse ancestrale. Le conte, considéré comme une parole moins sérieuse, est avant tout l'apanage des femmes. Les enfants pratiquent la devinette, la comptine et apprennent à raconter des contes (Hecquet 4).

On peut certainement établir les premières traces d'exploitation du conte africain dans l'un des premiers récits autobiographiques d'esclaves, celui d'Olaudah Equiano[41]. En 1789, à la demande des abolitionnistes, il publie *The Interesting Narrative of the Life of Olaudah Equiano, or Gustavus Vassa the African, written by himself*. Son récit emprunte aux mythes africains et les évènements marquants et traumatisants, dont il fait la malheureuse expérience, intègrent des croyances africaines :

> Toutes ces questions, [le récit d'Equiano] permettent également de percevoir la traite à travers le prisme des croyances africaines. L'esclavage est littéralement associé au cannibalisme et au vampirisme, les Européens, « hommes rouges » ou extra-terrestres, évoquant l'image des monstres mythiques sortis de nulle part pour capturer les Noirs afin de les dévorer. À en croire l'historien anglais Hugh Thomas, il y a dans cette perception des négriers blancs la répétition du mythe angolais du Mwene Puto, le Dieu de la Mort, qui revêt d'innombrables formes d'un bout à l'autre de l'Afrique noire. De même, les aliments que consomment les marins (le vin rouge, associé au sang des Noirs, l'huile d'olive et le fromage, obtenus à partir du pressurage de leur cerveau) deviennent plus ou moins une traduction réaliste de l'exploitation du continent africain (Mvé Bekale 45).

---

[41] Olaudah Equiano est né vers 1745 dans l'actuel Nigeria et meurt en 1797 en Angleterre. Esclave puis affranchi, il vécut dans les colonies britanniques d'Amérique et au Royaume-Uni.

art poétique en reprenant un terme issu de la tradition orale, le didiga. Ce mot désigne à l'origine les épopées, empreintes de merveilleux et de mystère, que racontaient les chasseurs bété au retour de leurs expéditions » (Hecquet 3).

Hughes, lui, définit son art en faisant appel à l'Afrique et en réinterprétant des éléments propres à la culture orale africaine. Par la poésie, il affirme sa filiation à l'Afrique. Après la Renaissance de Harlem, Hughes va même proposer une nouvelle expérimentation avec *Ask Your Mama : 12 Moods for Jazz* (1961) où il rapproche davantage son écriture de la musique en proposant, écrits dans les marges des poèmes du recueil, des accompagnements musicaux et des conseils pour guider le ton de la voix pour les lecteurs des poèmes et leur donner encore plus d'expressivité, à la manière des récits des sages ou des griots africains. Cette intrusion de la musique directement dans l'écriture du poème relie l'Afrique et l'Amérique et, comme pour la littérature orale africaine, la poésie de Hughes attire l'attention sur les problèmes de la société : l'injustice dont sont victimes les Noirs américains, mais aussi la ségrégation.

Cette expérimentation moderniste sur la laquelle nous reviendrons, proche du free-jazz, rappelle par bien des procédés les littératures orales africaines qui, avec leurs chants et leurs accompagnements musicaux, informent voire dénoncent certains aspects de la communauté tout en divertissant les auditeurs attentifs. Comme le sage africain, Hughes raconte l'Histoire des Noirs, il dénonce aussi certains aspects de la société. Dans *Horn of Plenty* (500-501)[40] Hughes rappelle que si le statut de certains Africains-Américains a changé, puisqu'une nouvelle bourgeoisie noire a vu le jour pendant les années cinquante, ces citoyens sont, comme pendant la Renaissance de Harlem, toujours en attente de reconnaissance, victimes de la ségrégation résidentielle et pris au piège d'un mirage bourgeois. Puis, avec la création de Simple, Hughes conçoit cette fois les histoires de son personnage à la manière d'un conte africain et emprunte directement certains aspects et symboles de la littérature orale africaine, comme le conte, l'arbre à palabres et le griot. Dans le folklore africain, les contes relatent soit des événements imaginaires, soit la réalité et offrent un miroir de la société. Le conte a une valeur didactique, car il doit susciter une prise de conscience chez ceux qui

---

[40] Dans ce poème, l'absence de linéarité est déroutante au premier abord ; nous reviendrons sur cette composition de Hughes et sa dialectique « d'entre les marges », plus loin dans l'ouvrage.

Comme l'écrit Frédéric Sylvanise, « en se tournant vers des formes populaires comme le blues et le jazz, Hughes incarne un désir d'émancipation vis-à-vis de la culture européenne qui s'est exprimé constamment dans l'histoire américaine » (Sylvanise 12). Le folklore oral africain-américain ne sera pas son seul outil, l'Afrique et sa tradition orale vont aussi servir de base à son écriture.

Les littératures orales africaines

Tout au long de sa carrière, Langston Hughes n'hésita pas à revisiter un patrimoine remontant à l'esclavage et aux origines africaines pour conférer un caractère autre à son écriture, ce qui est perceptible dans sa poésie, mais aussi dans Simple, son personnage phare. Aussi, nous allons voir jusqu'où les analogies avec les littératures orales africaines sont perceptibles chez Hughes à travers sa poésie, mais aussi Simple, ce personnage emblématique créé après la Renaissance de Harlem.

Dans les sociétés d'Afrique noire, la parole est un support culturel essentiel, au point que les ethnologues parlent de littérature orale africaine. La littérature orale est enracinée dans la société où elle s'inscrit et permet, à travers les histoires racontées qui mettent en scène le quotidien, de construire une identité culturelle et d'en assurer sa survie ; elle assure la transmission de l'histoire entre les générations. La littérature orale est proche de la littérature écrite, mais elle est avant tout liée à l'oralité. L'acte d'énonciation est par conséquent au cœur de la stratégie narrative et il est, en général, accompagné de musique ou de chants qui donnent plus de rythme à l'histoire racontée :

> La littérature orale est par nature un phénomène social, qui s'intègre dans le cadre des normes de sa prestation ou de la communication interpersonnelle. Les épopées sont relatées lors de réjouissances populaires ou de faits sociaux essentiels pour le groupe, par exemple l'initiation des jeunes. La musique accompagne le récit et participe à la construction du sens (Hecquet 3-4).

Les poètes africains ont travaillé sur les figures de l'oralité traditionnelle et ont redéfini leur poétique. « L'ivoirien Jean-Marie Adiaffi (1941-1999) revendique une écriture n'zassa, du nom du tissu africain conçu comme un assemblage de morceaux multicolores. […] Autre poète et dramaturge ivoirien, Bernard Zadi Zaourou a défini son africaine-américaine se forme alors et s'enrichit[37]. Elle fascine même les Blancs. Ainsi, le spiritual est réservé au temple et le gospel est destiné à la scène. Le sacré et le profane se côtoient, mais ne se rencontrent pas. C'est Langston Hughes, en proposant une poésie nouvelle et originale qui réussira à faire se rencontrer le sacré et le profane, c'est-à-dire les spirituals et le blues.

« À la pratique collective du spiritual dans les églises, le blues répondit comme expression individuelle » (Bergerot, Merlin 22). Les chanteurs noirs du delta du Mississippi, région d'origine du blues, s'approprièrent la ballade américaine, chronique de la vie quotidienne, et l'enrichirent des caractéristiques du *work song*. Dans les blues parlés (*talking blues*), le tempo, la rugosité et le timbre de la voix priment sur la forme. Les notes bleues[38] inaugurent les fondements harmoniques d'une nouvelle musique, le blues[39]. Cette couleur, abréviation de l'expression *blue devil* (avoir des idées noires), devint l'expression de la douleur de ces ballades noires, un état d'esprit d'ailleurs revendiqué comme essentiel au blues :

> Dans le folklore qui prendra une signification multiraciale, le blues a une configuration particulière. Le ton y est celui de la lamentation, expression du chagrin que provoque l'impression d'une malédiction. C'est aussi la transposition mélodique de la complainte, du *holler* des champs de coton. Cette émotion est intensifiée, quelquefois transmuée en ironie sur soi ou en fatalisme. La désillusion en constitue le motif central. Le blues traduit la douleur, les joies passagères et les pièges de l'amour, mais aussi les malheurs que rencontrent les Noirs émancipés au temps de la Reconstruction (Royot et al., 301).

Cet héritage-là va inspirer Langston Hughes au point de calquer son écriture sur les mêmes rythmes et tonalités. Pendant la Renaissance de Harlem, puis tout au long de sa carrière, il n'hésite pas à repétrir et à raviver ce patrimoine culturel à travers sa poésie.

---

[37] D'ailleurs, de ces diverses influences, un genre nouveau, la *soul music*, naîtra dans les années cinquante.
[38] La note bleue est une note légèrement altérée. Elle est jouée ou chantée avec un abaissement. Bergerot et Merlin donnent l'explication suivante : « Gênés par la hauteur des gammes occidentales, les chanteurs noirs introduisirent dans la gamme de do majeur des notes caractéristiques de la gamme mineure. Ces notes étaient appelées les notes bleues ou *blue notes* » (Bergerot et Merlin 23-24).
[39] Le blues devint populaire grâce aux jazz bands et grâce à des chanteuses comme Ma Rainey (1886-1939) et Bessie Smith (1894-1935).

Nous verrons plus loin que les histoires racontées par Simple, en observateur privilégié de son époque, sont elles aussi réminiscentes des contes africains et représentent des enseignements sur la vie de la communauté noire pendant la Renaissance de Harlem. Comme les contes africains qui sont dits le soir, ceux de Simple sont aussi dévoilés au narrateur (Boyd) à la tombée de la nuit dans le *Paddy's Bar* ou le *Wishing Well*, les bars favoris de Simple où il jouit d'une certaine audience, car il sait faire rire ou sourire par ses propos tout en dédramatisant des situations graves ou sérieuses. Les bars que Simple fréquente sont devenus, sous la plume de Hughes, les équivalents urbains et occidentaux de l'arbre à palabres africain, lieu de rencontres et de réunions où se prennent d'importantes décisions pour la communauté.

En Afrique, la palabre, véritable institution sociale et démocratique, est une coutume qui permet de régler un contentieux. Réunis le soir au pied d'un baobab (arbre à palabres), hommes et femmes écoutent le sage faire le récit d'une légende, d'une histoire le plus souvent liée au quotidien. Ces réunions sont aussi l'occasion d'échanger et d'évoquer l'avenir de la communauté. Le baobab a donc une valeur symbolique importante, car il est le gardien de la vérité et le lieu où cette vérité est délivrée. Dans la tradition africaine, c'est sous un baobab que s'installaient les griots pour raconter leurs contes et c'est toujours sous un baobab que les anciens prennent place pour décider de l'avenir de la communauté. Simple, lui, prend des décisions importantes et révèle les travers de la société dans laquelle il vit, dans les bars de Harlem, les équivalents noirs américains de l'arbre à palabres africain. L'analogie avec la tradition orale africaine est d'autant plus présente dans les histoires du personnage, que sa gestuelle, ses qualités théâtrales et son talent d'orateur donnent à voir en lui les qualités du griot africain.

Dans la culture africaine, le griot est dépositaire de la tradition orale et appartient à une caste dont l'héritage se transmet de génération en génération par les liens du sang. En Afrique occidentale, être griot signifie appartenir à la caste djéli, les communicateurs traditionnels dont l'origine remonte au treizième siècle. Poète, chanteur ou musicien, le griot peut être spécialisé soit en histoire, en musique ou en généalogie (des qualités que nous retrouvons chez Simple). Redouté, voire méprisé le griot n'était pas enterré en pleine terre par crainte de rendre le sol non fertile[42]. Dans *Bug-Jargal* (1876), le tout premier roman de Victor Hugo, le griot est un orateur doué d'un talent d'improvisation dont l'exaltation est perçue comme étant proche de la folie :

> Il existe parmi les noirs de diverses contrées de l'Afrique des nègres doués de je ne sais quel grossier talent de poésie et d'improvisation qui ressemble à la folie [...]. On les appelle griots. Leurs femmes, les griotes, possédées comme eux d'un démon insensé, accompagnent les chansons barbares de leurs maris par des danses lubriques (Hugo 108).

Ces caractéristiques empruntées aux littératures orales africaines sont ravivées par Hughes à travers son personnage, et nous verrons en quoi la création de Simple lui permettra de passer de l'écriture de la marge au centre. Ces emprunts à l'Afrique sont aussi à mettre en relation avec l'idéologie de l'époque qui envisage un retour aux origines et donc à l'Afrique.

La considération de l'Afrique avait déjà été encouragée par Marcus Garvey à travers son discours nationaliste au sortir de la Première Guerre mondiale. Tenus à l'écart du rêve américain et conscients que leur avenir en Amérique ne s'annonçait pas sous les meilleurs auspices, de nombreux Noirs se tournèrent vers Garvey qui fonda l'UNIA (*Universal Negro Improvement Association*/Association universelle pour l'amélioration de la situation des Nègres) en 1914 et les encouragea à « être fiers de leur couleur, et à considérer l'Afrique comme leur patrie passée et future » (Royot et al., 152). Son message nationaliste et son programme racial séduisent de nombreux Noirs, déçus de leur sort après la guerre. Garvey s'adresse aux masses et fait de « Black is beautiful » (le Noir est beau) son slogan, tout en encourageant les Noirs à retourner dans le pays de leurs ancêtres. Aussi, il déclare lors du premier congrès de l'UNIA en août 1920 :

> Nous retournerons chez nous en Afrique pour en faire la grande république noire. Et quelle est la barrière qui nous empêche de faire de l'Afrique la grande république noire ? La barrière c'est l'homme blanc ; et nous disons à l'homme blanc qui domine l'Afrique qu'il est de son intérêt de la quitter dès maintenant [...], et nous entendons

---

[42] Dans la plupart des régions d'Afrique, le baobab était le lieu de sépulture du griot. Au Sénégal, le griot est enterré en pleine terre car on ne craint pas qu'il contamine la terre, contrairement à d'autres régions.

reprendre jusqu'au dernier centimètre les vingt millions de kilomètres carrés du territoire africain qui nous appartient de droit divin (Anderson in Richet, ed., 155).

Le mouvement politique de Marcus Garvey doit être envisagé en parallèle du mouvement de la Renaissance de Harlem, car il fait lui aussi prendre conscience aux Noirs de leurs origines africaines et éveille en eux un sentiment de fierté raciale jusque-là inexistant ou latent. Sensible aux tâtonnements idéologiques de son temps, Langston Hughes évoque relativement tôt dans sa carrière de poète ce retour à l'Afrique ; l'Afrique qu'il découvre lors d'un de ses voyages à bord du West Hesseltine où il a été engagé comme matelot. Lorsqu'il débarque à Dakar, en juin 1923, Hughes écrit :

Mon Afrique, Terre natale des peuples Nègres ! Et moi, un Nègre ! Afrique ! La vraie, que je peux toucher et voir, cette Afrique qu'on ne lit même pas dans les livres[43] (Rampersad, 1988, 73).

Grâce à l'aide de Jessie Fauset, Hughes a publié un an plus tôt « Danse africaine » dans *Crisis* et présente une vision très personnelle de l'Afrique, mélange d'images exotiques et stéréotypées, dans un poème très accompli où les rythmes africains sont à l'honneur :

The low beating of the toms-toms,
The slow beatings of the toms-toms,
Low…slow
Slow…low –
Stirs your blood.
     Dance!
A night-veiled girl
     Whirls softly into a
Circle of light [...] (28).

Une fois sur place, Hughes prend toute la mesure de l'héritage culturel de l'Afrique. Il écrit aussi des poèmes en réaction au colonialisme et à la domination blanche (« The White Ones », « Dream Variation », notamment) et ses rencontres avec les autochtones lui font prendre conscience qu'il n'est pas l'Africain qu'il pense être à

---

[43] *My Africa, Motherland of the Negro peoples! And me a Negro! Africa! The real thing to be touched and seen, not merely read about in a book.*

leurs yeux et qu'il est au contraire considéré comme un Blanc, ce qu'il raconte dans *The Big Sea* :

> « Je suis un Nègre moi aussi. » Mais ils se mirent à rire, à secouer la tête et me répondirent : « Toi, homme blanc ! Toi, homme blanc ! » Ce fut bien le seul endroit au monde où je fus considéré ainsi[44] (Hughes, 1940, 102-103).

Dans « The White Ones », Hughes dénonce la domination blanche sur le continent africain et la soumission déconcertante des Africains qui n'ont pas d'autres choix, ce qu'il déplore :

> « The White Ones»,
> I do not hate you,
> For your faces are beautiful, too;
> I do not hate you,
> Your faces are whirling lights of loveliness and
> splendor, too;
> Yet why do you torture me,
> O, white strong ones,
> Why do you torture me? (Rampersad, 1986, p.78)

Son contact avec l'Afrique lui fera prendra conscience de la nécessité pour les Noirs, tous les Noirs, d'affirmer leur unité et de se rapprocher et le poussera à dénoncer la domination et le colonialisme blancs dans la lignée des récits d'esclaves. Ces thèmes guideront ses choix littéraires tout au long de sa carrière et seront les motifs récurrents de sa poésie.

Une première réécriture de l'histoire : les récits autobiographiques d'esclaves

Dans son autobiographie publiée en 2005, John Hope Franklin évoque la difficulté de l'historien à considérer l'expérience et le rôle historique des Africains-Américains dans la première partie du vingtième siècle et à ne pas les considérer comme des acteurs et des témoins de l'histoire américaine : « Le défi que je devais relever, confie-t-il, était d'entrelacer suffisamment de 'fils noirs américains'

---

[44] *"I am a Negro too." But they only laughed at me and shook their heads and said: "You, white man! You, white man!" It was the only place in the world where I've ever been called a white man.*

pour tisser une histoire américaine satisfaisante, juste et qui rende justice aux Noirs » (Franklin 223)[45]. Ce défi, les anciens esclaves y sont confrontés dès les années 1800 lorsque certains, aidés par les abolitionnistes, témoignent par l'écrit de leur expérience d'esclave pour se faire entendre et laisser des traces de leurs vies marquées par l'humiliation, la souffrance et la séparation.

Les récits autobiographiques d'esclaves (*slave narratives*) sont des sources historiques précieuses, car elles informent sur la vie des esclaves dans les États de la Confédération. Ceux écrits avant 1836 décrivent le quotidien difficile et douloureux des esclaves, alors que ceux qui apparaissent entre 1840 et 1850 commencent à s'intéresser à la question raciale et à la place des Noirs dans la société. En général, cette seconde catégorie décrit le combat des Noirs libres dans les États du Nord et informe de la réalité du racisme dans les États libres. Peu à peu, ces récits autobiographiques deviennent un instrument de dialogue entre abolitionnistes blancs et Noirs libres. Après la guerre de Sécession, les Noirs libres continuent à relater leur expérience d'esclave et ont pour objectif la préservation de la mémoire historique. À partir du dix-neuvième siècle, ces récits sont de plus en plus nombreux. Entre 1760 et 1947, plus de deux cents récits d'esclaves sont publiés en Amérique et en Angleterre. Dans son ouvrage *The Slave Narrative: Its Place in American History*, Marion Wilson Starling[46] recense plus de six mille récits d'esclaves. Toutefois, l'historienne Frances Smith Foster affirme : « Si nous prenons en considération les récits écrits uniquement par des Noirs libres aux États-Unis, le nombre de productions est beaucoup moins important » (Smith Foster 21)[47]. D'un point de vue littéraire, les récits autobiographiques appartiennent à la tradition littéraire et culturelle africaines-américaines. Jusque dans les années trente, leur publication dépassait largement celle des auteurs noirs américains.

Au cours du dix-huitième et dix-neuvième siècles, les abolitionnistes utilisent les ouvrages, les journaux, les pamphlets, les sermons publics et les autobiographies d'esclaves pour se faire

---

[45] *My challenge was to weave into the fabric of American history enough of the presence of blacks so that the story of the United States could be told adequately and fairly.*

[46] Marion Wilson Starling est la première, en 1946, à utiliser les récits des esclaves comme sources historiques et à analyser la voix des opprimés. Elle est une pionnière en la matière car les quelques récits d'esclaves connus à cette époque sont considérés comme des sources peu fiables par les historiens.

[47] *If we consider only those narratives which were written by persons who had been legally enslaved in the United States, the number is considerably smaller.*

entendre. C'est d'ailleurs la raison pour laquelle les historiens rejetteront ces sources qu'ils considèrent peu fiables jusque dans les années soixante. Ils pensent en effet qu'elles n'apportent aucune authenticité historique et que ces récits sont le fruit de la propagande abolitionniste. Les abolitionnistes collaborent, effectivement, avec des esclaves et d'anciens esclaves pour écrire et publier leurs témoignages et créent leurs propres journaux afin de diffuser leurs messages. Certains anciens esclaves suivent aussi la même voie, dénoncent l'institution particulière par l'écrit et militent pour l'abolition de l'esclavage. Ces journaux encouragent les lecteurs à agir et à lutter contre l'esclavage et l'injustice et prônent l'auto-détermination.

Le premier journal noir, *Freedom's Journal*, voit le jour à New York en 1827[48], et disparaît deux ans après en 1829. En 1843, l'activiste noir Martin Delany[49] dirige à Pittsburgh son propre journal, *The Mystery*. Quant à Frederick Douglass, il crée *The North Star* en 1847[50]. Ces journaux ont du mal à être maintenus, car ils concurrencent les organes de presse des abolitionnistes blancs et sont influents auprès de leurs lecteurs. L'ancien esclave David Walker publie en septembre 1829 son appel à la fierté noire et à la révolte contre les maîtres blancs. *Appeal to the Colored Citizens of the World* circule clandestinement dans les États du Sud et fait craindre des insurrections aux Sudistes blancs. William Loyd Garrison, un abolitionniste blanc actif, déterminé à se faire entendre, et qui prône la non-violence dans ses articles radicaux, crée *The Liberator* en 1831. Tous ces journaux sont l'occasion de faire prendre conscience de

---

[48] À cette époque, les activistes africains-américains les plus influents (David Walker, Frederick Douglass, William Watkins, Alexander Crummell, Henry Highland Garnet, Martin Delany entre autres), considèrent la Révolution haïtienne comme une preuve de la non-infériorité des Noirs, et si tous n'approuvent pas la violence, ils approuvent toutefois l'esprit de cette révolution et font de Toussaint Louverture le héros des Noirs.

[49] Martin Robinson Delany (1812-1885), abolitionniste américain, est le premier Africain-Américain à être promu au rang d'officier dans l'armée de l'Union pendant la guerre de Sécession. Delany est l'auteur de *Blake: Or The Huts of America* (1859), une réponse à *Uncle Tom's Cabin* (1852) d'Harriet Beecher Stowe à laquelle il reproche, même si elle a su dénoncer la cruauté de l'esclavage, la passivité et la résignation de son personnage principal.

[50] Douglass réfléchit au projet de créer son propre journal en Grande-Bretagne mais il souhaitait préserver son autonomie par rapport aux autres journaux abolitionnistes. Son projet est mal accueilli et est perçu comme une menace par l'*American anti-slavery society* qui craint la concurrence entre les journaux publiés par des Noirs libres et les journaux officiels des abolitionnistes. Douglass reçoit l'appui de philanthropes du Nord et mène son projet à bien. Il engage Martin Delany pour écrire dans *The North Star* mais leurs vues divergentes sur le mouvement abolitionniste mettent fin à leur collaboration quelques années plus tard.

l'esclavage, d'ouvrir le dialogue entre Noirs et Blancs et de remettre en cause les principes fondateurs de la Constitution américaine. Toutefois, d'autres journaux sont plus radicaux et incitent à la violence. Ceux-là contribuent à donner une mauvaise image des abolitionnistes que les Américains perçoivent comme des fauteurs de troubles :

> Les propos de Garrison, les révoltes et insurrections d'esclaves, firent une assez mauvaise réputation aux abolitionnistes qui passèrent pour des agitateurs troublant l'ordre public. Le sénat de Géorgie offrit même une récompense de 1 000 dollars pour l'arrestation de Garrison, qui n'en était pas à une arrestation près puisqu'il avait déjà fait de la prison pour avoir offensé un négrier de la bonne société de Nouvelle-Angleterre, Francis Todd (Garrait-Bourrier, 2001, 10).

Les récits d'esclaves les plus lus sont ceux qui témoignent de la réalité de l'esclavage, font prendre conscience de l'inhumanité des maîtres et de l'humanité des esclaves. Ils apportent aux Nordistes un autre regard sur l'esclavage, un regard de l'intérieur, et s'opposent à l'idéologie esclavagiste. En restituant leurs chants, leurs fables, mais aussi leurs croyances religieuses, les anciens esclaves transmettent des éléments de leur culture et de leurs croyances. Ces textes permettent de poser un autre regard sur l'histoire et de dévoiler le point de vue des esclaves. Le lectorat blanc, qui éprouve de l'empathie pour des personnages fascinants, déterminés et héroïques, est captivé. Bien que beaucoup de récits soient remis en cause et critiqués pour servir la cause abolitionniste, ils permettent de débattre de liberté et de justice sociale, d'ouvrir le débat à la question raciale et de l'élargir à la place des Noirs dans la société américaine.

Ces récits sont regroupés sous trois catégories distinctes : les récits évoquant la rédemption religieuse, ceux évoquant le combat pour l'abolition de l'esclavage, qui sont en général les plus populaires après la guerre de Sécession, et ceux évoquant la trajectoire de la servitude à la liberté. Les premiers récits autobiographiques apparaissent au dix-huitième siècle, mais restent très rares ; ceux d'Ottobah Cuguano[51] et d'Olaudah Equiano[52] sont les premières

---

[51] Quobna Ottobah Cugoano (né dans l'actuel Ghana en 1757- mort en Angleterre vers 1801) était un esclave d'origine africaine enlevé à l'âge de treize ans. Employé comme domestique en Angleterre en 1773, il devient le porte-parole des esclaves africains en publiant *Réflexions sur l'esclavage des Nègres* en 1787.

autobiographies connues qui retracent les conditions de la traversée atlantique et la vie en Afrique avant la capture pour le récit d'Equiano. Ce sont aussi des récits exceptionnels dont la valeur historique est indéniable, car il n'existe aucun témoignage du « passage du milieu » du point de vue d'un esclave avant 1730. Ces récits aident à comprendre l'état émotionnel et psychologique des Africains pendant la traversée :

> *The Interesting Narrative of the Life of Olaudah Equiano* prend racine dans l'Afrique profonde, nous conduit à la Barbade, puis en Virginie, avant de s'achever en Angleterre. La trajectoire triangulaire de ce voyage apparaît emblématique de la déterritorialisation physique, mentale et temporelle de l'Africain. [...] L'enfer cesse d'être une construction imaginaire et devient réalité [...], il a le sentiment qu'ils [les captif noirs] vont être jetés dans un four. [...] Ses ravisseurs, personnification des « esprits malfaisants » des contes africains, inaugurent une nouvelle mythologie qui le remplit d'horreur (Mvé Bekale 44-45).

Les récits décrivant la captivité suivent tous le même schéma et sont structurés sur l'imagerie et le modèle judéo-chrétiens : le personnage central est mis à l'épreuve et passe d'un environnement où il est protégé à un environnement hostile où il doit se battre pour sa survie et sa liberté. Il lui est impossible de résister et ses désirs de liberté sont freinés par les dangers que représente la fuite. Au cours de ces épreuves, aidé par Dieu et la providence, le personnage trouve le chemin vers la terre promise (généralement les États du Nord), ressort grandi et retrouve sa dignité. Sa condition symbolise celle des opprimés. Dans de nombreux récits écrits avant la guerre de Sécession, une fois la liberté retrouvée, l'ancien esclave devient un militant actif pour l'abolition. Les récits produits avant la guerre décrivent des conditions de vie extrêmement dures voire inhumaines :

> Dans le contenu comme dans la forme, ces témoignages, autographes ou non, ont de nombreux points communs, car ils mettent en récit une trajectoire qui mène de la servitude à la liberté.

---

[52] À la demande des abolitionnistes, Olaudah Equiano publia en 1789 son autobiographie, sous le titre *The Interesting Narrative of the Life of Olaudah Equiano, or Gustavus Vassa the African, written by himself,* l'un des très rares témoignages direct de la traite négrière. Ce témoignage, qui contribue à sa célébrité, est largement utilisé par les mouvements abolitionnistes britanniques.

L'originalité biographique de Salomon est d'avoir connu la liberté en Amérique avant d'être asservi, alors que les autres ont soit connu la liberté en Afrique, soit sont nés esclaves. Pour tous et toutes, il s'agit de témoigner à charge contre l'inhumanité de la domination esclavagiste, ainsi que de s'affirmer en tant que sujet qui prend la parole au nom d'une communauté assignée au silence. Savoir lire et écrire y est présenté comme un acte essentiel, et comme l'affirmation d'appartenir à la même espèce que les Blancs, d'autant que l'auteur s'adresse surtout à un lectorat abolitionniste britannique ou du nord des États-Unis, convaincu de la supériorité de sa culture. Ainsi, les auteurs font-ils fréquemment référence aux textes bibliques pour souligner la contradiction entre les principes chrétiens et la barbarie de l'esclavage (Mesnard, np[53]).

Écrits à la première personne, les récits autobiographiques permettent à leurs auteurs d'exprimer leurs sentiments et leurs épreuves tout en impliquant explicitement le lecteur dans le vécu et les souffrances du personnage qui se raconte. Dans la plupart des récits, l'histoire s'ouvre sur la phrase « I was born » (je suis né) qui permet au narrateur d'authentifier son document, mais surtout de prouver son existence en tant qu'être humain, lui qui a été considéré comme un animal et qui va révéler les traitements qu'il a subis. Ainsi s'ouvre le célèbre récit de Frederick Douglass :

> Je suis né à Tuckahoe, près de Hillsborough à environ douze miles d'Easton dans le comté de Talbot, dans le Maryland. Je n'ai aucun souvenir précis de mon âge et n'ai jamais vu un registre authentique me mentionnant. [...] Il est très courant, dans la partie du Maryland d'où je me suis échappé, de séparer les mères de leurs enfants lorsqu'ils sont encore en bas âge. [...] Pourquoi encourager une telle séparation, nul ne le sait, à moins que ce soit pour détruire toute affection naturelle entre la mère et son enfant (Douglass 1-2)[54].

Les récits d'esclaves attachent une grande importance à la séparation, mais surtout à la description des châtiments corporels et à la punition par le fouet pour souligner les traitements inhumains

---

[53] L'abréviation « np » fait référence à un article en ligne non paginé.
[54] *I was born in Tuckahoe, near Hillsborough and about twelve miles from Easton, in Talbot county, Maryland. I have no accurate knowledge of my age, never having seen any authentic record containing it. [...] It is a common custom in the part of Maryland from which I ran away, to part children from their mothers at early age. [...] For what this separation is done, I do not know, unless it be to hinder the development of the child's affection toward its mother, and to blunt and destroy the natural affection of the mother for the child.*

réservés aux esclaves. Ces récits doivent aussi maintenir l'intérêt du lecteur et répondre à certains critères imposés par les abolitionnistes. Le danger, la peur et la fuite sont des thèmes très appréciés, car le lecteur doit avoir peur et craindre pour la vie de l'esclave qui raconte son histoire. Grâce à ces différents procédés, les autobiographies d'esclaves sont très populaires. Le meilleur exemple est celui de Frederick Douglass.

Narrative of the Life of Frederick Douglass, qui est publié en 1845, décrit et analyse la vie de l'esclave, témoigne de son héritage africain et de son acculturation dans la plantation. C'est aussi un récit inestimable à valeur documentaire sur la vie familiale, la religion et la culture des esclaves. *Narrative of the Life of Frederick Douglass* est extrêmement populaire et est vendu à trente mille exemplaires entre 1845 et 1860. Il est cependant attaqué à sa sortie et soupçonné d'inauthenticité. En définitive, les esclavagistes doutent qu'un tel ouvrage ait pu être écrit par un Noir ; mais son éloquence convainc et les exemplaires sont réimprimés pour satisfaire la demande. Solomon Northups, qui connaît la liberté et jouit d'une certaine position sociale avant de tomber dans la servitude pendant douze ans, vend *Twelve Years a Slave* à 27000 exemplaires lors de sa première édition. Quant à William Brown, son récit intitulé *Narrative* est réédité quatre fois pour répondre à la demande des lecteurs. Beaucoup de récits sont traduits et vendus en Europe où ils connaissent un même succès.

Tenus à l'écart de la littérature blanche sudiste, ces récits sont un moyen de donner pour la première fois la parole aux Noirs qui, en racontant leur histoire et en l'écrivant, pour ceux qui ont pu apprendre à lire et à écrire, lèguent aux générations suivantes des documents historiques renvoyant, à travers leur point de vue, à l'histoire collective du Sud. Avec ces récits très persuasifs les Noirs passent du statut de témoins à celui d'acteurs de leur propre histoire et encouragent une réévaluation de la société et des mentalités sudistes. Ils révèlent aussi des dispositifs éditoriaux très complexes et montrent donc que le livre n'est pas la meilleure façon de faire prendre conscience de l'inhumanité de l'esclavage. Les récits oraux, lors de conférences publiques, sont souvent un meilleur moyen de circulation des idées. Aussi, afin d'être lus par le plus grand nombre, ces récits sont légitimés par un personnage imminent de la société blanche, un abolitionniste le plus souvent, qui préface l'ouvrage pour témoigner de son authenticité et de la véracité des propos de l'auteur :

Lettre de Wendell Phillips[55] (Boston, le 22 avril 1845)

Mon Cher Ami :
Vous vous rappelez certainement la vieille fable « L'homme et le lion », où le lion se plaint de ne pas avoir été décrit à sa juste valeur « lorsque les lions ont écrit l'histoire ». Je suis heureux de vous dire que l'heure a enfin sonné et que les « lions écrivent l'histoire ». Pendant trop longtemps l'esclavage nous a été décrit sous la plume et selon le point de vue des maîtres. [...] Encore une fois, nous vous connaissons depuis suffisamment longtemps pour avoir toute confiance en la véracité de vos propos et en votre sincérité. Ceux qui vous ont entendu le savent déjà et je suis sûr que ceux qui liront votre livre verront que la description que vous leur donnez n'est que la stricte vérité[56] (Douglass, xv-xvi).

Les récits autobiographiques déclenchent les passions. Ils sont critiqués pour décrire une réalité plus dure qu'elle n'est et les Sudistes fustigent ces récits et accusent les abolitionnistes de vouloir servir leur cause. Ils suscitent en même temps un engouement certain pour la narration à la première personne. Les mémoires, les journaux intimes sont très appréciés et ouvrent la voie à l'écriture féminine noire et blanche. De plus en plus de femmes publient leurs journaux intimes et d'anciennes esclaves noires (Sojourner Truth[57], Harriet Jacobs, Harriet

---

[55] Wendell Phillips (1811-1884) est membre de la Société anti-esclavagiste américaine (*American Anti-Slavery Society*), il est un brillant orateur et est remarqué par William Loyd Garrison qui l'encourage à rejoindre la American Anti-Slavery Society et à prendre la parole en public pour lutter contre l'esclavage.

[56] *Letter from Wendell Phillips, Esq. (Boston April 22, 1845). My Dear Friend: You remember the old fable of "The Man and the Lion", where the lion complained that he should not be misrepresented "when the lions wrote history. I am glad the time has come when the "lions write history". We have been left long enough to gather the character of slavery from the involuntary evidence of the masters. [...]*
Again, we have known you long and can put the most entire confidence in your truth, candor, and sincerity. Everyone who has heard you speak has felt, and I am confident, everyone who reads your book will feel persuaded that you give them a fair specimen of the whole truth.

[57] Sojourner Truth est considérée comme une des premières abolitionnistes noires. Née de parents esclaves dans la colonie hollandaise du comté d'Ulster, elle parle uniquement néerlandais lorsqu'elle est vendue à l'âge de onze ans. Elle est unie contre son gré à Thomas Jeffery Harvey, un esclave plus âgé. De cette union non souhaitée naissent cinq enfants. En 1843, frappée d'une révélation spirituelle, son existence change radicalement. Elle devient Sojourner Truth et prêche dans l'État de Long Island et dans le Connecticut, où elle annonce la vérité divine du salut de l'âme. Durant la guerre civile américaine, elle organise des collectes de vivres pour les combattants des régiments noirs de l'Union et s'installe à Washington, D.C. après la proclamation d'émancipation, afin de travailler avec d'anciens esclaves. Elle s'attache à faciliter la recherche d'emplois des réfugiés noirs après la guerre civile.

Tubman[58]) publient leurs mémoires. En 1850, le récit de l'émancipation de Sojourner Truth, *Narrative of Sojourner Truth : A Northern Slave*, est l'un des premiers témoignages féminins de l'esclavage. « Sojourner Truth défend avec ferveur la cause abolitionniste et le droit des femmes. Son fameux discours *Ain't I a Woman?*[59], prononcé en 1851 à Akron dans l'Ohio, lors de la convention des droits de la femme, revendique l'égalité de toutes les femmes en soulignant leur endurance, au même titre que les hommes » (Dualé, 2010, 226).

En 1861, le récit d'Harriet Jacobs vient enrichir les productions autobiographiques écrites par des femmes. C'est aussi l'un des premiers documents historiques à faire la démonstration de la résistance féminine noire à l'esclavage. Ancienne esclave, Harriet Jacobs (1813-1897) milite activement pour l'abolition de l'esclavage. Après avoir gagné sa liberté à New York, elle rejoint les réseaux abolitionnistes et milite auprès d'eux. Elle publie de son vivant *Incidents in the Life of a Slave Girl, written by herself,* et fait ainsi connaître l'enfer de l'esclavage au féminin, en révélant les brutalités infligées par les hommes blancs.

Dans le domaine de la presse, Mary Shadd Cary devient en 1850 la première directrice de rédaction, noire de surcroît, en publiant le Provincial Freeman, un journal abolitionniste. En 1892, avec *A Voice from the South by a Black Woman of the South*, Anna Julia Cooper publie un ouvrage féministe sur la condition des femmes noires. Toutes ces femmes possèdent des talents d'oratrices et d'organisation indéniables qui leur permettent de participer de plain-

---

[58] Harriet Tubman (1820 ou 1822-1913) est connue sous le nom de Moïse du peuple Noir car elle aida de nombreux esclaves à fuir les plantations pour les États libres du Nord grâce au chemin de fer clandestin.
Elle occupe une place éminente dans le panthéon des féministes africaines-américaines. Faisant partie d'une deuxième génération de Noirs issus de l'Amérique, elle fait très jeune l'apprentissage du fouet, des coups, du travail exténuant et des brimades car sa maîtresse estimait qu'elle n'était pas suffisamment adroite et qu'elle ne comprenait pas assez vite. Elle fait preuve d'un premier acte de courage vers l'âge de douze ans en refusant de tendre une corde à un contremaître blanc pour lyncher un esclave coupable de fuite, ce qui lui vaudra de recevoir un poids en fer en plein front. Laissée pour morte, elle survécut à plusieurs jours de coma. Aux alentours de ses vingt ans elle réussit à fuir la plantation de son maître, dans le Maryland, et gagne l'État anti-esclavagiste de Pennsylvanie. Dès lors, la libération de sa famille, restée dans des plantations du Maryland, devient une obsession et elle n'aura de cesse de vouloir rendre leur liberté aux autres esclaves.
[59] Sojourner Truth, *Ain't I A Woman?* 1851. Account by Frances Gage, 1881, Jone Johnson Lewis, ed.

pied au mouvement abolitionniste, de dévoiler leurs conditions et d'aider les leurs.

Bien que les récits d'esclaves soient très populaires au dix-neuvième siècle, ce sont les ouvrages abolitionnistes qui s'élèvent contre l'esclavage et sont écrits par des Blancs qui remportent le plus de succès en touchant un public beaucoup plus large. *Uncle Tom's Cabin* (La case de l'oncle Tom) d'Harriet Beecher Stowe et *Huckleberry Finn* (1884) de Mark Twain, écrits sous la forme de roman, séduisent le grand public. À sa sortie, *La Case de l'oncle Tom* est l'objet de critiques violentes aussi bien des esclavagistes que des abolitionnistes. Bien que s'intéressant à un sujet qui touche l'Amérique dans les années 1850, ce roman s'attire les foudres de la critique de l'époque, car il redéfinit le rôle patriarcal dans la société esclavagiste et envisage cette redéfinition comme une étape nécessaire à l'abolition de l'esclavage. C'est aussi et surtout un roman écrit par une femme qui se pose des questions sur la vie des esclaves et qui va témoigner non pas sur le ton de la haine et de la colère, mais en toute objectivité, en observant les faits :

> L'objectif est de montrer le système tel qu'il est: constitué de propriétaires sudistes bons et généreux, de Noirs pervertis par ce système, de nordistes violents, de petites maîtresses angéliques et de maîtres cruels. Harriet Beecher-Stowe, et c'est là sans doute la clé de son succès populaire, représente tous les schémas humains possibles sans parti pris de départ, et offre au lecteur une vision-miroir de l'Amérique de 1852. Et parmi tous ces personnages, un symbole christique, Tom, l'esclave qui subit et pardonne. [...] Mais telle est la volonté d'Harriet Beecher-Stowe. Pour parler de l'esclavage, elle décrit ce qu'elle connaît et pour tenter d'y trouver un remède, elle prône ce en quoi elle croit : la rédemption (Garrait-Bourrier, 2012, 13).

Par cet ouvrage, Harriet Beecher Stowe met l'Amérique blanche chrétienne face à ses responsabilités et lui demande de réfléchir aux conséquences de ses actes, des objectifs jugés inacceptables à l'époque et qui déclenchent la polémique. Ces réactions virulentes suivront le roman pendant plus d'un siècle et s'il a influencé l'écriture de récits autobiographiques plus récents et appartient désormais au canon littéraire américain, *La Case de l'oncle Tom* fut longtemps méprisé par la critique pour présenter un sentimentalisme féminin, pour n'apporter aucune solution aux conséquences de l'esclavage qu'il dénonce et surtout pour avoir contribué à la construction de stéréotypes contre la communauté noire. Stéréotypes qui existaient déjà à la publication du roman, mais qui sont développés après sa parution :

> Le livre, mais surtout les pièces de théâtre et autres ouvrages qu'il inspira dès sa publication est, en effet, à l'origine de plusieurs stéréotypes en lien avec les Afro-américains... mais il est totalement injuste d'affirmer que ces stéréotypes sont déjà à l'état brut présents dans l'ouvrage lui-même. Ils furent en effet développés après sa parution et les traits esquissés par HBS dans ce qu'elle nomme elle-même des « tableaux » – ne l'oublions pas – furent alors amplifiés à loisir. Ce sont les racistes sudistes blancs qui reprendront à leur compte certains personnages de Stowe et feront ainsi naître l'idée que l'écrivain était xénophobe (Garrait-Bourrier, 2012, 15).

Après la publication de *La case de l'oncle Tom*, la mémoire collective noire continue à se construire et à se cristalliser autour d'autres récits autobiographiques écrits par des Noirs. Ces nouvelles sources, objets de mémoire individuelle et collective et dont l'objectif est de laisser des traces écrites, participent à l'écriture, mais aussi à la réécriture de l'histoire et à son interprétation. Ces écrits témoignent des mœurs et coutumes d'une époque et démontrent une forme de résistance de leurs auteurs et auteures qui, grâce à leur activisme et à la diffusion de leurs autobiographies, s'assuraient un meilleur statut social et gagnaient en respectabilité auprès de leur communauté. Le récit autobiographique du leader noir du début du vingtième siècle, Booker T. Washington, en constitue la meilleure preuve.

Up from Slavery, que Booker T. Washington publie en 1901, reste à ce jour le plus grand succès commercial américain dans le domaine des récits autobiographiques. Très bien accueilli au moment de sa sortie par les Sudistes, le récit de Washington plaît, car, contrairement aux premières autobiographies d'esclaves qui dénoncent les injustices et les traitements inhumains dans les plantations, *Up from Slavery* fait l'éloge de l'amélioration des conditions de vie des Noirs depuis l'abolition de l'esclavage, souligne la collaboration entre Blancs et Noirs, minimise la ségrégation dans le Sud et voit l'avenir des Noirs américains d'un œil favorable. Son idéologie et sa volonté de cohésion des Noirs et des Blancs le poussent à faire l'éloge d'une attitude très modérée qui séduit les Blancs, mais lui attire les foudres d'autres leaders noirs. Washington (1856-1915) fait de sa vie un exemple pour les futures générations. Il expose ses orientations et ses convictions dans son récit autobiographique, et met en avant l'importance de l'instruction et du travail comme moyens essentiels pour les Noirs d'améliorer leur condition. Né esclave, il est devenu enseignant à l'université d'Hampton en Alabama où il a fondé, en 1881, l'institut de Tuskegee, première école normale chargée de former des enseignants noirs dans le Sud des États-Unis. Son autobiographie loue avec optimisme les vertus de l'instruction et de la patience, car selon lui, les Noirs ne pouvaient échapper brutalement à des siècles d'esclavage et à la ségrégation qui lui avait succédé. Jusqu'à sa mort en 1915, il reste le représentant majeur de la communauté africaine-américaine et son autobiographie compte parmi les récits d'esclaves les plus lus jusqu'à la publication d'une autre autobiographie, celle de Malcom X.

Ces récits, qui appartiennent à la tradition littéraire africaine-américaine mais aussi à l'histoire américaine, constituent les premières traces écrites d'esclaves et d'anciens esclaves. Ils ont fortement influencé la littérature noire américaine et continuent encore à l'influencer. Plus près de nous, *The Confessions of Nat Turner* (1967) de William Styron, *The Color Purple* (1982) d'Alice Walker ou encore *Beloved* (1987) de Toni Morrison, sont directement inspirés des récits autobiographiques d'esclaves. Dans la lignée des récits d'esclaves, Langston Hughes va lui aussi utiliser l'écriture pour traduire et transmettre l'héritage historique et culturel de la communauté noire. Il va trouver sa voie et exprimer sa voix dans le mouvement intellectuel et artistique de la Renaissance de Harlem.

Chapitre II.
De la « petite Renaissance » blanche à la Renaissance de Harlem

L'ébullition culturelle qui s'empare de Harlem dans les années vingt et trente est sans précédent et la question noire est progressivement explorée à travers un cadre culturel afin de mener à la création de l'identité noire. Les écrivains et intellectuels noirs qui revendiquent une identité noire, prônent clairement la défense de la culture noire en rejetant l'assimilation. Comme le souligne Alain Locke dans *The New Negro*, ouvrage phare de la Renaissance de Harlem, « l'Histoire noire n'existe pas, car le Nègre a toujours été considéré comme un homme sans culture[60] » (Locke 237). Cette anthologie-manifeste, qui rassemble pour la première fois des textes écrits par des auteurs noirs américains, est annonciatrice d'un nouveau mouvement intellectuel noir et communique l'énergie de Harlem et de la culture qui s'y développe. Cependant, sans nier le caractère original de ce mouvement, il est au départ favorisé par le public blanc à la recherche d'authenticité sur les deux rives de l'Atlantique et par des intellectuels soucieux de régénérer la culture aux États-Unis.

Régénérer la culture

Dans le milieu intellectuel new-yorkais des années 1910 se fait sentir le désir de régénérer la culture américaine et de créer une culture propre à l'Amérique, loin de l'influence de l'Europe. Durant la même période, à Paris, les intellectuels critiquent les conventions et le colonialisme. L'art fournit un espace créatif au travers duquel de nouvelles identités se forment en réaction à la perception coloniale. À New York, Man Ray se rapproche de la culture noire et des artistes de Harlem. À Paris, les modernistes forment le mouvement Dada. Ils

---

[60] *The Negro has been a man without a history because he has been considered a man without a worthy culture.*

remettent en cause la société et rejettent le passé. Ils sont sensibles à l'authenticité africaine, au retour aux sources et à la vie primitive.

Les *Young American Critics* rassemblés autour de Waldo Frank (1889-1967), de James Oppenheim (1882-1932) et Van Wyck Brooks (1886-1963) créent, à New York, la revue éphémère *The Seven Arts* (puisqu'elle sera publiée entre 1916 et 1917) dans le but d'explorer le passé de leur pays et de régénérer la culture américaine. Ils souhaitent en faire une revue intellectuelle phare à mi-chemin entre expression artistique et expression politique. Randolph Bourne, Robert Frost ou encore D.H. Lawrence comptent parmi les rédacteurs occasionnels et prolifiques de la revue. Ce sera en raison de la publication d'articles écrits par Randolph Bourne, où il exprime sa ferme opposition à la guerre, que la revue cesse de paraître. Très intéressé par l'Europe et les relations culturelles entre les deux continents, Waldo Frank entame une réflexion bien avant le premier conflit mondial sur le rôle des intellectuels dans les domaines social et politique et souhaite se démarquer du modèle dominant[61]. Il est aussi très critique vis-à-vis de l'industrialisation de l'Amérique :

> [...] Ces intellectuels[62], ou du moins certains d'entre eux, se sont, bien avant ces années, intéressés à l'Europe, aux relations d'interdépendance culturelle entre les deux continents, ainsi qu'au rôle de l'artiste et de l'écrivain dans une société capitaliste (États-Unis) et socialiste (URSS). En d'autres termes, les prises de position bien connues d'un Waldo Frank ou d'un John Dos Passos en faveur des républicains espagnols ou contre le stalinisme, ne résultent pas, loin s'en faut, d'un éveil de conscience tardif chez des hommes jusque-là enfermés dans une tour d'ivoire, mais bien d'un cheminement intellectuel entamé dès avant le premier conflit mondial. [...] Il apparaît en effet que loin d'être exclusivement préoccupé par la « renaissance » de la culture américaine ou par des

---

[61] Dans son article sur Waldo Frank, Anne Ollivier-Mellios décrit son cheminement intellectuel de la façon suivante : « Frank, qui avait rejoint l'équipe de *The Seven Arts*, écrivit dans l'éditorial du premier numéro que son souhait le plus cher était de faire paraître une revue critique et libre de toute pression financière ou politique. C'est ce que tous les jeunes intellectuels qui gravitaient autour de la revue s'étaient efforcés de faire dès leurs débuts, tant dans leurs articles que dans leurs essais, en centrant leur critique sur les méfaits de la civilisation industrielle et la manière dont elle aliénait l'individu, sur le poids de la morale puritaine et de l'éthique capitaliste sur la société américaine, ou encore sur la primauté de la technique sur la culture, l'art et l'esprit. Frank s'intéressait tout particulièrement à ce problème, cherchant à concilier modernisme et vie spirituelle » (Ollivier-Mellios 20).
[62] L'auteur fait référence aux intellectuels appartenant aux *Young American Critics*, aux groupes intellectuels radicaux et à la *lost generation*.

problèmes de création littéraire, Waldo Frank s'est, tout au long de sa carrière, intéressé à la question du rôle de l'écrivain et de l'artiste dans les domaines à la fois social et politique (Ollivier-Mellios18).

C'est ainsi que les écrivains blancs découvrent les Noirs américains et vont les utiliser comme modèles pour en faire des personnages littéraires. Révoltés contre l'urbanisation et « la pruderie victorienne qui domin[aient] encore la vie de la petite ville [les écrivains] crurent trouver dans le personnage du Nègre une sorte de bon sauvage que sa mise à l'écart avait protégé des tares de la civilisation. Ce thème ressort notamment dans *Holiday* (1923) de Waldo Frank et dans *Dark Laughter* (1925) de Sherwood Anderson » (Fabre M., in Richet, ed., 88), mais aussi dans le très controversé *Nigger Heaven* (1926) de Carl Van Vechten. Connu pour sa prédilection pour la culture noire en général, Van Vechten sonde dans son roman les différents aspects de la vie de Harlem tout en remettant en cause les stéréotypes des Blancs vis-à-vis des Noirs. La diversité de ses personnages (un poète, des prostitués hommes et femmes, un « Noir nouveau » parvenu et dépourvu d'instruction) l'aide à brosser un tableau éclectique, mais empreint de réalisme social. Le titre soulève déjà la polémique :

> Pendant l'écriture, l'auteur est très préoccupé par le titre et la façon dont il sera accueilli. Carl Van Vechten savait exactement à quoi il s'exposait en choisissant ce titre et il reconnaît le caractère offensant du mot « nègre » (*nigger*). Que ce terme soit utilisé ou non dans son sens agressif pour traduire la haine raciale, il n'en reste pas moins qu'utiliser le mot « nègre » revient à évoquer une histoire faite de brutalité, d'oppression et de déshumanisation. Tant que cette histoire-là existe l'utilisation du mot « nègre » est loin d'être anodine[63] (Pfeiffer "Introduction", Nigger Heaven, xiv).

L'accueil qu'Harlem réserve à *Nigger Heaven* est très mitigé et on reproche à Van Vechten son sensationnalisme et de faire peu de cas du statut du « Noir Nouveau ». Son ouvrage soulève la question de la définition des Noirs face aux stéréotypes des Blancs et montre

---

[63] *Concern about the title dominated the author's thoughts as he composed. Carl Van Vechten knew what he was getting himself into when he chose this title, and he recognized the deeply offensive implications of the word 'nigger'. Whether the term is used aggressively to express racial hatred, to use 'nigger' is to evoke a history of brutality, oppression, and dehumanization; as long as that history exists, 'nigger' can never be a mere word.*

finalement à quel point les relations entre Blancs et Noirs étaient complexes. À cette époque, en effet, de nombreux intellectuels noirs sont déstabilisés par l'engouement des Blancs et la « vogue nègre » et s'inquiètent que seules des qualités « primitives », dont ils cherchent d'ailleurs à s'éloigner, soient retenues.

Les liens qui se nouent entre la « petite Renaissance » blanche et certains intellectuels noirs des deux côtés de l'Atlantique vont favoriser la Renaissance de Harlem. Les intellectuels et théoriciens noirs s'interrogent sur leur héritage culturel et prônent la révolution culturelle et artistique au point que la Renaissance de Harlem « est devenu[e] l'emblème d'une tentative d'émancipation » (Sylvanise, in Rocchi, ed., 207). Ils vont puiser leur inspiration dans les idées véhiculées par la « petite Renaissance » blanche et multiplier les collaborations avec les intellectuels et éditeurs blancs. À la manière des auteurs des récits d'esclaves, qui avaient reçu l'aide et le soutien d'abolitionnistes blancs, les intellectuels de Harlem développent un « pluralisme culturel » (Hutchinson 90) et multiracial :

> Il n'est pas sans importance que Jean Toomer[64], l'auteur de l'ouvrage le plus achevé de la période, *Cane*, ait fait partie du cercle *Art as Vision* où se retrouvaient Hart Crane[65], Gorham Munson[66], Kenneth Burke[67] et Waldo Frank, tous influencés par le Tertium Organum d'Ouspensky[68]. Le philosophe Alain Locke, inventeur du

---

[64] Jean Toomer (1894-1967). Son ouvrage moderniste *Cane* (1923) est considéré comme un ouvrage précurseur dans l'histoire intellectuelle et artistique de Harlem car il combine à la fois un esthétisme et un style nouveaux tout en décrivant des gens ordinaires dans l'environnement rural de la Géorgie. Salué par la critique au moment de sa parution, *Cane* ne fut pas apprécié du public. Le lectorat blanc et le lectorat noir n'y trouvèrent pas les stéréotypes auxquels ils étaient habitués. Très proche de Waldo Frank, ils voyagèrent tous deux dans le Sud des États-Unis en 1921. Frank se déguisa en Noir afin d'observer au plus près les relations raciales dans les États du Sud.

[65] Hart Crane (1899-1932). Très influencé par la poésie de Ralph Waldo Emerson, de Walt Whitman, de T.S. Eliot et d'Arthur Rimbaud, Hart Crane appartient au mouvement moderniste américain du début du vingtième siècle. Il a recours à un lexique archaïque dans son écriture. *White Buildings* (1926) et *The Bridge* (1930) comptent parmi ses œuvres les plus importantes.

[66] Gorham Munson (1896-1969), crée la revue littéraire *Secession* qui est publiée entre 1922 et 1924 et assure la promotion d'artistes et écrivains modernistes de l'entre deux-guerres aux États-Unis. Cette revue devient rapidement une plateforme d'échanges entre intellectuels américains et européens et fait découvrir au public américain, en les traduisant, les textes de Tristan Tzara ou encore ceux de Louis Aragon. La revue *Secession* contribue à faire connaître et à diffuser les idées nouvelles du mouvement Dada dans le milieu intellectuel new-yorkais.

[67] Kenneth Burke (1897-1993) : critique littéraire.

[68] Piotr Ouspensky (1878-1947), philosophe et ésotériste russe. Il utilise la géométrie dans ses réflexions sur la psychologie. Dans *Tertium Organum* qu'il publie en 1912 et qui sera traduit

« Nègre nouveau » et son principal porte-parole, était issu de la bourgeoisie noire de Philadelphie et il subit l'influence de Van Wyck Brooks[69] et Waldo Frank au point de recourir à leur phraséologie. Il reprend à son compte certaines idées de la « petite renaissance » exprimées dans les magasines d'avant-garde des années 1910 (Fabre M., in Richet, ed., 84).

Le désert culturel de l'Amérique, son matérialisme, sa laideur industrielle et sa médiocrité artistique sont critiqués par les intellectuels de la « petite Renaissance » et ces idées seront reprises ensuite par les intellectuels de Harlem qui, à la lumière des travaux de l'ethnologue allemand Leo Frobenius[70] vont mettre en avant le passé africain et voir dans l'Afrique un retour aux sources, à la beauté et à la vie primitive. À Paris, l'engouement pour « l'art nègre » et l'Afrique en général, mais aussi pour le jazz, apporté par l'orchestre du 369e d'infanterie de Harlem à la fin de la Première Guerre mondiale, concourt à établir des liens entre intellectuels européens, américains et « français d'Afrique ». Waldo Frank, qui séjourne à Paris en 1913, se nourrit des idées et théories qui circulent dans le milieu intellectuel parisien qu'il fréquente. Ces échanges entre intellectuels ne feront que s'intensifier avec la Renaissance de Harlem :

> Au début de l'année 1913, il [Waldo Frank] part pour Paris où il réside un an, avant de rentrer à New York. Il dira s'être peu mêlé au groupe d'artistes et d'écrivains américains francophiles qu'il rencontre alors à Paris, (dont Gertrude Stein, T.S. Eliot et Erza Pound), passant son temps à lire Spinoza, à observer les Français et à prendre des notes en vue de la rédaction de son premier roman. Il est surtout fasciné par

---

en anglais en 1920, il dévoile sur plus de 500 pages sa théorie mystique et ésotérique. Selon lui, les représentations de l'homme sont liées au pouvoir des sensations mémorielles. Sa réflexion se veut être une continuité de l'*Organon* d'Aristote et du *Novum Organum* de Francis Bacon (1620).

[69] Van Wyck Brooks (1886-1963). Biographe et critique littéraire américain. L'écriture est, pour lui, une question de survie. Il publie notamment : *America's Coming-of-Age* (1915), *The Ordeal of Mark Twain* (1920) et *The Pilgrimage of Henry James* (1925).

[70] Léo Frobenius (1873-1938). La question de l'origine et de la nature de la culture sont au centre de son travail. Il est le premier à parler d'une « civilisation africaine » et à rompre avec l'image de l'« Afrique des tribus ». Il remet en cause le colonialisme et réfute l'idée que les peuples d'Afrique sont des sauvages qui ont connu la civilisation grâce à l'apport des Européens. Il avance le concept « aire culturelle » afin d'élucider la nature de la culture. Trouvant des traits communs en Océanie et en Afrique de l'Ouest, il conclut à l'origine commune de deux civilisations. Les résultats de ses travaux auront une grande influence sur les intellectuels de l'époque et sur les poètes de la négritude.

l'incomparable qualité de la vie intellectuelle à Paris dont il témoignera dans la revue française Europe (Ollivier-Mellios 19).

Faire rhizome : Langston Hughes et la pensée rhizomatique

Aussi, des relations rhizomatiques, telles que les conceptualisent Gilles Deleuze et Félix Guattari dans *Mille Plateaux*, se définissent à cette époque entre intellectuels américains et français dont les découvertes et les observations mutuelles enrichissent leurs préoccupations esthétiques, sociales et politiques. Deleuze nomme « rhizome » un système fait de connexions et d'hétérogénéité :

> N'importe quel point d'un rhizome peut être connecté avec n'importe quel autre et doit l'être. [...] Un rhizome peut être rompu, brisé en un endroit quelconque, il reprend suivant telle ou telle de ses lignes en suivant d'autres lignes. [...] La ligne de fuite fait partie du rhizome. Ces lignes ne cessent de se renvoyer les unes aux autres (Deleuze et Guattari, 1980, 13, 16).

Des « constructions rhizomatiques » ou encore ce que Françoise Clary nomme la « pluralité en mouvement constant » (184) ne cesseront de prendre corps avant et pendant la Renaissance de Harlem, car, tel un rhizome, la Renaissance est faite de racines, de « strates » et se développe et se structure autour d'assemblages et de réflexions en perpétuels mouvements.

Tous ces plateaux soulignent une multiplicité d'approches et d'influences et articulent la différence culturelle. Ils montrent ainsi comment la culture noire est faite de parcours, d'influences et de réseaux divers qui se télescopent et se nourrissent les uns les autres. Les différents plateaux peuvent être pris dans n'importe quel ordre et ne sont pas soumis à une organisation précise. Il faut voir là un ensemble qui fait sens, dénué de contraintes extérieures où les plateaux mènent à la réflexion pour connecter les hétérogènes et produire un sens propre :

> Le rhizome connecte un point quelconque avec un autre point quelconque, et chacun de ses traits ne renvoie pas nécessairement à des traits de même nature, il met en jeu des régimes de signes très différents et même des états de non-signes. [...] Il n'est pas d'unités, mais de dimensions, ou plutôt de directions mouvantes [...]. Nous appelons 'plateau' toute multiplicité connectable avec d'autres par tiges souterraines superficielles, de manière à former et étendre un rhizome (Deleuze et Guattari, 1980, 31, 33).

Ce mouvement intellectuel noir est constitué de strates, d'unité et de diversité et doit s'appréhender dans sa multiplicité et sa variabilité :

> Dans une strate il y a des doubles-pinces partout, des *double binds*, des homards partout, dans toutes les directions, une multiplicité d'articulations doubles qui traversent tantôt l'expression, tantôt le contenu (Deleuze et Guattari, 1980, 60).

« Faire rhizome » pendant la Renaissance de Harlem signifie établir des liens et des ponts entre intellectuels de différents horizons, partager des références communes, dans un objectif de relance créative et révolutionnaire.

« Faire rhizome », c'est prendre la situation littéraire et artistique noires par son milieu pour la faire tendre vers ses limites ; c'est développer un champ d'exploration du langage pour mieux revendiquer une nouvelle école d'écriture et faire de la littérature noire un art digne du canon littéraire américain. C'est aussi explorer la culture noire et son rapport à l'Afrique, mais aussi s'interroger sur l'homme noir pour mieux le connaître et révéler un milieu aux possibilités infinies. Un tel système est ouvert sur des multiplicités.

Toutefois l'écriture de Hughes, ainsi que celle d'autres auteurs de la Renaissance de Harlem, est enracinée dans l'histoire, car elle repose sur la mémoire de l'histoire africaine américaine et porte en elle le trauma de l'esclavage ; et selon la philosophie deleuzienne le rhizome, à la différence de l'arbre, ne présuppose aucune racine. Aussi, « faire rhizome » signifie, ici, appréhender la Renaissance de Harlem et les relations de Hughes avec d'autres auteurs à travers la multiplicité des possibilités et des expériences. Si le rhizome ne présuppose aucune racine, la résurgence de l'Afrique, qui fournit un socle historique et culturel aux intellectuels noirs, constitue bien une base qui va être exploitée par les intellectuels noirs américains de cette époque. En fusionnant contextes historique, culturel, littéraire, philosophique et idéologique les intellectuels noirs vont explorer l'identité noire américaine afin de la faire comprendre autrement.

Nul cas n'illustre mieux la continuité des relations entre intellectuels que celui de Langston Hughes qui incarne cette pensée rhizomatique tant dans ses aspects les plus humains et culturels que dans son écriture même, comme nous le démontrerons dans la troisième partie. Hughes, qui voit dans la question sociale le thème central de sa réflexion, ne cesse de voyager et d'observer les mœurs des pays qu'il découvre pour nourrir son écriture. Son travail n'est pas uniquement un travail de composition à partir du langage, c'est aussi un travail d'exploration (tel un ethnologue lorsqu'il se rend dans les États du Sud des États-Unis où il y enregistre des chanteurs de blues) qui pousse la relation rhizomatique à ses limites. Vera Kutzinski nomme cela le « nomadisme » intellectuel de Hughes et voit là une manière très personnelle de saisir l'expérience humaine dans toute sa multiplicité et diversité, car « [il] vécut dans différents environnements et […] il n'eut pas une vie, mais bien plusieurs. […] Ses autobiographies et sa poésie font et défont une multitude de géographies culturelles et langagières » (Kutzinski, 2)[71]. Elle explique encore que Hughes eut la capacité de se mouvoir dans des mondes différents tout en essayant d'en saisir toutes les facettes et les multiplicités.

Alors qu'il est souvent incompris par la critique, Hughes est un modèle pour les poètes et écrivains étrangers avec lesquels il établit des relations « rhizomatiques » et dont il guide l'écriture. Lors de son voyage à Cuba, en 1929, il est considéré comme l'ambassadeur de l'Amérique noire et son séjour lui permet d'étendre le rhizome dans le domaine de la littérature considérée mineure. À la Havane, il rencontre Nicolás Guillén (1902-1989) et influence son écriture. Comme Hughes, Guillén retranscrit dans sa poésie l'âme des plus humbles. En utilisant les sons et les rythmes afro-cubains (appelés *son*) qu'il transpose dans son écriture, en affirmant la beauté et l'esthétisme des Noirs cubains, en s'inspirant de leurs chants et de leurs danses, Guillén devient le « double » cubain de Hughes et crée son propre langage : « avec *Motifs de son* (1930), qui s'ouvre sur un poème intitulé *Petite ode à Kid Chocolate,* puis les poèmes mulâtres de *Sóngoro Cosongo* (1931), où la question de la discrimination raciale est posée en termes polémiques, Guillén, sans toutefois abandonner la thématique du folklore cubain d'origine africaine, a fait du négrisme un instrument révolutionnaire à tel point que le Noir de l'île, jusque là passif, est devenu acteur dans les œuvres poétiques et artistiques[72] » (Thiao, np).

---

[71] *[...] Langston Hughes moved in different worlds and [...] had not one life but many. [...] Because his autobiographies and his verse [...] weave in and out of a host of cultural geographies and languages [...]*.
[72] *Motivos de Son* (1930) et *Songoro Cosongo* (1931), où il défend le retour aux sources africaines, sont ceux qui témoignent le plus de l'influence de Hughes.

Dans son article sur Nicolás Guillén, Boris Couret constate l'influence et l'apport de Hughes dans l'écriture de Guillén :

> *Motivos de son*, écrit en 1930, sera l'acte de naissance du « poème son ». Tout y est ; la structure musicale, les personnages populaires et le « parler métis », né du mélange d'espagnol et de substrat africain : « Mes sons peuvent être mis en musique, mais cela ne veut pas dire qu'ils soient écrits avec cette intention, mais plutôt avec celle de présenter de la meilleure façon possible des tableaux de mœurs et des personnages populaires, tels qu'on les voit s'agiter autour de nous ». La musique de ses poèmes lui permet d'évoquer la vie de son peuple, dans une société qui le marginalisait (Couret, np).

Les poèmes de Guillén traduisent la quête identitaire cubaine, le métissage, le respect de l'Autre et tire leur inspiration de l'Afrique et des Antilles. Son écriture est aussi contestataire et exprime son refus de l'impérialisme et de la colonisation. La condition noire est au cœur de son écriture et ne se résume pas, pour lui, à un simple sujet d'écriture. Influencé par Hughes et la Renaissance de Harlem, mais aussi par le mouvement de la négritude, Guillén crée le « négrisme » hispano-caribéen[73] :

> L'influence de la négritude francophone sera incontestable tout au long de son œuvre. Pour Aimé Césaire, écrivain martiniquais et fondateur de ce mouvement avec Léopold Sédar Senghor et Léon-Gontran Damas, la négritude se caractérisait par « le rejet de l'assimilation culturelle, et d'une certaine image du noir paisible, incapable de construire une civilisation ». La valorisation de l'apport culturel africain et de ses représentants, ainsi que le rejet de la ségrégation raciale prôné par Césaire, apparaîtront comme les deux piliers de l'œuvre de Guillén. Le désir d'émancipation vis-à-vis de la culture européenne sera l'un des enjeux fondamentaux de sa littérature. Mais contrairement à un Césaire, les accents militants du Cubain sont dus à des raisons plus sociales que raciales (Couret, np).

---

[73] Dans son article, Boris Couret s'explique sur le négrisme, que nous pouvons comprendre comme le résultat d'un « processus rhizomatique » caractéristique des relations entre les intellectuels à cette époque : « Le négrisme hispano-caribéen de Guillén pourrait donc se comprendre comme une sorte d'union entre la culture négro-africaine, et la culture dérivant de la société cubaine de l'époque. Si la négritude relevait plus d'une attitude, le négrisme s'apparente un peu à l'action qui lui succède. « À l'attitude succède le mouvement. À la négritude succède le négrisme », expliquait Abanda Ndengue, inventeur de ce concept, dans son ouvrage *De la Négritude au Négrisme* paru en 1970 » (Couret).

Négritude en France[74], négrisme à Cuba, Noir nouveau aux États-Unis, ces mouvements témoignent des multiples interprétations individuelles et collectives, mais aussi insulaires ou continentales de l'homme noir :

> Pour Guillén, l'intégration passait donc par un combat des descendants d'esclaves contre l'impérialisme et le néocolonialisme. Sa négritude était un état d'esprit. Il participait par elle à l'émergence d'une civilisation de l'universel, et prenait part à cette immense rosace, emplie de couleurs venues de tous horizons planétaires. Une rosace qui se proposait d'établir à la face du monde extérieur à l'Afrique, qu'il existait une personnalité négro-africaine, intrinsèquement et originalement différente de celle de l'Occident (Couret, np).

Ces différents mouvements autour d'une cause commune attestent des relations rhizomatiques entre intellectuels qui donnent naissance à des possibilités infinies dans les domaines littéraires et artistiques. Le peintre cubain métis Wilfredo Lam (1902-1982), sur les traces de Guillén, créera lui aussi son propre langage à travers ses toiles et décrira les réalités du monde paysan cubain. Proche des surréalistes puis de Césaire, l'un des pères fondateurs de la négritude, il concevait ses toiles comme un acte de décolonisation qui disait la vie des Noirs mais aussi sa dignité.

En Haïti, Jacques Roumain (1907-1944) puise aussi son inspiration dans la poésie de Langston Hughes car il voit en lui la personnification de la liberté. Les deux hommes se rencontrent au début des années trente lors d'un séjour de Hughes en Haïti et nouent une grande amitié. L'écriture de Roumain exprime les frustrations de son peuple, piétiné et dominé pendant des siècles. Son poème « Langston Hughes » capture l'esprit et la quête identitaire de son ami poète à travers ses nombreux voyages et son ressenti de l'Afrique. Cet extrait traduit les relations rhizomatiques, profondes sources d'inspiration, voire fondement de l'écriture de Hughes et des écrivains qu'il côtoie :

> Like a Baedeker your nomad heart wandered
> From Harlem to Dakar.
> The sea sounded on in your songs – sweet, rhythmic, wild…[…]

---

[74] Nous reviendrons sur le mouvement de la négritude plus amplement dans cet ouvrage dans la partie intitulée « Paris et le mouvement de la négritude ».

>Now here in this cabaret as the dawn draws near you murmur…
>The blues again play for me!
>O! for me again play the blues! (Rampersad, 1988, 209)

Le nomadisme intellectuel de Hughes lui permet, en définitive, de prendre toute la mesure culturelle et linguistique des pays qu'il visite et de proposer une identité plurielle et multidirectionnelle. Des décennies avant ce que Paul Gilroy nommera « l'Atlantique noir » (1993), Hughes met lui-même en pratique ces échanges sans cesse renouvelés entre les membres de la diaspora noire des deux côtés de l'Atlantique, mais aussi entre le continent Nord- et Sud-Américains et s'emploie à les retranscrire dans sa poésie. Ces collaborations peuvent donc être perçues comme naturelles et complémentaires, car si « pendant les années 1970, il était courant de lire que la Renaissance de Harlem avait été faussée par des relations interraciales qui ne faisaient que reproduire les modèles de domination à l'œuvre dans la société » (Sylvanise, in Rocchi, ed., 209), les liens rhizomatiques entre intellectuels noirs, mais aussi blancs, durant cette période montrent une tentative commune de régénérer la culture américaine et de dépasser le clivage dominant Blanc/Noir de l'époque. Des journaux, tels *Crisis* et *Opportunity*, mais aussi des maisons d'édition, publièrent de nombreux auteurs noirs américains :

> La promotion de la littérature, sous toutes ses formes, fut donc une volonté majeure du journal *The Crisis*, en passant par la couverture aussi bien de la politique que de l'actualité littéraire et artistique[75] (Dzanouni 8).

Les rédacteurs en chef cherchaient, en, définitive, à se délester d'un système dont ils avaient été exclus tout en participant à la transformation du monde de l'édition. Leur intérêt pour et leurs relations avec les intellectuels noirs témoignent de la dynamique multiraciale et de la diversité des relations pendant la Renaissance de Harlem :

> On voit donc que les auteurs africains-américains trouvèrent un lieu d'expression chez des éditeurs qui étaient souvent eux-mêmes en marge du système éditorial américain. Les bonnes relations de

---

[75] *Promoting literature, in its various forms and practices, was thus a major aspect of the commitment of The Crisis to the coverage of political as well as literary and artistic items.*

> Hughes avec Alfred Knopf, par exemple, ne semblent pas devoir grand-chose à la ruse ou au calcul […], mais plutôt au dialogue privilégié entre deux membres d'une minorité à l'intérieur d'un système dominé par les codes anglo-saxons (Sylvanise, in Rocchi, ed., 224-225).

En collaborant entre eux, mais aussi avec des éditeurs blancs et en acceptant des compromis, les intellectuels de la Renaissance de Harlem s'organisent et créent leurs propres outils de diffusion et de promotion. À Harlem, les intellectuels noirs, aidés d'associations, favorisent l'étude de la vie noire. Ils font prendre conscience de l'héritage africain des Noirs américains, mais aussi de leurs capacités artistiques, esthétiques et littéraires, et sont déterminés à les mettre en valeur et à l'écrire.

Deuxième Partie
La Renaissance de Harlem : de nouvelles voix/voies artistiques noires

La Renaissance de Harlem fut essentiellement créée par des écrivains et leurs travaux furent perçus comme une cassure nette avec le style raffiné de la littérature noire en vogue à cette époque :

> Le Nègre nouveau se caractérisait, au plan littéraire, par un refus de la poésie néo-victorienne, des romans mélodramatiques et bien-pensants. Il présentait une image différente du Noir : plus virile, plus « nègre », elle revalorisait des aspects jusqu'alors occultés ou décriés de l'héritage racial, en particulier l'histoire africaine, l'esclavage, la culture populaire, le blues. [...] On le sent à la recherche d'une tradition, d'une appartenance qui remonte volontiers à l'esclavage et aux origines africaines (Fabre M., in Richet, ed., 90).

Alain Locke (1885-1954) devient, avec son anthologie noire *The New Negro*, qu'il publie en 1925, l'un des principaux théoriciens de la Renaissance et favorise son essor. Son ouvrage, qui rassemble pour la première fois des textes écrits par des auteurs noirs et devient, par la même occasion, la Bible de la Renaissance de Harlem, définit le « Nègre nouveau » et donne au mouvement une orientation littéraire. Ce Noir nouveau est un homme urbanisé, exposé à la culture occidentale et un collaborateur actif à la civilisation américaine. Son « africanité », revendiquée par l'intelligentsia blanche, défenseuse de la cause noire et sensible au modernisme, est au cœur du débat :

> L'Amérique doit maintenant faire avec un Nègre fondamentalement transformé. [...] Le Nègre intelligent d'aujourd'hui est résolu à ne pas faire de la discrimination une cause de ses mauvaises performances individuelles ou collectives ; il essaie de se maintenir sur un même pied d'égalité. En conséquence, le Nègre aujourd'hui souhaite être reconnu pour ce qu'il est, pour ses erreurs et ses défauts, et du plus profond de son âme méprise paraître ce qu'il n'est pas. Il ne supporte plus être considéré comme un assisté du gouvernement ou un citoyen de seconde zone, même par les siens, et ne veut plus être considéré comme le patient régulier de la clinique sociale, l'homme malade de la Démocratie américaine[76] (Locke, 29, 32).

---

[76] *The American mind must reckon with a fundamentally changed Negro. [...] The intelligent Negro of to-day is resolved not to make discrimination an extenuation for his shortcomings in performance, individual or collective; he is trying to hold himself at par [...]. Therefore, the Negro to-day wishes to be known for what he is, even in his faults and shortcomings, and scorns a craven and precarious survival at the price of seeming to be what he is not. He*

Le Noir nouveau est donc différent de l'image véhiculée par la littérature et la société ; il est devenu un individu à part entière qui s'affirme et le fait entendre. La nouveauté et la beauté sont au centre du paysage intellectuel et artistique qui est en train de se dessiner :

> En définitive, les nouveaux intellectuels noirs constituaient un groupe plutôt irrévérencieux et affirmaient être beaucoup plus lus et connus que la vieille garde d'intellectuels de Harlem, en proposant des idées plus modernes, et en révélant avoir trouvé la solution scientifique aux changements économiques et sociaux[77] (Anderson, 1981, 188).

Alain Locke encourage les artistes noirs à se tourner vers l'Afrique. Proche de W.E. B. Du Bois et de Booker T. Washington, il est un activiste convaincu et écrit pour *Crisis*, le journal officiel de la NAACP[78]. Toutefois, des précurseurs ont ouvert la voie une décennie plus tôt en proposant une autre forme d'écriture. Ils sont effectivement convaincus que l'art et la littérature peuvent arriver à changer les mentalités afin d'aboutir à l'égalité raciale. Des personnalités telles W.E.B. Du Bois, James Weldon Johnson, Charles Chestnutt, ou encore Paul Laurence Dunbar, en cherchant à promouvoir une instruction de qualité pour les uns et en empruntant au folklore noir dans leur écriture pour les autres, sont les maîtres d'œuvre de ce mouvement.

---

resents being spoken of as a social ward or minor, even by his own, and to being regarded a chronic patient for the sociological clinic, the sick man of American Democracy.
[77] *Altogether, the New Negro intellectuals of Harlem were a most irreverent bunch. They claimed to be more widely read than the older leadership group in Harlem, to be more sophisticated in modern ideas, and to have found the scientific key to social and economic changes.*
[78] La *National Association for the Advancement of Colored People* est fondée en 1909 par W.E.B. Du Bois pour lutter contre la ségrégation et la discrimination.

« Mouvement du Niagara ». Booker T. Washington représentait pour les Noirs le meilleur exemple de réussite et d'intégration. Toutefois, son « attitude gradualiste parut trop modérée et 'oncletomiste' aux partisans des revendications militantes qui trouvèrent leur porte-parole en William Edward Burgadt Du Bois » (Lacroix 316-317).

Du Bois est un opposant à Washington, car selon lui seules les écoles noires libérales et artistiques (et non pas celles créées par Washington sur le modèle de Tuskegee) sont capables de produire une bourgeoisie noire instruite ou ce qu'il appelle le *Talented Tenth*, une élite noire, un leadership noir en quelque sorte, capable d'ouvrir la voie aux Noirs et d'œuvrer pour des changements sociaux. L'expression *Talented Tenth* est utilisée par Du Bois dans son essai éponyme de 1903 où il développe sa théorie : se détacher du modèle culturel blanc en créant une conscience culturelle afin de permettre aux Noirs de partager une mémoire collective et une sensibilité esthétique commune. En définissant ces grands axes majeurs, Du Bois devient l'un des théoriciens de la Renaissance de Harlem, mais ce sont les jeunes écrivains noirs qui vont prendre le mouvement en main et favoriser son essor à partir des années vingt.

James Weldon Johnson (1871-1938) est un autre précurseur de la Renaissance. Il est le premier Noir à passer l'examen du barreau de Floride en 1897. Son intérêt pour l'écriture le mène à Harlem, mais ses contacts avec la National Urban League le poussent davantage vers une carrière politique. Il publie *The Autobiography of an Ex-Colored Man* en 1912, ouvrage qui passe plus ou moins inaperçu à sa sortie et c'est à l'occasion de sa seconde édition en 1927, alors que la Renaissance bat son plein, qu'il est remarqué et reçoit l'éloge de la critique. Pour la première fois, Harlem et Atlanta, théâtres de cette fiction, sont décrits comme des lieux emblématiques et symboliques pour les Noirs. Dans *God's Trombones* (1927), Weldon Johnson s'essaie avec talent à la poésie, célèbre l'expérience noire du Sud rural et utilise le folklore noir dans son écriture. Contrairement à Hughes, il privilégie l'anglais standard et non le dialecte. « À la fois guide et porte-parole, il fut très attentif au travail de la jeune génération, l'exhortant à s'engager dans la lutte pour l'égalité raciale tout en veillant à préserver son intégrité artistique » (Fabre G., in Richet, ed., 97).

Charles W. Chestnutt (1858-1932) est le fils de Noirs libres. Il est l'un des premiers auteurs à explorer la complexité de l'identité raciale après la guerre civile dans le Sud et à évoquer le rapport entre l'appartenance raciale et sociale dans *The House Behind the Cedars*

Chapitre I.
Les voix de Harlem :
une nouvelle tradition littéraire noire

Au début du vingtième siècle, la culture noire est encore un espace en friche qui demande à prendre corps et à s'organiser. Les intellectuels noirs sont conscients qu'ils doivent dessiner les contours de cet art noir et poser les principes fondateurs dans un contexte de ségrégation et de lutte pour l'égalité raciale. Quelques précurseurs, en quête d'horizons nouveaux et à la poursuite d'un nouveau rêve pour les Noirs, comprennent que ce changement doit passer par l'élaboration d'une tradition littéraire et culturelle.

Les précurseurs

Premier Noir diplômé de Harvard, W.E.B. Du Bois[79] (1868-1963) voit dans l'instruction le moyen pour les Noirs d'être acceptés par la société et de s'y faire une place. Il pense aussi que la création d'une élite peut favoriser des changements sociétaux. Du Bois reproche à Booker T. Washington son « évangile du Travail et de l'Argent » et a d'autres ambitions pour la communauté noire. Selon Du Bois la formation spécialisée, prônée par Washington, ne faisait que renforcer l'inégalité raciale en refusant aux élèves noirs tout espoir de promotion sociale par la formation, car il considérait ce type d'instruction insuffisante. Sa politique se fonde sur trois revendications de base : le droit de vote, la déségrégation et le même enseignement pour tous. Il élabore un programme d'action plus radical que celui souhaité par Booker T. Washington qui prend le nom de

---

[79] W.E.B. Du Bois a étudié à Fisk University. Il est le premier Noir à obtenir un doctorat à Harvard en 1895 avant de diriger le département d'histoire de l'Université d'Atlanta. Sociologue, éditeur et poète afro-américain, il écrit trois autobiographies et publie, en 1896, l'un des premiers ouvrages sociologiques américains, *The Philadelphia Negro*. Dans cet ouvrage, Du Bois analyse les conditions de vie des Noirs depuis leur Émancipation jusqu'au début du vingtième siècle. Cet ouvrage compte parmi les premiers ouvrages de référence en sociologie écrit par un Noir sur les Noirs. Du Bois militera toute sa vie pour la reconnaissance des droits civiques des Noirs aux États-Unis.

(1900). Dans son recueil de nouvelles *The Conjure Woman* (1899), il fait lui aussi parler le dialecte noir à ses personnages, comme il était courant dans la littérature du Sud. Précurseur, reconnu pour avoir jeté les bases du roman africain-américain, Charles Chestnutt est pourtant rejeté par la jeune génération d'artistes de la Renaissance de Harlem pour avoir recours aux stéréotypes noirs, caractéristiques de la littérature blanche. Son utilisation du dialecte et du folklore noirs et son exploration de l'identité raciale restent toutefois innovantes.

L'écriture de Paul Laurence Dunbar (1872-1906) influencera davantage la nouvelle génération d'écrivains noirs. Dunbar utilise aussi le vernaculaire africain-américain du Sud et est le premier auteur noir à prendre pour thème la société blanche. Son roman *The Sport of the Gods* (1902) est le premier à évoquer une famille noire du Sud s'installant à Harlem. Fils d'esclave, il publie *Folks From Dixie* en 1898 et se fait davantage connaître en 1903 en devenant le parolier de la comédie musicale In Dahomey, première comédie musicale noire produite à Broadway. S'il est une influence incontestable pour les auteurs de la Renaissance, il est lui aussi accusé de perpétuer les stéréotypes noirs à travers son écriture. Dans son article manifeste, *The Negro Artist and the Racial Mountain* (1926), Hughes évoque l'écriture de Dunbar et montre que les précurseurs, malgré les critiques, ont le mérite d'éveiller un intérêt et de faire de plus en plus prendre conscience de la place des Noirs dans le paysage intellectuel et culturel du pays :

> Le charme désuet et l'humour des vers en dialecte de Dunbar lui ont valu, à son époque, le type d'encouragement qu'on apporterait au personnage d'un spectacle pour enfants. (Un homme de couleur qui écrit des poèmes ! Comme c'est bizarre ! Oh, un clown ! Comme c'est amusant !)
> La mode actuelle pour tout ce qui vient des Nègres – qui pourrait bien faire autant de mal que de bien à l'artiste de couleur naissant – a au moins accompli une chose : elle a contraint les membres de son peuple à s'intéresser à lui, alors que, pendant si longtemps, il était pour eux un prophète sans honneur s'il n'avait pas d'abord été remarqué par l'autre race (Hughes in Richet, ed., 128).

Ces précurseurs posent les jalons de la Renaissance de Harlem et révèlent déjà des courants contradictoires. Pour l'heure, l'idée était de réussir là où la Reconstruction, après la guerre de Sécession, avait échoué, en créant une image positive du Noir. Les divers stéréotypes devaient disparaître et laisser place à un Noir cultivé, raffiné et sophistiqué. Ces précurseurs montrent à quel point le mouvement de la Renaissance ne demandait qu'à éclore. Harlem allait être le lieu de cette émancipation. En utilisant la popularité montante de Harlem à des fins intellectuelles, l'intelligentsia noire semble être prête pour élaborer sa propre culture.

Les architectes de la Renaissance

Pour les personnes extérieures au mouvement de la Renaissance, l'effervescence dans le domaine littéraire et celui des arts semble être une conséquence naturelle de la migration noire qui débute dès la fin du dix-neuvième siècle et se poursuit tout au long de la première moitié du vingtième siècle. Pour les Blancs, en contact avec les artistes noirs et qui viennent de faire l'expérience de la « petite Renaissance », la Renaissance de Harlem est perçue comme la conséquence logique du moment et le profond désir des Noirs de créer leur propre tradition littéraire. Cependant, ce mouvement artistique et littéraire n'est pas un phénomène aussi naturel qu'il y paraît. C'est par la volonté d'un petit noyau d'intellectuels noirs et de leurs relations que la Renaissance voit véritablement le jour. Six personnalités sont décisives sur la scène culturelle de Harlem. Jessie Fauset, qui écrit pour *Crisis*, Charles Johnson qui crée *Opportunity*, Alain Locke (surnommé le Marcel Proust de Lenox Avenue), mais aussi Walter White, Casper Holstein et James Weldon Johnson sont tous les six les véritables artisans de la Renaissance de Harlem. Guidés, conseillés et soutenus par eux, les artistes, les écrivains et les chanteurs qui débarquent à Harlem font sa renommée grâce à ces personnalités influentes. La Renaissance de Harlem n'aurait certainement pas pris l'ampleur qu'on lui connaît sans leur rôle crucial.

Jessie Fauset est l'unique femme du groupe et son influence est relativement méconnue. Elle reste pourtant, en termes de talent et de contribution, une femme d'exception. Très proche de Du Bois, qu'elle considère très certainement comme un père de substitution, elle l'assiste dans son travail éditorial pour *Crisis* et est la rédactrice littéraire du journal. Elle dirige même le journal pendant son absence lors des Congrès Panafricain en 1919 et 1924. Ses écrits reflètent sa vision et sa perception des Noirs. Préoccupée par la respectabilité des gens de sa race, elle est constamment animée d'un sentiment de dignité qui guide son écriture et ses choix littéraires. Elle hésite puis finit par refuser de traduire *Batouala*, roman pour lequel René Maran reçoit le prix Goncourt en 1921, de peur de se faire une mauvaise réputation et de s'attirer les critiques :

> Je ne connais que trop bien ce milieu qui est le mien. Je sais que si je traduis ce livre, je ne serai plus jamais considérée comme une femme respectable[80] (Levering Lewis 123).

Convaincue que le temps était venu pour les écrivains noirs d'écrire eux-mêmes sur le Noir nouveau et de présenter la vérité des Noirs au lectorat blanc, elle utilise son appartement pour y organiser des rencontres et des discussions entre intellectuels noirs. Ses proches créent, à sa suite, le même type de rencontres : ses amies Gwendolyn Bennett et Regina Anderson soufflent l'idée à Charles Johnson d'organiser des dîners au Civic Club, les appartements de Regina Anderson, Charles Johnson, James Weldon Johnson et celui de Walter White abritent les jeunes talents qui débarquent à Harlem et deviennent les lieux d'intenses activités culturelles. Lorsque son roman *There is Confusion* est publié en 1924, la critique à son égard est bonne et la presse blanche, la décrit, à tort, comme la première romancière noire[81]. Fauset savoure son succès et son roman reçoit les éloges de la critique noire, car il correspond au canon littéraire des *Talented Tenth* en brossant le portrait de la grande bourgeoisie noire. Les *Talented Tenth* souhaitent, en effet, valoriser cette image-là et occulter la masse populaire pour enfin donner l'occasion aux Noirs d'être perçus comme des personnes respectables au même niveau que les Blancs. Cette vision sera un point de discorde entre eux et le groupe des « Niggerati », auquel Hughes appartient, et révèlera les grandes contradictions idéologiques du mouvement.

Des six, Charles Johnson est celui qui œuvre le plus pour les arts. Langston Hughes dira de lui « en Amérique, c'est Johnson, plus que toute autre personne, qui encouragea les écrivains noirs dans les

---

[80] *I know my own milieu too well. If I should translate that book over my name, I'd never be considered 'respectable' again.*

[81] Dans l'historiographie noire, Frances E.W. Harper (1825-1911) est considérée comme la première poétesse noire avec *Forest Leaves* publié en 1845 et la première auteure noire avec *Two Offers*, une nouvelle publiée en 1859. Comme Frederick Douglass, elle parcourt le Sud à la demande des abolitionnistes pour y délivrer des discours pour l'amélioration des conditions des Noirs. Croyant en l'éducation comme outil essentiel d'amélioration, elle parcourt le Sud pour faire connaître et diffuser ses idées : *Education and the Elevation of the Colored Race*.

années vingt et contribua au développement du mouvement[82] » (Levering Lewis 125). Hughes et Zora Neale Hurston le considèrent comme le véritable architecte de la Renaissance de Harlem. Il a été décrit comme travaillant dans l'ombre d'Alain Locke alors qu'il est le véritable maître d'œuvre de la Renaissance, et faisant certainement bien plus encore qu'Alain Locke. Très visionnaire, Johnson voit en Arthur Schomburg[83], le grand amateur de livres, un allié pour le mouvement. Il prend les rênes du journal *Opportunity* en 1923 et choisit une assistante, Ethel Ray Nance, pour rédiger des chroniques sur les nouveautés littéraires et constituer une liste de talents susceptibles de développer les arts et l'écriture. Son projet éditorial est différent de celui voulu par les fondateurs du journal. Il souhaite aussi publier et faire connaître les travaux de chercheurs qui s'intéressent aux Noirs américains. Il se tourne vers Franklin Frazier qui travaille sur la formation des Noirs, vers Joseph Hill qui étudie la migration des Noirs vers les villes, vers Monroe qui travaille sur la démographie rurale et urbaine et vers l'anthropologue Melville Herskovits, le premier à établir un lien culturel entre l'Afrique et l'Amérique. Johnson constitue très vite un réseau solide et utile pour les nouveaux venus à Harlem soucieux de se faire connaître dans le monde des arts ou de l'écriture.

    La constitution de ce réseau, mais aussi l'instruction et la publicité sont des objectifs fondamentaux que Johnson développe à travers *Opportunity* ; le côté social de la Renaissance, avec ses soirées et ses réunions est tout aussi important à ses yeux que la création littéraire et artistique. Il invite Casper Holstein, responsable du jeu organisé à Harlem, bienfaiteur de la communauté antillaise et sponsor du bal annuel du Turf Club, une institution prestigieuse, à écrire un article pour *Opportunity* sur la situation de ses congénères dans les îles Vierges. Pour Holstein, sensible aux conditions de vie de ses compatriotes, leur sort est semblable à celui des Noirs américains et c'est ce qu'il écrit dans le numéro d'octobre 1925. Cette collaboration est un moyen d'apporter des financements supplémentaires au journal,

---

[82] *Johnson did more to encourage and develop Negro writers during the 1920's than anyone else in America.*
[83] Arthur Schomburg (1874-1938). Historien portoricain, grand collectionneur d'art et de livres, il constitue une collection importante de livres d'histoire, de documents sur l'Afrique et les origines des esclaves. Il achète les récits autobiographiques d'anciens esclaves et crée, avec tous ses documents, un centre de recherche dédié aux Africains-Américains et à leur histoire : le Schomburg Center for Research in Black Culture.

mais aussi de nouveaux lecteurs. Les financements reçus permettent à Johnson de créer des prix d'excellence et d'en faire bénéficier de jeunes auteurs noirs. Holstein finance les projets de Johnson, contribue au développement de la Renaissance de Harlem et lui fait prendre de l'ampleur. Il est cependant à peine toléré par la plupart des intellectuels qui voient en lui le truand et non le généreux donateur capable de financer les ambitieux projets de Johnson.

James Weldon Johnson (1871-1938) est l'autre voix de la NAACP. Il est écouté et respecté par Du Bois et est considéré comme un politique noir américain incontournable. Issu de la petite bourgeoisie noire naissante de Floride, sa famille est libre, instruite et prospère avant la guerre de Sécession, ce qui lui vaut de recevoir une très bonne formation. Les choix de Weldon Johnson sont éclectiques et il montre des prédispositions aussi bien pour l'écriture que pour le droit, la politique ou la diplomatie. Nommé consul des États-Unis au Venezuela en 1906, il est accepté par la société blanche et est soucieux de laisser son empreinte en tant que Noir et de donner une image différente. Lorsqu'il arrive à Harlem, Weldon Johnson a une certaine notoriété. Afin de ne pas compromettre sa carrière diplomatique, il a publié anonymement *The Autobiography of an Ex-Colored Man* en 1912 puis un recueil de poèmes en 1917 *Fifty Years and Other Poems* où il utilise la langue vernaculaire noire. Proche de Booker T. Washington, celui-ci lui offre un poste à la rédaction de l'hebdomadaire *Age*, basé à New York, qui s'attache à diffuser la philosophie conservatrice de Washington à ses partisans. Il est mandaté en Haïti en 1920 par la revue *The Nation* pour y enquêter sur l'occupation américaine et faire part de ses observations. Son séjour et ses observations sont destinés à dénoncer l'impérialisme américain en Haïti et à soutenir la campagne présidentielle du républicain Warren Harding[84] dont le programme isolationniste vise à freiner l'interventionnisme américain.

Critiqué pour les liens qu'il entretient avec Booker T. Washington et ses positions, Weldon Johnson demande à Walter Francis White (1893-1955) de le rejoindre à la NAACP pour en faire son assistant ; nous sommes en 1918. White le rejoint et devient, à son tour, un maître d'œuvre important pour le mouvement. Le seul Noir à

---

[84] Warren Harding (1865-1923). Il est le vingt-neuvième président des États-Unis. Élu en 1920, il décède avant la fin de son mandat.

peau blanche du groupe il affirme, lors de l'émeute d'Atlanta en 1906 (il prendra ensuite la relève de la NAACP en 1931 jusqu'en 1955) :

> C'est à cet instant précis que j'ai pris pleinement conscience de qui j'étais. J'étais un Nègre. Un être humain à la pigmentation invisible certes, mais un être marqué au fer pour être chassé, pendu, violenté, discriminé, maintenu dans un état de pauvreté et d'ignorance[85] (White in, Levering Lewis 131).

Dans la lignée des *Talented Tenth*, ces personnalités influentes et élitistes attachent beaucoup plus d'importance à l'appartenance sociale et considèrent que les Noirs de même condition sociale que les Blancs sont leurs égaux. Ils considèrent surtout que la qualité de leur instruction les place au même niveau que les Blancs et, à ce titre, se disent « Afro-Saxons ». Dans sa préface pour *The Book of American Negro Poetry*, Weldon Johnson révèle bien l'orientation du mouvement telle que ces personnalités influentes l'envisagent et jette les bases de la Renaissance de Harlem :

> La réussite d'un peuple, quel qu'il soit, se mesure grâce aux œuvres littéraires et artistiques qu'il est capable de produire. Le monde ne peut savoir qu'un peuple est grand s'il n'a pas produit de grands ouvrages et de grandes œuvres d'art. [...] À ce titre, les Nègres n'obtiendront l'égalité intellectuelle et un autre statut qu'en offrant des productions littéraires et artistiques de qualité. C'est à ce prix qu'ils réussiront à changer les mentalités[86] (Johnson in, Levering Lewis 149).

Alain Locke reprendra les mêmes idées quelques années plus tard avec *The New Negro*. Des six, Alain Locke est le plus controversé. Il attache à la culture et à l'excellence intellectuelle une importance considérable. Premier Noir diplômé d'Harvard en 1907, il étudie la philosophie à Berlin et au Collège de France à Paris. Son évolution intellectuelle suit le modèle européen et il conçoit le

---

[85] *In that instant, there opened within me a great awareness; I knew then who I was. I was a Negro, a human being with an invisible pigmentation which marked me a person to be hunted, hanged, abused, discriminated against, kept in poverty and ignorance.*

[86] *The final measure of the greatness of all peoples is the amount and standard of the literature and art they have produced. The world does not know that a people is great until that people produces great literature and art. [...] And nothing will do more to change the mental attitude and raise his status than a demonstration of intellectual parity by the Negro through the production of literature and art.*

développement intellectuel des Noirs américains à l'identique. Lorsqu'il retourne aux États-Unis en 1912, lui et W.E.B. Du Bois sont les Noirs les plus diplômés de l'époque. Locke partage alors son temps entre l'Europe et Harlem où il est à l'affût de jeunes talents, artistes et écrivains, qu'il cherche à promouvoir afin de développer le mouvement. Locke devient, en quelque sorte, l'attaché de presse de la Renaissance tout en jouant un rôle de modèle et de guide pour les jeunes talents qu'il découvre. Aidé d'un réseau influent et de mécènes blancs, il lance la carrière de plusieurs écrivains en les présentant à Charlotte Mason. La fortune et les relations de Charlotte Mason jouent un rôle déterminant pour ces nouveaux venus sur la scène intellectuelle noire de New York. On pense évidemment à Langston Hughes et à Zora Neale Hurston. Toutefois, les liens ambigus que Locke entretient avec Charlotte Mason l'obligent à adopter un compromis. Leurs opinions sur la culture noire divergent et montrent les points de discorde entre les principaux acteurs de la Renaissance. Locke reste bien conscient que la fortune des mécènes, et de Charlotte Mason en particulier, est indispensable au mouvement et au soutien des artistes que ni lui, ni ses cinq partenaires (à l'exception de Casper Holstein) ne peuvent financer. Pour cela, il est prêt à faire des concessions, ce qu'un écrivain comme Hughes rejettera et critiquera plus tard dans sa carrière et même s'il accepte le soutien de Charlotte Mason, rencontrée grâce à Alain Locke. Les relations entre intellectuels noirs et mécènes blancs démontrent la difficulté de véritablement dépasser les rapports « dominants/dominés ». Hughes, comme Zora Neale Hurston[87] durent, toute leur carrière durant, constamment faire des compromis afin d'être publiés mais aussi de suivre la voie qu'ils souhaitaient pour eux.

Hughes est en rapport étroit avec ces précurseurs et « architectes » de la Renaissance. Il doit d'ailleurs le lancement de sa carrière à Jessie Fauset qui a accepté de publier ses premiers poèmes

---

[87] Les difficultés de Zora Neal Hurston à se faire publier et à être reconnue témoignent des relations ambiguës et des compromis entre auteur.e.s noir.e.s et éditeurs ou encore mécènes blancs. Pour les femmes noires, l'exemple de Zora Neal Huston est particulièrement parlant et montre la difficulté supplémentaire à se faire publier, se faire entendre et reconnaître car les intellectuelles noires sont doublement en marge en étant à la fois marginalisées racialement et sexuellement. Noires et femmes, elles subissent la double pression des hommes blancs mais aussi des hommes noirs avec lesquels elles sont en concurrence dans le monde de l'écriture et de l'édition. L'excellente biographie de Zora Neal Hurston écrite par Valerie Boyd, *Wrapped in Rainbow* (2003) révèle ces difficultés et montre les rapports de domination hommes-femmes mais aussi Blancs-Noirs auxquels Zora Neale Hurston fit face toute sa vie.

et lui permet de rencontrer des intellectuels noirs déjà influents lorsqu'il s'installe à Harlem. Si certains sont des sources d'inspiration pour son écriture (comme Paul Laurence Dunbar ou Charles Chestnutt qu'il cite dans son article manifeste L'artiste nègre et la montagne raciale et dont il déplore le peu de succès et l'incompréhension du lectorat) d'autres, au contraire, seront par la suite en conflit avec Hughes, car ne valorisant pas une écriture et un art tournés vers le peuple. Ces divergences idéologiques seront au cœur de la Renaissance et de son évolution et sépareront les écrivains. Hughes revendiquera son travail d'exploration de la condition humaine noire à travers son écriture, ce que d'autres rejetteront, et il sera d'ailleurs vivement critiqué pendant la Renaissance pour sa « sensibilité prolétarienne ». Si Hughes est parvenu à imposer sa voix c'est grâce à une écriture de qualité et sans cesse renouvelée. Locke restera convaincu tout au long de cette période que le mouvement était sabordé de l'intérieur par ses acteurs et ses soutiens financiers. Ces raisons purement matérielles ont joué un rôle déterminant en remettant souvent en cause l'intégrité intellectuelle des écrivains noirs. En définitive, toute l'originalité de la Renaissance de Harlem réside dans la façon dont cette communauté intellectuelle et artistique s'est organisée pour élaborer sa théorie et étendre son mouvement. Les spectacles et les salons littéraires, qui se multiplient dans les années vingt, témoignent de cette époque foisonnante, car les écrivains noirs ne sont pas les seuls à préparer et rendre populaire le mouvement du New Negro. L'histoire montre que le monde du spectacle participe pleinement à ce nouvel engouement et à l'essor de la Renaissance.

Les spectacles noirs et les salons littéraires

La Renaissance de Harlem n'aurait certainement pas été aussi populaire sans ses cabarets, ses clubs et ses music-halls dont le public, majoritairement blanc, raffole et contribue à développer cette vogue pour les Noirs.

Pour Langston Hughes, comme il l'évoque dans son ouvrage autobiographique *The Big Sea* (1940), *Shuffle Along* est à l'origine du mouvement de la Renaissance de Harlem et inaugure la période qui suivie, marquée par de nombreuses créations par des artistes noirs. Cette comédie musicale créée par Eubie Blake et Noble Sissle en

1921, est le premier spectacle noir présenté à Broadway[88]. En se produisant à Broadway, *Shuffle Along* ouvre la voie aux artistes et metteurs en scène noirs tout en légitimant les comédies musicales créées par eux. C'est aussi le premier spectacle noir à pouvoir se produire dans des salles réservées aux Blancs et à offrir la possibilité aux spectateurs noirs d'accéder aux fauteuils d'orchestre. Si *Shuffle Along* rompt avec les tabous raciaux, la comédie musicale reprend les vieux stéréotypes des vaudevilles et *minstrels* très appréciés au début du siècle par le public blanc. La musique jazz, nouvel idiome musical qui se créait au même moment, et les jeunes chanteuses de cette comédie musicale sont une grande nouveauté qui attire le public et en fait l'un des spectacles les plus populaires de l'époque. Les vaudevilles noirs, qui supplantent peu à peu ceux joués par les Blancs, perpétuent certes les clichés dont les Noirs cherchent à se libérer, mais leur ouvrent en même temps la voie de la comédie musicale et accompagnent la Renaissance de Harlem. Alors que les journaux et les magasines littéraires noirs diffusent les idées nouvelles des intellectuels noirs, ces spectacles attirent l'attention sur d'autres formes esthétiques noires, directement héritées de l'esclavage : la musique, le chant et la danse.

Le public blanc, amateur de sensations, affluait « uptown » dans Jungle Alley (entre Lenox et Seventh Avenue), aussi appelé Paradise Valley ou The Stroll. En mal de divertissements, les clients blancs se retrouvaient au Cotton Club, au Plantation Club, qui voit les débuts de Cab Calloway[89], mais aussi au Savoy, au Bamboo Inn ou encore chez Connie's Inn ou Small's Paradise. Ouvert par le gangster Owney Madden en 1923 au plus fort de la Prohibition, le Cotton Club attire une clientèle exclusivement blanche. Décoré dans un style rappelant les plantations du Sud, les spectacles et le service sont exclusivement assurés par des Noirs. Madden veille à recruter des danseurs et danseuses à la peau claire et perpétue ainsi les traditions de la plantation et la ségrégation raciale des États du Sud. Dans « Harlem Night Club » (1926), Langston Hughes capture cette atmosphère particulière et si les Blancs témoignent d'un nouvel

---

[88] Florence Mills (1895-1927), artiste noire surnommée « The Queen of Happiness » (La reine de la joie) obtint le premier rôle de ce spectacle. Sa prestation en assura le succès. Puis Josephine Baker rejoint la troupe à ses seize ans.

[89] Cab Calloway (1907-1994) : chef d'orchestre et chanteur de jazz très populaire, ses onomatopées et vocalises avec l'orchestre, notamment son célèbre *Hi de Hi de Ho,* firent sa renommée. À Harlem, il intègre l'orchestre « The Missourians » en 1929 et remplace parfois Duke Ellington au Cotton Club.

engouement pour les spectacles noirs, Hughes s'interroge sur le futur des Noirs, toujours aux prises avec les stéréotypes. Il jette un regard peu optimiste sur leur avenir. « Harlem Night Club » appartient au recueil *The Weary Blues*, qui est publié en 1926 et est salué par la critique :

> « Harlem Night Club »,
> Sleek black boys in a cabaret,
> Jazz-band, jazz-band, –
> Play, play, PLAY!
> Tomorrow…who knows?
> Dance today!
> White girls' eyes
> Call gay black boys,
> Black boys' lips
> Grin jungle joys.
>
> Dark brown girls
> In blond men's arms.
> Jazz-band, jazz-band –
> Sing Eve's charms!
>
> White one, brown ones,
> What do you know
> About tomorrow
> Where all paths go? [...]

Publié au moment où Harlem est devenu un haut lieu de la vie nocturne, ce poème montre comment les spectacles de Harlem perpétuent les clichés dont les Noirs cherchent à se libérer (White girls' eyes/ Call gay black boys,/ Black boys' lips/ Grin jungle joys). Les femmes de couleur claire sont convoitées par les hommes et restent objets de fantasmes : (Dark brown girls/ In blond men's arms). Alors que l'unique forme interrogative du poème : « What do you know/ About tomorrow/ Where all paths go? » renvoie à la question que les artistes et intellectuels ne cesseront de se poser pendant cette période : « qui sommes-nous ? Comment devons-nous être décrits ? » La question « How Shall We Be Portrayed ? » qui fait écho au questionnement de Hughes, est d'ailleurs formulée par Carl Van Vechten et Jessie Fauset en 1926 dans *Crisis*. Cette question est récurrente et les réponses des artistes diverses et variées.

Les spectacles musicaux représentent l'avènement de l'ère du jazz et révèlent de nombreux talents. C'est au Cotton Club que Duke Ellington et Ethel Waters, notamment, se font connaître. Ellington dirige son orchestre au Cotton Club sans discontinuer de 1927 à 1930. Après le *cakewalk* et le *charleston*, les Noirs lancent d'autres danses comme le *lindy hop* ou le *black bottom*. Cab Calloway lance la mode du *jitterbug*, une danse qui devient très populaire à Harlem. Ce terme désigne aussi les danseurs et les personnes dont la façon de s'exprimer et de s'habiller est excentrique. Comme Cab Calloway, les « jitterbugs » de Harlem adoptent le « zoot suit », un costume trois pièces composé d'une très longue veste, très épaulée, et porté avec des chaussures à bouts pointus et un chapeau ; il n'y avait aucune limite imposée dans le choix des couleurs. Ces personnes étaient appelées « hep cats[90] » (les zazous).

Cette vogue des hauts lieux de la vie nocturne contribue à faire connaître de plus en plus d'artistes noirs, mais ce sont essentiellement dans les *house rent parties*, véritables institutions à Harlem qui permettent aux Noirs de se retrouver entre eux, que naissent et se développent les styles musicaux de la Renaissance et que se rencontrent blues, jazz et ragtime. Les *house rent parties* sont organisées pour aider à payer les loyers hors de prix (*the house rent*), car les invités doivent apporter une contribution financière en échange de « soul food », la nourriture typique du Sud. Il suffit d'un pianiste (*a tickler*) pour réussir la soirée. En se retrouvant entre locataires désargentés autour d'un buffet improvisé tout en écoutant du jazz et en consommant de la « soul food », les Noirs de Harlem retrouvent leur sens de la solidarité, que la mégalopole a tendance à oblitérer. Ces soirées sont aussi un substitut aux spectacles de cabaret devenus hors de prix et aux salles de spectacles où les Noirs peuvent se produire en tant que musiciens ou danseurs, mais où ils ne peuvent pas assister aux spectacles en tant que spectateurs. Les *house rent parties* font partie intégrante de la vie culturelle de Harlem à cette époque et c'est d'ailleurs au cours de ces soirées, communément appelées *jumps and shouts*, que les meilleurs pianistes de Harlem se font une réputation. Décrivant la naissance du jazz sauvage dans les bouges de Harlem, François Billard, dans son article intitulé « Honky tonks, ragtime n'blues », explique les *rent parties* en ces termes :

---

[90] Lors d'une tournée en France, Cab Calloway inspire le mouvement zazou et ses onomatopées sont reprises en 1938 par Johnny Hess dans *Je suis swing*.

À Harlem la situation était particulièrement favorable pour les pianistes. Ils trouvaient partout à s'employer dans les boîtes et les cabarets et même dans les bars, ainsi que dans les théâtres pour accompagner les films muets. Ils bénéficiaient aussi d'une institution proprement harlémienne, les rent parties : un locataire (ou plusieurs) organisait une fête chez lui et les invités donnaient de vingt-cinq à cinquante cents pour participer aux festivités. La musique y était assurée par un pianiste, parfois deux. [...] Cette pratique prit une telle extension que certains musiciens en tiraient une bonne part de leurs revenus. C'est ainsi que naquirent les « buffet flats », sortes de boîtes clandestines en appartement où, évidemment, toutes sortes d'activités illicites étaient possibles : vente d'alcool prohibé, jeux et prostitution (Billard 136).

Langston Hughes fréquente beaucoup les *rent parties* et y trouve son inspiration. Il écrira de nombreux poèmes sur ce sujet dont *Rent-Party Shout : For a Lady Dancer* (1930). La création y est tout aussi importante que dans le monde du spectacle et révèle la symbiose entre des artistes venus de divers horizons, conjuguant différents courants artistiques et échappant aux dictacts blancs puisqu'ils sont là entre eux. Les salles de spectacle et les *rent parties* permettent de rendre populaire cette nouvelle culture dont l'expression artistique ne cesse de se développer. Les salons littéraires organisés par des intellectuels ou philanthropes noirs sont d'autres lieux où les intellectuels se réunissent, échangent et contribuent à l'essor de la Renaissance. La façon dont les intellectuels s'organisent est originale et assure le développement et la diffusion d'idées nouvelles. Une philanthrope noire propose *Niggerati Manor* aux intellectuels de Harlem où ils peuvent se réunir gratuitement. Le plus célèbre salon littéraire est *Dark Tower*, de la riche héritière A'Lelia Walker, mécène des arts et fille de C.J. Walker, première Africaine-Américaine devenue millionnaire grâce à ses produits pour défriser les cheveux et exclusivement destinés aux chevelures indisciplinées des Noirs. Pendant la Renaissance de Harlem, A'Leila Walker organise de somptueuses soirées à Harlem où elle reçoit de nombreux artistes et intellectuels noirs dans ses différentes maisons, notamment dans sa maison de campagne, Villa Lewaro. Elle crée *Dark Tower*, un équivalent contemporain des salons littéraires français qui virent le jour sous l'Ancien Régime. En véritable mécène des arts, A'Leila Walker aide ces artistes et intellectuels sans compter et contribue à les faire connaître auprès des Blancs qui se pressent dans ses soirées. Les soirées auxquelles Langston Hughes assiste seront, par la suite, une source d'inspiration incontestable. L'hommage qu'il lui rend dans son autobiographie, *The Big Sea*, nous informe aussi sur les divers salons littéraires qui foisonnent à Harlem à cette période :

> A'Lelia Walker était la plus célèbre hôtesse de Harlem, suivie de très près par Mme Bernia Austin. Et dans l'appartement de Jessie Fauset sur la Septième Avenue, les soirées littéraires où l'on écoutait beaucoup de poésie, mais où l'on ne trouvait pas grand-chose à boire étaient la norme. C'était la même chose chez Lilian Alexander où les intellectuels plus âgés se réunissaient. Mais A'Lelia Walker, l'héritière de l'empire des produits défrisants, qui était noire comme la nuit et avait le cœur sur la main, ne prétendait être intellectuelle ou mondaine. [...] Les soirées d'A'Leila Walker, l'héritière nègre, étaient fréquentées par des invités dont les noms auraient fait pâlir d'envie n'importe quel arriviste blanc. [...] A' Leila Walker possédait un appartement qui pouvait contenir presque cent personnes. Elle envoyait en général plusieurs centaines d'invitations pour chaque soirée. À moins d'arriver très tôt, il était impossible d'entrer. Ses soirées étaient aussi encombrées que le métro de New York aux heures de pointe, l'entrée, le hall, les escaliers, les couloirs et l'appartement pleins d'une foule agitée, mais où chacun semblait apprécier la presse (Hughes in Richet, ed., 117).

D'autres salons multiplient les manifestations culturelles d'Harlem : Regina Anderson tient un salon à Sugar Hill avec Ethel Nance et Lovella Tucker, et, comme l'observe Geneviève Fabre, « Walter White, de la National Association for the Advancement of Colored People (NAACP), créa lui aussi un salon dans son appartement d'Edgecombe Avenue ; grâce à Arthur Schomburg, la succursale de la New York Public Library à Harlem devint l'un des hauts lieux de la culture noire » (Fabre G., in Richet, ed., 95). Hughes n'aurait fréquenté qu'une seule fois *Dark Tower* et sous le patronage de Charlotte Mason, qui le soupçonne de passer trop de temps dans les salons et cabarets de Harlem et d'y perdre son énergie créative, il se consacre davantage à son écriture. Il participe cependant à de nombreuses lectures publiques pour se faire connaître et diffuser sa poésie.

Presse et mécénat

Le mécénat et la presse noire jouent un rôle essentiel en accompagnant les écrivains et poètes de la Renaissance et en les publiant. En prenant conscience que New York était la capitale du monde de l'édition, la plupart des nouveaux écrivains noirs sont immédiatement attirés :

> Appelée la Renaissance de Harlem ou la Renaissance du Noir Nouveau, cette période vit des écrivains, pour l'essentiel, amorcer un renouveau dans l'écriture noire et proposer autre chose que ce qui avait pu être écrit jusque-là. [...] La plupart de ces écrivains furent attirés par New York City comme des aimants, d'autant qu'ils réalisèrent très vite que New York était LA capitale nationale de l'édition[91] (Anderson, 1981, 195).

Les journaux *Crisis* et *Opportunity*[92] par exemple, publient tous les poèmes du jeune poète Langston Hughes. Leur rôle est déterminant dans le lancement de sa carrière. L'hebdomadaire *Negro World*, le journal créé par Marcus Garvey en 1918, fait aussi beaucoup pour les écrivains de la Renaissance en publiant leurs poèmes et des comptes-rendus de romans et nouvelles publiés pendant les années vingt. Les créations théâtrales et musicales noires y sont aussi commentées. D'autres journaux noirs plus radicaux (*The Messenger, The Nation, Pittsburgh Courier* et *Chicago Defender*, que Hughes découvre pendant son adolescence) sont tout aussi influents. Cette presse-là se charge aussi de relayer les succès de plus en plus de Noirs américains dans le monde des affaires, le domaine financier et immobilier. Ces modèles de réussite donnent l'impression aux habitants de Harlem que leur situation s'améliore rapidement et que tout devient possible. Pourtant, si quelques privilégiés occupent les beaux quartiers de Sugar Hill[93] ou d'Edgecombe Avenue, ou ceux

---

[91] *Called the Harlem or New Negro Renaissance, it was made up chiefly of writers, and, in the work of most of its members, represented a break with the genteel tendencies that had been dominant in black writing. [...] Most of these writers had been pulled by the magnet of New York City, which, as they well realize11d, was the publishing capital of the nation.*

[92] Cependant, faute de financements suffisants, *Opportunity* n'arrive pas à rivaliser avec le tirage de *Crisis*. En 1928, l'une des meilleures années pour *Opportunity*, il est publié à 11 000 exemplaires mensuels, contre 60 000 pour *Crisis*. Le rôle d'*Opportunity* reste tout de même indispensable au lancement et au développement de la Renaissance de Harlem.

[93] Sugar Hill était et est toujours un quartier très prisé au Nord de Harlem. Dans les années vingt, ce quartier est un des hauts lieux de la bourgeoisie noire et certaines personnalités emblématiques de la renaissance de Harlem (comme William E. B. Du Bois, ou Duke

situés entre Seventh et Eighth Avenues et logent dans les Dunbar Apartment[94] beaucoup de familles installées à Harlem sont pauvres et vivent dans des logements qui sont loin de correspondre à leurs besoins. En se comportant comme la bourgeoisie blanche et en véhiculant l'image de la réussite sociale noire, les habitants des quartiers chics de Harlem servent les desseins de Du Bois et font la propagande des idéaux des *Talented Tenth* que ce dernier souhaite voir se développer à travers le mouvement de la Renaissance.

Les « Niggerati » fondent, en novembre 1926, la revue éphémère *Fire !!* et ne publieront qu'un numéro. Selon Hughes, cette revue devait « effacer les vieilles idées conventionnelles du passé que Blancs et Nègres se faisaient des Nègres » (Rummel 62). Hughes constitue, avec Wallace Thurman, un groupe de jeunes artistes noirs aux idées plus radicales que les précurseurs et fondateurs de la Renaissance. Ils prônent la révolte contre l'hypocrisie de la bourgeoisie noire et le refus d'idéaliser les Noirs. Ils veulent écrire sur et pour les Noirs. Partageant les mêmes idées, ils souhaitent encourager davantage d'écrivains noirs à suivre cette voie et à s'éloigner de l'élitisme bourgeois des *Talented Tenth* à travers les rencontres et discussions qu'ils organisent. Ce groupe est constitué de l'écrivain et anthropologue Zora Neale Hurston, du peintre Aaron Douglas[95], de Bruce Nugent[96], que Hughes a rencontré à Washington,

---

Ellington) y résident. Sugar signifie « fric » en argot new-yorkais ; sugar hill signifie donc « la colline du fric ». En 2000, ce quartier fut classé quartier historique municipal.

[94] Les Dunbar Apartments sont une résidence de luxe exclusivement réservée aux Noirs en cols blancs et à la bourgeoisie noire. W. E. B. Du Bois et Countee Cullen, notamment, y résident. D'autres célébrités noires de l'époque s'y installeront et transformeront leurs appartements en haut-lieux de réception où toute la bourgeoisie de Harlem se presse pour se montrer et être vue. Les *Dunbar News*, des bulletins sur la vie de la résidence, n'hésitent pas à tenir la bourgeoisie informée des soirées et autres festivités organisées par les propriétaires de ces appartements.

[95] Aaron Douglas (1899-1979). Nous pouvons dire de lui qu'il fut *le* peintre de la Renaissance de Harlem. Il s'installe à New York en 1925 et très vite commence sa carrière en illustrant *Crisis* et *Opportunity*. Influencé par l'art africain et égyptien, Douglas est remarqué par W.E.B. Du Bois et Alain Locke qui encouragent les artistes noirs à se tourner vers leur héritage africain. Il devient l'illustrateur attitré de *Crisis* et *Opportunity* de 1925 à 1939 et illustrera l'anthologie d'Alain Locke, *The New Negro*, ainsi que plusieurs romans de la Renaissance dont *God's Trombones* (1927) de James Weldon Johnson et en France, *Magie noire* (1929) de Paul Morand. Il produit aussi de nombreuses peintures murales dont certaines sont conservées au Schomburg Center, la branche de la New York Public Library dédiée à la culture noire et localisée à Harlem.

[96] Richard Bruce Nugent (1906-1987), connu sous le nom de Bruce Nugent, était écrivain et peintre pendant la Renaissance. Il est le premier artiste noir à reconnaître son homosexualité et à la mettre en avant dans ses créations. Partenaire de Wallace Thurman, il publie sa nouvelle *Smoke, Lilies, and Jade* dans l'unique numéro de *Fire !!*

de la poétesse et artiste Gwendolyn B. Bennett[97], de Countee Cullen, d'Eric Walrond[98] et de Rudolf Fisher[99]. Hurston appelle le groupe les « Niggerati ».

En créant *Fire !!*, l'ambition des Niggerati est d'offrir aux écrivains noirs un forum d'échanges et surtout la possibilité de publier leurs travaux. Ces jeunes intellectuels « ébauchaient une orientation plus audacieuse que celle qu'avaient indiquée les père fondateurs. Le titre-slogan (qui devait être repris par les poètes des années 60 dans une perspective encore plus militante) s'inscrivait symboliquement en noir sur rouge » (Fabre G., in Richet, ed., 92-93). Les Niggerati souhaitent surtout rallier les artistes noirs désireux d'en finir avec les idées conservatrices de la bourgeoisie noire qui avait attaqué les premiers poèmes de Hughes et s'était montrée très critique à l'égard du roman polémique de Van Vechten, *Nigger Heaven*. Leur projet ambitieux et radical est sur le point d'avorter, faute de moyens financiers. Le premier et unique numéro réussit à paraître grâce au soutien de Carl Van Vechten qui apporte la somme nécessaire. Gwendolyn B. Bennett y publie sa nouvelle *Wedding Day* et Bruce Nugent en publiant, *Smoke, Lilies, and Jade* provoque l'indignation d'Alain Locke qui fustige la nouvelle et accuse Nugent de faire l'apologie de la décadence, propre selon lui aux écrivains homosexuels[100]. L'unique numéro de *Fire !!* est fermement condamné. Hughes rapporte qu'« aucun des intellectuels noirs appartenant à la vieille garde ne voulu être associés de prêt ou de loin à ce journal » (Rummel 62). Avec *Fire !!* les Niggerati placent le mouvement du « Noir nouveau » sous un signe plus radical et contestataire et montrent que la Renaissance est jalonnée de courants et de pensées

---

[97] Gwendolyn B. Bennett (1902-1981), une des figures féminines de la Renaissance.
[98] Eric Walrond (1898-1966) journaliste et écrivain afro-caribéen. Il publie en 1926 *Tropic Death* et fait parler le dialecte caribéen à ses personnages pour évoquer la diversité de la diaspora caribéenne. Remarqué par Marcus Garvey, il devient co-rédacteur pour *Negro World* de 1923 à 1925, le journal de l'UNIA (Universal Negro Improvement Association) puis travaille de 1925 à 1927 pour *Opportunity*, le magasine de la Urban League destiné à mettre en avant la contribution des Noirs dans le domaine des arts et de la politique. Il publie de nombreuses nouvelles pendant la Renaissance de Harlem : *On Being Black* (1922), *On Being a Domestic* (1923), *Miss Kenny's Marriage* (1923), *The Stone Rebounds* (1923), *Vignettes of the Dusk* (1924), *The Black City* (1924), et *City Love* (1927).
[99] Rudolph Fisher (1897-1934) est médecin et se tourne vers la littérature et la musique. Il participe activement au mouvement de la Renaissance de Harlem en tant qu'écrivain et musicien. Il publie sa première nouvelle *City of Refuge* en 1925, qui figure dans l'anthologie d'Alain Locke, puis *The Conjure-Man Dies* en 1932, le premier roman policier avec des personnages noirs.
[100] Pour plus de précisions voir : Wirth, Thomas (eds.), 2002.

contradictoires et que les intellectuels noirs ne se rallient pas tous aux mêmes orientations :

> [*Fire !!*], destiné à réveiller le sang et les cœurs, à faire fondre les barreaux des prisons, rallia les écrivains et artistes, les uns désireux de chanter le « cœur des ténèbres », dire la révolte ou célébrer l'âme noire, les autres éperdument épris d'une beauté sans fard, pour tisser sur des métiers d'ébène les figures de l'art nouveau, d'autres enfin pour évoquer la condition des masses noires (Fabre G., in Richet, ed., 93).

Malgré leurs convictions, ces écrivains et poètes ont besoin d'un soutien financier qu'ils peinent à trouver :

> À la fois pour des raisons matérielles – à cause de sa situation économique malgré tout marginale – et pour des raisons idéologiques – à cause de la prédominance en son sein de l'orientation prônant l'intégration, le capitalisme, en bref les valeurs dites « blanches » - la bourgeoisie de couleur ne semblait pouvoir ou vouloir fournir aux écrivains et artistes de Harlem le soutien financier dont ils avaient besoin (Fabre M., in Richet, ed., 86).

Les jeunes écrivains noirs se tournent vers des mécènes blancs pour être publiés et continuer à l'être. Ils collaborent aussi beaucoup avec des éditeurs blancs, pour la plupart juifs, et donc eux-mêmes exclus du système éditorial. Les journaux sont « déterminants dans l'essor du mouvement, parce qu'ils publient des auteurs africains-américains d'une part, et parce qu'ils servent d'antichambres aux maisons d'édition d'autre part. Les échanges entre Blancs et Noirs y étaient permanents et essentiels » (Sylvanise, in Rocchi, ed., 222-223). Avec ces journaux et maisons d'édition, pour beaucoup dirigés par des Juifs, les rédacteurs en chef cherchèrent à se délester d'un système dont ils avaient été exclus tout en participant à la transformation du monde de l'édition. Leur intérêt pour les intellectuels noirs témoigne de la dynamique multiraciale et de la diversité des relations pendant la Renaissance de Harlem :

> On voit donc que les auteurs africains-américains trouvèrent un lieu d'expression chez des éditeurs qui étaient souvent eux-mêmes en marge du système éditorial américain. Les bonnes relations de Hughes avec Alfred Knopf, par exemple, ne semblent pas devoir grand-chose à la ruse ou au calcul […], mais plutôt au dialogue

privilégié entre deux membres d'une minorité à l'intérieur d'un système dominé par les codes anglo-saxons (Sylvanise, in Rocchi, ed., 224-225).

Outre l'indépendance financière dont ils ont besoin, beaucoup ont du mal à conserver leur intégrité face à la pression de la bourgeoisie noire et des mécènes blancs. Dans *The Negro Artist and the Racial Mountain*, qu'il publie en 1926 dans *The Nation*, Langston Hughes exprime avec éloquence les objectifs artistiques et esthétiques des Niggerati et n'hésite pas à fustiger ceux qui, pour s'attirer les faveurs des mécènes et du public, « trahissent leur race » :

> La route que doit suivre l'artiste noir sérieux qui veut produire un art issu de sa race est donc bien tortueuse et la montagne bien haute. Jusqu'à une période récente, il ne recevait aucun encouragement pour son travail, ni des Blancs, ni des Noirs. Les beaux romans de Chestnutt étaient vite épuisés sans qu'une race ni l'autre ne s'aperçoive de leur publication. [...] Mais, en dépit d'une intelligentsia nègre blanchie et des souhaits de certains éditeurs blancs, nous disposons déjà d'une honnête littérature nègre. J'attends maintenant le développement du théâtre nègre. Notre musique populaire, qui connaît déjà une renommée mondiale, s'offre au génie du grand compositeur noir américain que nous attendons (Hughes in Richet, ed.,128-129).

Hughes en appelle à un art qui permette à la classe moyenne noire de se détourner de la littérature blanche et de prendre conscience à la fois de la beauté et de la laideur de la communauté noire. Les Niggerati s'opposent en cela au groupe créé par Du Bois, les *Talented Tenth*, car ils refusent leur idéal bourgeois et ne veulent pas s'exprimer à travers un art de propagande destiné à plaire aux Blancs et à la bourgeoisie noire. Ils symbolisent le clivage idéologique qui partage les intellectuels de la Renaissance. En janvier 1926, dans l'éditorial de *Crisis*, Du Bois exprime clairement son opinion et s'élève contre les Niggerati :

> Nous voulons bien sûr que les écrivains nègres produisent de belles choses, mais nous accordons beaucoup plus d'importance aux sujets décrits qu'à leur beauté. [...] Je n'ai que faire de l'art qui n'est pas utilisé à des fins de propagande[101] (Du Bois in Boyd, 118).

Fire !! subit bientôt son baptême du feu et face au manque de soutien financier et aux divergences d'opinions, il n'offre qu'un unique numéro. Wallace Thurman, responsable des dettes d'impression du journal, rembourse les créanciers et récidive peu de temps après cet échec en fondant le journal *Harlem* en 1928.

Avec *Harlem*, qui vivra le temps de deux numéros, Thurman ambitionne d'offrir la parole à tous les intellectuels de la Renaissance quel que soit leur courant de pensée. *Harlem* est moins scandaleux que *Fire !!* mais les articles sont tout aussi radicaux et combatifs. La sortie du journal coïncide avec celle de *Home to Harlem* de Claude McKay. Deux ans après la publication de *Nigger Heaven*, *Home to Harlem* fait aussi l'effet d'une bombe en décrivant dans un réalisme saisissant, le sordide de la vie nocturne de Harlem et la vérité sans artifice des petites gens. McKay, qui a pris ses distances de la bourgeoisie noire de Harlem, est à la recherche d'une identité noire différente de celle prônée par l'élite noire. Il s'attire les foudres des *Talented Tenth* et est condamné par Du Bois. Pour Wallace et ses proches, *Home to Harlem* est l'expression de leurs revendications alors que pour les chroniqueurs d'*Amsterdam News*, McKay écrit contre les Noirs.

Critiqués par Hughes, qui a toutefois une position ambiguë[102], les mécènes et les philanthropes blancs font partie intégrante de la Renaissance de Harlem en assurant leur soutien aux artistes et intellectuels noirs et en leur imposant des choix littéraires et des compromis que certains ont accepté et que d'autres ont refusé, soucieux de préserver leur intégrité. Claude Mc Kay[103] et Langston Hughes n'hésitent cependant pas à remettre en cause l'intégrité de certaines personnalités noires dans le but d'être acceptées par les Blancs. Hughes, qui entretient tout au long de sa carrière d'excellents

---

[101] *We want Negro writers to produce beautiful things but we stress the things rather than the beauty. [...] I do not care a damn for any art that is not used for propaganda.*
[102] Hughes rompt avec sa bienfaitrice Charlotte Mason en 1930.
[103] Claude McKay se considère d'ailleurs tout au long de sa carrière étranger à la Renaissance de Harlem et ne veut pas y être associé. Il écrit dans *Banjo* : « *And as there were civilised white monkeys, so were there black monkeys, created by the conquests of civilisation, learning to imitate the white and even beating the mat their game. He recalled the colored sweetmen and tout girls with whom he had been familiar in America, some lived in the great obscure region of the boundary between white and black*» (Mc Kay, *Banjo*, 212).

rapports amicaux avec Van Vechten et recevra le soutien financier de la richissime Charlotte Mason à partir de 1927, qui oriente son écriture, est conscient très tôt de ces compromis et de l'engouement éphémère des Blancs pour la « vogue nègre » :

> J'y étais, j'en ai bien profité, mais je savais au fond de moi que ça ne durerait pas longtemps. Car, comment un tel enthousiasme et un tel engouement pour des Nègres auraient-ils bien pu durer[104] ? (Archer-Straw 176).

Dans *The Big Sea*, il écrira aussi sur la ligne de fuite adoptée par les artistes noires précisément en raison de leurs rapports avec les Blancs. Au sommet de sa gloire, l'artiste Florence Mills se servira de son succès pour montrer qu'elle n'acceptait ni la soumission ni le compromis[105]. Hughes et McKay, qui a quitté New-York aux moments les plus forts de la Renaissance et ne se sent pas proche de l'intelligentsia noire, réussissent à maintenir leur intégrité, car ils sont conscients de la relation complexe entre Blancs et Noirs. Cependant, le soutien financier que Hughes reçoit au tout début de sa carrière d'Amy Spingarn[106] (la fille d'un riche industriel très impliquée dans le combat pour l'égalité raciale mené par la NAACP) fut déterminant dans le lancement de sa carrière et la poursuite de ses études universitaires « parmi les siens » à Lincoln University[107].

D'après l'historiographie de la Renaissance de Harlem, on doit l'expression « Negro Renaissance » à Carl Van Vechten qui l'utilise pour la première fois dans un de ses articles pour le *Herald Tribune*. Le rôle et l'importance de Van Vechten dans le paysage littéraire et artistique new-yorkais du début du vingtième siècle sont incontournables. Passionné de jazz et de culture noire[108], son intérêt

---

[104] *I was there. I had a swell time while it lasted. But I thought it wouldn't last long. For how could a large and enthusiastic number of people be crazy about Negroes forever?*
[105] Voir Hughes, *The Big Sea*, p. 161 notamment.
[106] Originaire de New York, Amy Einstein Spingarn (1883-1980) est philanthrope et poétesse. Elle est aussi une artiste reconnue pour ses grands portraits d'Africains-Américains. À la mort de son époux en 1939, elle fut élue à la tête de la NAACP afin de poursuivre la politique et le combat menés par son mari. Elle resta dans le comité de direction pendant plus de quarante ans.
[107] Cette université réputée était surnommée à l'époque : « the black Princeton » (le Princeton noir).
[108] La correspondance entre Hughes et Van Vechten est très informative et montre l'intérêt pour le blues des deux hommes ainsi que l'étendue de leurs connaissances dans ce domaine. Pour plus de détails, voir l'ouvrage d'Emily Bernard (eds.) *Remember Me to Harlem. The Letters of Langston Hughes and Carl Van Vechten (1925-1964)*.

s'intensifie au milieu des années vingt lorsqu'il entreprend de promouvoir l'écriture noire et d'offrir son aide à des écrivains et artistes noirs. Issu de la grande bourgeoisie américaine et critique musical pour le *New York Times*, Van Vechten fréquente les salons new-yorkais, parisiens et londoniens et est décrit comme un hôte exceptionnel de l'intelligentsia noire et blanche dans sa résidence new-yorkaise de la 55ème rue. Chroniqueur d'art pour *Vanity Fair*, Van Vechten joue de ses relations et contacts pour que les poèmes de Hughes y soient publiés. Van Vechten s'avère être un grand soutien et un allié indéfectible de Hughes même si l'on peut voir aussi dans leur relation une illustration et une continuité des rapports « dominants/dominés » entre Blancs et Noirs.

Charlotte Mason est une autre figure importante de la Renaissance, car elle soutient financièrement de jeunes écrivains noirs. L'histoire raconte qu'elle recevait ces jeunes artistes sur un trône et maintenait une sorte de cour autour d'elle. Convaincue de connaître le véritable « art Nègre » elle impose ses choix et son pouvoir à ces artistes en orientant leur écriture et leur travail. Elle donne des instructions à Alain Locke pour accomplir ses objectifs culturels et artistiques et se sert de lui comme entremetteur afin qu'il lui présente les jeunes auteurs noirs qu'elle souhaite aider. Elle conseille Locke d'abandonner la culture blanche pour arriver à ses fins, ce qu'il refusera. Charlotte Mason reçoit dans son appartement de Park Avenue. Passionnée d'art africain et convaincue de la mauvaise influence des Blancs sur l'art primitif, elle veut utiliser sa fortune pour honorer la culture africaine. Elle fonde un musée d'art africain à New York et établit très vite un lien entre l'Afrique et Harlem. Elle soutient financièrement de nombreux projets et rencontre les écrivains noirs que Locke sélectionne pour elle et lui présente. Tous ses protégés doivent l'appeler « Marraine » (Godmother) et se plier à ses exigences. Elle voyait en Langston Hughes le sauveur de la race noire menacée d'extinction culturelle par l'Europe, et souhaitait devenir la bienfaitrice de Jean Toomer pour le sauver de lui-même.

Malgré le grand attachement qu'il éprouve pour Charlotte Mason, Langston Hughes, qui pense avoir trouvé une mère en elle, rompt son amitié en 1930, car il n'arrive pas à satisfaire ses exigences littéraires et n'accepte plus la compromission. De retour de Cuba et d'Haïti, où il rencontre d'autres écrivains engagés, il se radicalise de plus en plus et est persuadé qu'il doit aider à créer un intérêt pour l'écriture raciale en encourageant les jeunes talents du Sud sur cette voie. Il est d'ailleurs conseillé par Mary McLeod Bethune comme nous le verrons dans la troisième partie.

La carrière de Hughes est davantage jalonnée d'amitiés masculines, cependant, ce sont souvent les femmes qui ont été déterminantes dans sa carrière et il est très proche d'intellectuelles comme Zora Neale Hurston, Jessie Fauset et Gwendolyn Bennett. La plupart lui ont, en tout cas, montré la voie et l'ont aidé dans ses choix littéraires. Il écrira par la suite des poèmes indifféremment dédiés aux femmes ou aux hommes, attribuant cependant une force subversive aux femmes et une vulnérabilité intrinsèque aux hommes, comme nous le verrons plus loin. Elevé par sa grand-mère et souffrant de l'absence répétée de sa mère, Hughes accepte volontiers le soutien des femmes qui montrent un intérêt pour son écriture comme Amy Spingarn, qui l'aidera à finir ses études universitaires, ou encore Charlotte Mason. Malgré leur différend et la fin de leur amitié en 1930, Hughes reconnaît qu'aucune autre femme n'a été aussi bienveillante et généreuse à son égard. Le soutien financier, mais surtout moral qu'elle lui apporte lui fait oublier son sentiment de solitude présent depuis l'enfance. Ce soutien l'aide aussi beaucoup à écrire dans de bonnes conditions. Il avouera d'ailleurs :

> Après un passé plus ou moins incertain sur le plan financier, je me suis soudain retrouvé avec un revenu fixe et régulier proposé par une personne qui m'appréciait et croyait en moi. J'avais aussi un appartement en banlieue pour travailler, la scolarité de mon frère était assurée en Nouvelle Angleterre et je n'étais plus une charge financière pour ma mère. J'avais aussi des boîtes remplies de papier pour écrire [...][109] (Hughes, in Rummel 68).

Si la poésie de Hughes n'est pas essentiellement pour et sur les femmes, elles jouent tout de même un rôle important dans sa vie et son écriture. Les chanteuses de blues ont, elles, joué un rôle clef dans son écriture. La chanteuse de blues Bessie Smith, que Hughes admire énormément, est une grande source d'inspiration et son écriture blues est d'ailleurs directement inspirée de ses chants et de ses interprétations.

---

[109] *Out of a past of more or less continued insecurity and fear, suddenly I found myself with an assured income from someone who loved and believed in me, an apartment in a suburban village for my work, my brother in school in New England and no longer a financial difficulty to my mother, myself with boxes of fine bond paper for writing [...].*

Les femmes restent peu évoquées par l'historiographie de la Renaissance. La décennie 1920-1930 est pourtant une période intense de publications[110] aussi bien pour elles que pour les hommes et elles y tiennent une place de choix, car les intellectuelles noires sont amenées à repenser leur héritage culturel et leur identité raciale. Harlem devient un lieu d'émancipation où, pour la première fois, elles échappent aux rôles qui leur sont assignés. Artistes, éditrices, auteures, elles deviennent des actrices à part entière de leur destin et utilisent l'écriture pour le faire savoir.

Les femmes de la Renaissance

La métropole offre à la femme noire l'occasion rêvée de faire valoir ses capacités intellectuelles, de se faire une place dans le monde intellectuel et par conséquent de s'affranchir du joug des hommes. À Harlem, la femme noire a accès à la culture, au monde du travail. Elle devient autonome financièrement ce qui modifie considérablement sa situation.

Il est important de souligner ici que les femmes de la Renaissance nous permettent d'aborder le mineur non pas dans son acception genrée ou sexuelle, mais plutôt dans son acception deleuzienne pour sa force révolutionnaire et contre-culturelle. Aussi, les femmes noires sont vues comme actrices contre-culturelles et non comme groupe minoritaire ; ce sont des intellectuelles qui ont, elles aussi, pu faire travailler la langue dominante de l'intérieur, être les voix des sans-voix et devenir ce que Deleuze nomme des « machines de guerre », c'est-à-dire des agents révolutionnaires.

Après avoir fait des études d'anthropologie, Zora Neale Hurston (1901-1960) rejoint la communauté artistique de Harlem en plein essor. Originaire de Floride, elle situe la plupart de ses récits dans le Sud rural. Elle écrit ses premiers essais à Harlem, étudie à l'université de Columbia et rencontre les intellectuels et mécènes

---

[110] Jean Toomer publie *Cane* en 1923, Alain Locke, *The New Negro* en 1925, Countee Cullen, *Color* en 1925 puis *Copper Sun* en 1927, Nella Larsen, *Quicksand* en 1928, Claude McKay, *Home to Harlem* en 1928, Jessie Fausett, *Plum Bun* en 1928, James Weldon Johnson, *Black Manhattan* en 1930. Langston Hughes publie *The Negro Speaks of Rivers* en 1921, le premier poème qui célèbre l'Afrique avec dignité et beauté et qui restera le poème le plus publié de son époque. Il publie *The Weary Blues* en 1926 puis *Fine Clothes to the Jew* et *Not without Laughter* en 1930. Il ne cessera d'être très productif pendant et après la Renaissance de Harlem. Zora Neale Hurston publiera après la Renaissance, *Their Eyes Were Watching God* en 1937.

noirs. Proche de Langston Hughes et soutenue aussi par Charlotte Mason, ils voyageront ensemble dans le Sud à la recherche de sources folkloriques. Mais le soutien et les exigences de Charlotte Mason aura raison de l'amitié et de la collaboration entre Hughes et Hurston. Un projet d'écriture d'opéra noir entre les deux écrivains tournera mal et chacun reprochera à l'autre de l'avoir plagié. Fidèle au Sud, elle fait ses premières armes à Harlem où elle y publie ses essais et ses récits. En 1926, elle lance la revue *Fire !!* avec Langston Hughes et Wallace Thurman et publiera *Jonah's Gourd Vine* (1934), *Their Eyes Were Watching God* (1937) et *Dust Tracks on a Road* (1942). Dans la revue éphémère *Fire !!*, Zora Neale Hurston publie la nouvelle *Sweat* où elle révèle son talent pour l'écriture, mais aussi sa position sur les femmes de son temps. *Sweat* est explicite sur deux points : l'indépendance des femmes et le mariage. Zora Neale Hurston voit dans le travail des femmes le moyen pour elles d'être autonomes et d'obtenir leur indépendance financière ; elle révèle aussi sa position sur le mariage qu'elle considère comme une forme d'oppression pour la femme et une voie sans issue. Elle reprendra ces idées dans d'autres travaux littéraires.

Le parcours de Jessie Fauset est différent. Romancière, essayiste et éditrice pour *The Brownies' Books* et *Crisis* son rôle et son influence sont sous-estimés et relativement méconnus. Elle a pourtant lancé nombre d'écrivains noirs dont Langston Hughes. Jessie Fauset est l'auteure de *There is Confusion* (1924), *Plum Bun* (1928), *The Chinaberry Tree* (1931), *Comedy: American Style* (1933), des romans ayant tous pour thème la culture noire américaine sur fond de difficultés financières. Ses personnages évoluent dans le milieu de la petite bourgeoisie noire et, malgré une intégration réussie, sont aux prises avec les compromis et les préjudices raciaux :

> Fauset cherche à définir la femme moderne qui parvient malgré tout à vaincre malaise et confusion, prend conscience de ses racines ou, au terme d'une révolution tranquille, trouve son équilibre et une relative indépendance (Fabre G., in Richet, ed., 103).

Elle est l'auteure la plus publiée en son temps et une éditrice reconnue. Elle est l'une des figures majeures de la Renaissance. Surnommée « la sage-femme de la Renaissance de Harlem » (*the midwife of the Harlem Renaissance*), elle joue un rôle essentiel en faisant connaître et en publiant des auteurs comme Jean Toomer, Claude McKay ou encore Langston Hughes.

Nella Larsen (1891-1964) est plus critique que Jessie Fauset vis-à-vis de Harlem et n'envisage pas la métropole comme un lieu offrant toutes les possibilités à la femme noire. Elle est décrite dans *Amsterdam News* comme une femme moderne et non conventionnelle :

> Nella Larsen est l'exemple de la femme moderne : elle fume, porte des robes courtes, ne croit pas en la religion ni à quoi que ce soit d'autre. Elle pense simplement que seuls les artistes sont les plus à même d'apporter une solution au problème racial[111] (Levering Lewis 231).

Elle écrit deux des romans les plus importants de la Renaissance et de nombreuses nouvelles entre 1920 et 1930. Elle triomphe avec *Quicksand* en 1928 où elle décrit l'histoire d'une héroïne dont les malheurs ne sont pas déterminés par son appartenance raciale, mais bien par sa personnalité. En quête de son identité, l'héroïne trouve à Harlem une communauté noire bourgeoise qui l'accepte, mais elle est obsédée par l'appartenance raciale. Elle finira par épouser un Noir du Sud qu'elle suit dans le Sud profond, car elle croit obtenir avec cette union l'amour et la reconnaissance sociale. Au lieu de cela, l'échec et les désillusions rythment son existence. *Quicksand* est suivi de *Passing* en 1929. Le mariage de l'héroïne métisse avec un blanc et qui ne lui révèle pas ses origines montre l'isolement de son personnage. L'héroïne, qui se fait passer pour blanche dans la grande bourgeoisie, incarne le destin tragique de la femme métisse incapable de trouver sa place dans la société noire et blanche et prise au piège de la réussite. Malgré les possibilités offertes par Harlem et leurs différentes rencontres au cours de leur vie, les personnages féminins de Nella Larsen ne trouvent jamais leur voie et sont sans cesse confrontés aux désillusions et à l'échec. Cet échec est de trois ordres : sentimental, social et identitaire.

Figure de la Renaissance de Harlem, Gwendolyn B. Bennett (1902-1981) est aussi un des piliers de la Renaissance de Harlem. Comme Zora Neale Hurston, elle appartient au groupe des Niggerati.

---

[111] *Nella Larsen is a modern woman, for she smokes, wears her dresses short, does not believe in religion, churches, and the like, and feels that people of the artistic type have a definite chance to help solve the race problem.*

La fierté raciale, l'héritage de l'Afrique, la musique et la danse africaines sont des thèmes récurrents de sa poésie. Chroniqueuse appréciée pour *Opportunity* elle y fait le lien entre la vie sociale et culturelle de Harlem pendant la Renaissance et y publie ses poèmes entre 1923 et 1926 : *Heritage* (1923), *To Usward* (1924), *Wind* (1924), *On a Birthday* (1925), *Street Lamps in Early Spring* (1926), *Hatred* (1926). Ses liens avec les intellectuels de la Renaissance lui permettent de les faire connaître dans sa chronique *The Ebony Flute* qui est très influente pendant cette période et participe au développement du thème de la fierté raciale dans la communauté noire.

Ces intellectuelles contribuent à faire prendre conscience de l'identité noire et à la développer. Leur écriture apporte la vision féminine qui manque au mouvement. Leur écriture leur permet aussi d'exprimer des revendications qui leur sont propres tout en élargissant le mouvement aux questions de genre qui ne sont pas les préoccupations essentielles des théoriciens et des écrivains. En échangeant, en discutant de leur expérience, ces intellectuels réfléchissent surtout à ce que signifie « être Noir » en Amérique et par delà les frontières. Ils développent une culture où les notions « race », « nègre » et « culture nègre » sont discutées et valorisées sans toutefois se pencher sur la condition féminine noire :

> Les intellectuels noirs des États-Unis et de France avaient en partage une expérience double : celle de leur infériorisation par la société blanche et celle d'une éducation qui était source de fierté et d'aliénation, puisque les amenant à inférioriser leur culture et donc eux-mêmes (Ndiaye 323).

Cependant, Harlem n'est pas l'unique cadre de cette effervescence et de cette production culturelle. À Paris, quelques années déjà avant le mouvement de la Renaissance, les artistes et les modernistes, très critiques à l'égard du colonialisme et de la culture occidentale mettent en avant l'authenticité de l'Afrique et sa mythologie :

> [...] On songe à l'Afrique comme à un riche héritage. Bien sûr, cette Afrique est parée de toutes les vertus qui font défaut à la civilisation industrielle des Blancs : courage, noblesse, beauté. Mais aussi innocence dans la liberté. L'Afrique est, ainsi, un refuge de paix

[…], un bain de vie primitive contre la sophistication de la culture blanche. C'est l'Afrique du Paradis terrestre (Senghor 120).

La fascination pour l'Afrique et la culture noire américaine va trouver son expression artistique dans la « vogue nègre », car la scène avant-gardiste parisienne voit en « l'art nègre » une source d'inspiration, mais aussi un modèle de transgression et de subversion. L'imagerie noire et « l'art nègre » gagnent les cercles d'artistes de Montmartre et de Montparnasse alors que l'Amérique blanche commence à découvrir Harlem et ses artistes noirs.

Chapitre II.
Les voies de Harlem :
de Harlem à Paris,
du « Noir nouveau » à la négritude

Paris et la « vogue nègre »

Si Harlem popularise la culture noire au début du vingtième siècle, c'est sans aucun doute le Paris avant-garde des années vingt qui permet de développer et d'encourager les écrivains et artistes noirs de Harlem. À Montmartre, haut lieu de la vie nocturne parisienne à cette époque, de nombreux Noirs de passage travaillent ou se retrouvent dans les cabarets. Le Grand Duc (où Hughes travaillera), Zelli, Chez Florence, Chez Joséphine, sont les endroits les plus courus. Au départ, Montmartre accueille surtout des musiciens Noirs ; à partir des années vingt, des écrivains et artistes y convergent aussi. La plupart sont Noirs américains mais d'anciens soldats sénégalais et des Caraïbes vivent à Montmartre. Dans le Pittsburgh Courier d'août 1929, le chroniqueur Joël Rogers constate :

> Le boulevard de Clichy est le Broadway parisien. Toute la vie nocturne de Paris se concentre boulevard de Clichy, comme d'ailleurs la plupart des gens de couleur venus des États-Unis. [...] Montmartre vous rappelle d'autant plus Harlem que le spectacle Blackbirds se joue actuellement au Moulin Rouge[112] (Archer-Straw 160-161).

Le Bal Nègre de la rue Blomet dans le quartier de Montparnasse est exclusivement fréquenté par les Antillais toutefois

---

[112] *The boulevard de Clichy is the 42nd and Broadway of Paris. Most of the nightlife of Paris centers around it, and most of the colored folks from the States, too. [...] Just now with the 'Blackbirds' at the Moulin Rouge, this section of Montmartre reminds you more of Harlem than ever.*

les Noirs américains s'y retrouvent et rencontrent d'autres membres de la diaspora. Langston Hughes et Claude McKay viennent à Paris pour y travailler, s'imprégner de son atmosphère et constituer un réseau. Hughes est embauché dans un club rue Fontaine comme portier puis part au Grand Duc où il sera plongeur avant de devenir cuisinier. C'est à Paris que Hughes rencontre le collectionneur Albert Barnes par l'intermédiaire duquel il entre en contact avec les artistes de la scène parisienne.

Depuis les années 1910, l'art africain est connu du public parisien grâce à Guillaume Apollinaire et Paul Guillaume. Les deux hommes qui s'intéressent très tôt à « l'art nègre » sont des défenseurs et des experts reconnus de l'art africain dans les cercles avant-garde parisiens. Figures centrales de la vie de bohème Montmartroise pour le premier et de Montparnasse pour le second, ils côtoient notamment Soutine, Modigliani et Picasso. Lorsque Paul Guillaume lance la revue *Les Arts à Paris* en 1918, il regroupe et présente avec Apollinaire des œuvres africaines à un public parisien fasciné. Les qualités esthétiques et les proportions des masques d'Afrique de l'Ouest ou des sculptures du Gabon sont saluées comme un art. « L'art nègre » attire alors l'attention d'une poignée d'artistes tels Matisse, Derain, Picasso, Braque ou Brancusi. Ils apprécient non seulement cet art, mais ils s'en inspirent pour leurs propres créations. L'art africain leur ouvre de nouvelles perspectives, loin du classicisme occidental et de la « civilisation » parisienne et leur permet d'entrer de plain-pied dans un monde qu'ils considèrent authentique, exotique et primitif. En s'empreignant de l'imagerie africaine, ils la retranscrivent dans le cubisme, ou l'expressionisme comme en attestent Les Demoiselles d'Avignon (1907) de Picasso, le Nu Bleu (1907) d'Henri Matisse ou encore le Grand Nu (1908) de Braque. Comme le souligne Petrine Archer-Straw, « l'utilisation que fait Picasso des masques africains rend la relation à l'Afrique explicite, tout en faisant le lien entre Afrique et monde sauvage, imaginaire érotique et femmes noires. Cette interprétation, ajoutée aux allusions magiques et fétichistes de l'Afrique, apporte un renouveau à l'art pictural ainsi qu'à l'art en général[113] » (Archer-Straw 57). Les artistes français ont toutefois une

---

[113] *Picasso's use of the African mask made more explicit connections between negative and erotic fantasies about blacks, women, Africa and savagery. His inclusion of the ethnographic object, whether subtly assimilated or blatantly copied, together with the encoded presence of taboo magic and fetishism, brought renewed vigour to painting, as well as to performance arts.*

vision édulcorée, exotique et surtout fantaisiste de l'Afrique. À cette période aussi, le collectionneur américain Albert C. Barnes, en contact avec Paul Guillaume, découvre de nouvelles pièces d'art africain et ouvre à Marion, en Pennsylvanie, un des premiers musées « d'art nègre », devenu la Fondation Barnes de nos jours. Sa collection offre au public américain une variété d'objets d'Afrique et de l'ancienne Egypte.

Grâce à Barnes, qui l'aide à publier aux États-Unis, Guillaume publie des articles sur les évènements artistiques parisiens. Il présente notamment « *African art at the Barnes Foundation* » en 1923 et « *The Triumph of ancient negro art* » qui sera publié dans *Opportunity* en 1926.

Ces articles et l'amitié qu'il noue avec Barnes permettent à Guillaume d'obtenir ses entrées dans les cercles artistiques américains et d'instaurer un dialogue sur « l'art nègre » des deux côtés de l'Atlantique. Au début des années vingt, lui et Barnes rencontrent d'ailleurs Alain Locke, Claude McKay et Langston Hughes, désireux de se faire connaître à Paris. Guillaume considère qu'il est de sa responsabilité de sauvegarder la culture noire, mais aussi la culture blanche. En 1919, dans sa revue *Les Arts à Paris*, il devient le défenseur de « l'art nègre » dont il fait la promotion durant les soirées qu'il organise et décrit les membres de son groupe avant-garde comme « les chevaliers errants des temps modernes » (Guillaume, 1919, 14). En 1919, il donne une grande soirée au théâtre des Champs-Elysées, la « Fête nègre », à l'occasion de la première exposition d'art nègre et océanien dans la galerie Devambez qu'il dirige. Albert Barnes le décrit alors comme l'« homme qui sauva l'art nègre » (14). C'est de cette amitié que naît l'intérêt de Guillaume pour les Africains-Américains, qu'il évoque dans les articles de sa revue et qu'il fait ainsi connaître à Paris.

Cette nouvelle forme d'art fournit un espace de création qui permet non seulement de faire connaître la culture africaine tout en affirmant des idées et des goûts dissidents. En quête d'authenticité et d'exotisme, soucieux de régénérer la culture, les artistes et intellectuels parisiens se rebellent contre le colonialisme et la culture occidentale ; l'esthétique africaine leur offre l'alternative artistique souhaitée. L'influence de « l'art nègre » sur les Arts décoratifs est incontestable et est le résultat du travail de création d'Européens pour des Européens. De la décoration en passant par le textile, l'habillement et les accessoires, la référence à l'Afrique dans les années vingt est omniprésente, mais une Afrique revisitée par l'Occident[114]. Les parisiens, qui assistent aux soirées de Paul Guillaume ou aux spectacles *Impressions d'Afrique* en 1911 et *La Revue nègre* en 1925, ont tous la sensation de côtoyer d'authentiques Africains et de découvrir avec eux la véritable culture africaine. Pourtant, ces Noirs-là, désireux de se faire accepter par la société blanche et de gagner la popularité du public blanc n'hésitent pas à donner ce qui est attendu d'eux et à accentuer les stéréotypes véhiculés par les Blancs[115]. Josephine Baker, rendue célèbre par *La Revue nègre*, joue de ces stéréotypes et les utilise pour plaire à son public. Son numéro de danse avec une ceinture de bananes et ses contorsions illustrent bien les aspects primitifs, naïfs et sauvages recherchés par l'audience blanche parisienne. Mais elle sait aussi s'approprier les codes des Blancs lorsque cela est nécessaire comme les photographies avec son époux le « comte » Pepito Abatino le prouvent. Le visage blanc très poudré, les cheveux gominés, son attitude très digne montrent que Josephine est loin du personnage de Fatou de *La Revue nègre* et qu'elle sait s'adapter au monde de son époux. Cet écart entre réalité et stéréotypes est caractéristique de l'époque et de ce que Frantz Fanon (1925-1961) évoquera en 1952 dans *Peau noire, masques blancs* :

> De la partie la plus noire de mon âme, à travers la zone hachurée me monte ce désir d'être tout à coup blanc.
> Je ne veux pas être reconnu comme Noir, mais comme Blanc.
> Or – et c'est là une reconnaissance que Hegel n'a pas décrite – qui peut le faire sinon la Blanche ? En m'aimant, elle me prouve que je suis digne d'un amour blanc. On m'aime comme un blanc.
> Je suis un Blanc.
> Son amour m'ouvre l'illustre couloir qui mène à la prégnance totale…
> J'épouse la culture blanche, la beauté blanche, la blancheur blanche (Fanon 61).

---

[114] Les magazines de mode de l'époque : *La Gazette du bon ton*, *Vogue*, *Jardin des modes*, *Art, goût, beauté*, popularisent « l'art nègre » dans la mode et la décoration. À la fin des années vingt, ce style est tellement apprécié qu'il est produit à grande échelle. Acheter ces produits signifie, alors, renouer avec l'authenticité et revenir aux origines.
[115] L'inverse est vrai aussi. Avec la popularité de Josephine Baker, et soucieuses de lui ressembler, les parisiennes utilisent les produits de coiffure qu'elle commercialise, la Bakerfix, pour donner de la brillance à leurs cheveux et les lisser à la manière de Josephine qui lance la mode.

Ces contradictions et cette ambiguïté sont capturées par Man Ray en 1926 dans son travail intitulé *Noire et blanche*, une série de portraits de Kiki de Montparnasse. Dans ces compositions photographiques, Man Ray met en scène le visage de Kiki de Montparnasse et un masque africain (*Noire et blanche* I, II, III, IV). Le visage du modèle et le masque africain (le visage repose soit sur un masque africain soit repose sur une table), évoquent la différence physique. La contradiction chromatique est aussi symbolique du racisme et du désir d'être autre. Le travail chromatique sur l'image donne au portrait son caractère irréel (III) alors que les yeux tantôt fermés du modèle (II), (III), tantôt ouverts (IV) traduisent le désir de la femme blanche d'être autre, au point de devenir noire. Avec le portrait III, le modèle est devenu noir, alors que le masque africain est devenu blanc. Par ce jeu chromatique et la technique du rayographe[116], Man Ray crée une autre réalité et place ses portraits dans l'imaginaire photographique du surréalisme :

> Le surréalisme rencontre donc le paradigme photographique et l'utilise en poésie, de façon très concrète, par contacts interpersonnels, comme on l'a vu entre Breton et Man Ray, mais aussi de façon plus théorique pour développer ses propres concepts, comme le hasard, le merveilleux et l'automatisme. La première poésie surréaliste doit donc beaucoup aux expériences photographiques de Man Ray [...] (Reverseau 18-19).

Proche des surréalistes, Man Ray est associé à « la vogue nègre » par ses créations artistiques. Par ses contacts, il rencontre Nancy Cunard, proche de l'avant-garde parisienne, qui deviendra un autre de ses modèles. Dans les années vingt, nulle autre personne n'incarne aussi bien l'engouement pour l'art africain que cette riche héritière. Proche des dadaïstes, des modernistes et des surréalistes, elle découvre l'art africain à travers ces intellectuels avant-garde et va se charger d'en assurer la promotion dans son cercle parisien.

---

[116] Ce terme est inventé par Man Ray lui-même. Dans son article intitulé *Breton, Man Ray et l'imaginaire photographique de la magie*, Anne Reverseau explique : Il s'agit d'une image obtenue sans objectif ni négatif, par simple contact d'un ou plusieurs objets posés sur un papier sensible exposé à la lumière. Cette technique, déjà utilisée au XIXe siècle, aurait été inventée par Christian Schad puis par Moholy-Nagy et Man Ray, qui l'a largement popularisée. [...] Les rayographes, « précipités de l'inconscient », deviennent un symbole du surréalisme car l'enregistrement par contact ne crée pas d'images oniriques, mais bel et bien une autre réalité à partir de la réalité (Reverseau 3-4).

Nancy Cunard

La riche héritière britannique Nancy Cunard (1896-1965) est autant la muse que la bienfaitrice des artistes et écrivains qu'elle fréquente. Installée à Paris en 1920, elle côtoie Aldous Huxley, Tristan Tzara, Ezra Pound, Louis Aragon, mais aussi Man Ray, Langston Hughes et William Carlos Williams. Fascinée par l'Afrique et conseillée par le collectionneur Michel Leiris, elle constitue une grande collection d'art africain. Son appartement parisien est décoré dans le pur style « Black deco ». C'est à partir des années trente qu'elle consacre sa fortune et son énergie à la promotion de la culture noire en devenant l'éditrice de l'anthologie *Negro*.

À Paris, la vie de bohème de Nancy Cunard et des intellectuels qu'elle fréquente menace les idéaux des intellectuels de la Renaissance de Harlem. Leur intérêt pour l'Afrique et leur soutien aux artistes et intellectuels noirs est incontestable, toutefois cet intérêt ne s'éloigne pas des stéréotypes dont les Noirs veulent se débarrasser et reste empreint de leur vision exotique, romantique et capricieuse. La liaison que Nancy Cunard entretient à partir de 1928 avec le musicien de jazz Henry Crowder est révélatrice de cet intérêt particulier de Nancy Cunard pour l'Afrique, mais aussi de l'attitude générale de la bourgeoisie blanche à l'égard des intellectuels noirs américains et de la diaspora. Dans sa biographie, Ann Chisholm révèle à propos d'Henry Crowder :

> Il était très patient et presque embarrassé dès que Nancy lui demandait d'être plus noir ou qu'il se comporte de façon plus primitive ou exotique. « Sois plus Africain, sois plus Africain », lui demanda-t-elle un soir, se souvient Harold Acton. « Mais je ne suis pas Africain, je suis Américain', lui répondit Crowder très gentiment[117] (Chisholm 101).

Après sa rencontre avec Crowder, Nancy Cunard, qui découvre la vie des Noirs américains et le racisme à travers les journaux qu'il lui fait lire (*Crisis* et *Liberator*), devient militante pour la cause noire et l'égalité raciale et décide de se consacrer à la publication d'une anthologie, en rassemblant les poésies et les essais d'auteurs noirs

---

[117] *He was patient, in a mildly embarrassed way, with Nancy's often express wish that he had a blacker skin, or that he behave in a more primitive exotic manner. 'Be more African, be more African', Harold Acton remembers Nancy saying to Crowder one evening. 'But I ain't African, I'm American', Crowder replied mildly.*

américains, mais aussi ceux d'auteurs des Caraïbes et d'Europe. Elle entreprend alors un voyage aux États-Unis pour alimenter ses recherches et lui demande de l'accompagner. Craignant des émeutes, car Crowder anticipe les réactions des Blancs face à un couple mixte, il refuse son invitation.

Très controversée et peu aidée par la presse américaine, Cunard poursuit malgré tout ses activités et n'abandonne pas son objectif. Elle publie finalement *Negro : An Anthology* en 1934, où l'on trouve, entre autres, les contributions de Langston Hughes, de Zora Neale Hurston, de Du Bois, de Sterling Brown, mais aussi celles d'Henry Crowder qui, à travers « Where Color Prejudice is Not a Creed » et « Hitting Back », dévoile ses souvenirs du Sud ainsi que son talent pour l'écriture. Nancy Cunard fait la promotion de son ouvrage en le présentant comme le premier exemple de collaboration entre Blancs et Noirs. C'est aussi le premier ouvrage qui exploite en détail la voix des Noirs en proposant des articles et des travaux sur leur condition en Afrique, en Amérique du Nord et du Sud, en Europe et dans les Caraïbes et en mettant en avant la plupart de leurs modes d'expression comme la musique, la poésie, les arts et l'histoire. En dépit de ses 870 pages, son ouvrage ne remplit pas les attentes de Cunard et est critiqué pour ressembler davantage à un journal de voyage relatant son opinion anecdotique qu'à un véritable document politique et ethnographique.

L'ambition de Cunard avec cet ouvrage n'est pas comprise du public[118]. Elle voit dans la défense de l'africanité un moyen de régénérer la culture occidentale stérile. En défendant le maintien du primitivisme noir, elle pensait pouvoir préserver l'authenticité culturelle qu'elle réclamait. Bien qu'animée de bons sentiments, sa vision reste idéalisée et stéréotypée.

Femme libre et libérée avant l'heure, fascinée par l'Afrique et obsédée par la cause noire, Nancy Cunard reste sans nul doute, pour le monde intellectuel parisien de l'époque, l'équivalent féminin de Carl Van Vechten sur la scène intellectuelle new-yorkaise. Van Vechten à New York, Nancy Cunard à Paris, ces deux mécènes montrent la fascination pour l'art noir au début du vingtième siècle et le rôle important que chacun joue pour promouvoir les écrivains noirs en lesquels ils croient. Leur personnalité et leur style de vie ont largement

---

[118] Cependant, quatre-vingt ans plus tard, le Musée du quai Branly à Paris rend hommage à Nancy Cunard et à son anthologie à l'occasion de la date anniversaire de l'ouvrage : une exposition lui est consacrée en 2014.

influencé Paris et Harlem au début du vingtième siècle. Toutefois, l'intérêt pour « l'art nègre » ne se limite pas qu'à l'art pictural et décoratif dont raffole la bourgeoisie blanche. En littérature aussi, le « Nègre » est en vogue à Paris, et le moment est propice à une réévaluation de l'héritage noir des deux côtés de l'Atlantique. « Lorsque parut *Voyage au Congo* d'André Gide (1927), l'Amérique put voir se confirmer son impression que la France retournait aux sources vitales et authentiques » (Fabre M., in Richet, ed., 83). À Paris, sous l'impulsion d'écrivains antillais et africains, une identité noire francophone prend corps à la fin des années vingt. L'objectif affiché de ces jeunes intellectuels est d'élaborer une pensée identitaire et de la développer.

Paris et le mouvement de la négritude[119]

Le mouvement de la négritude marque les débuts de l'identité noire francophone. Ce mouvement « qui se développa dans la foulée de l'organisation politique des Noirs de l'empire français » (Ndiaye, 2008, 320), marqua les débuts d'une nouvelle identité noire francophone en réaction contre le colonialisme français et le racisme. Terme utilisé pour la première fois par Aimé Césaire en 1939 dans *Cahier d'un retour au pays natal*, la négritude rassemble des écrivains antillais et africains vivant à Paris dont l'objectif est de développer une identité à la manière du « Noir Nouveau » qui a vu le jour dans le quartier noir de Harlem :

> La Négritude, c'est [...] l'ensemble des valeurs culturelles du monde noir, telles qu'elles s'expriment dans la vie, les institutions et les œuvres des Noirs. Je dis que c'est là une réalité : un nœud de réalités. [...] Pour nous, notre souci, notre unique souci a été de l'assurer, cette Négritude, en la vivant, et, l'ayant vécue, d'en approfondir le sens. Pour la présenter au monde, comme une pierre d'angle dans l'édification de la Civilisation de l'Universel, qui sera l'œuvre commune de toutes les races, de toutes les civilisations différentes - ou ne sera pas. C'est en cela que cette Négritude ouverte est un humanisme. Elle s'est enrichie, singulièrement des apports de la civilisation européenne, et elle l'a enrichie (Senghor 8-9).

---

[119] Des passages de cette partie sont adaptés de notre article : « L'émergence de la pensée féminine et féministe antillaise : des sœurs Nardal à Suzanne Roussi Césaire », publié en 2014 dans *Africultures*.

Ce concept marque les débuts de la littérature panafricaine francophone et surtout les débuts de l'identité noire francophone. Comme tous les historiens et critiques littéraires l'ont expliqué, ce mouvement est le résultat de la rencontre décisive de trois étudiants provenant de différentes colonies françaises : Aimé Césaire de Martinique, Léon Gontran Damas de Guyane et Léopold Sédar Senghor du Sénégal. Leur réflexion s'articule autour de l'appartenance raciale et s'appuie sur la culture africaine et antillaise, tout en s'inspirant des intellectuels noirs américains. Ils lancent le mouvement de la négritude dans l'unique numéro de L'étudiant noir en 1935 et se demandent comment les Noirs peuvent se définir dans la société blanche. Que faire de l'héritage commun que constituent le racisme et l'esclavage quand on est un intellectuel noir ? Dans ce contexte d'effervescence intellectuelle, les intellectuels noirs s'influencent et ouvrent la voie de nouveaux débats sur fond de colonialisme. Césaire dira plus tard au cours d'un entretien à Fort-de-France en 1994 que « la négritude comporte un devoir de mémoire […] et [qu']il fallait rétablir une réalité historique […] » (Césaire, Entretien de 1994[120]).

En 1921, *Batouala*, « *véritable roman nègre* » du martiniquais René Maran, inaugure le combat anticolonial en donnant pour la première fois aux « Nègres » le statut de personnages principaux. Prix Goncourt la même année, le roman est immédiatement traduit en anglais et influence considérablement les intellectuels noirs. La Renaissance de Harlem est aussi une source d'inspiration pour la diaspora noire à Paris. Senghor explique au cours d'un entretien pour *Présence Africaine* en 1971 :

> Au Quartier Latin, dans les années 30, nous étions sensibles, par-dessus tout, aux idées de la Harlem Renaissance dont nous rencontrions à Paris quelques-uns des représentants les plus emblématiques. Je lisais régulièrement *Crisis* mais aussi *The journal of Negro History* qui consacrait de nombreux articles à la connaissance de l'Afrique. Mon livre de chevet était, évidemment, Le Nouveau Noir. [...] Les poètes de la renaissance de Harlem qui nous influencèrent le plus sont Langston Hughes, Claude McKay, Jean Toomer, James Weldon Johnson, Stirling Brown et Frank Marshall Davis, car ils nous prouvèrent et nous montrèrent qu'en

---

[120] Au cours de cet entretien, Césaire ajoute : « Nous avions hérité des valeurs inventées par les colonies […] Senghor m'a appris la grandeur symbolique de l'Afrique ; c'est un apport fondamental » (Césaire, Entretien de 1994).

étant créatifs nous pouvions faire respecter et faire reconnaître la civilisation noire-africaine (*Présence Africaine*, 1971, 78).

Dans ses travaux, Paul Gilroy nomme cela « l'Atlantique noir » (*The Black Atlantic*), c'est-à-dire des échanges sans cesse renouvelés entre les membres de la diaspora noire des deux côtés de l'Atlantique. Gilroy remet aussi en cause « la conception romantique d'un 'peuple noir' » (Ndiaye, 2008, 49). À travers cette notion il envisage « des formes d'identification qui transcendent les limites nationales et offrent de réfléchir à des formes de dominations globalisées » (50).

Comme avec la Renaissance de Harlem, l'historiographie de la négritude attire aussi l'attention sur le rôle essentiel des hommes dans la création de ce mouvement en désignant trois fondateurs : Aimé Césaire, Léon Gontran Damas et Léopold Sédar Senghor. Pourtant, les femmes témoignent elles aussi d'un engagement intellectuel et revendiquent très tôt la construction d'une identité raciale. Elles mettent aussi en avant la question de genre. Leurs idées et leurs textes ouvrent la voie de la négritude en y apportant une sensibilité féminine, car elles font prendre conscience d'une nouvelle identité en mutation dans un contexte racial, social et de genre.

En 1924, l'Antillaise Suzanne Lacascade publie *Claire-Solange, âme africaine*. Très précurseur, cet unique roman, qui s'élève ouvertement contre le racisme et l'assujettissement de la femme noire, est boudé par la critique et n'est ni reconnu ni considéré comme un roman de la négritude. L'héroïne du roman est, pour la première fois, une « sang-mêlé » et l'auteure dédie son roman à ses ancêtres africains et créoles[121]. Ces choix sont considérés extrêmement provocateurs à l'époque, car aucun auteur antillais, et surtout pas une femme, ne s'était risqué à faire d'une métisse un personnage principal ni à s'identifier à l'Afrique et à s'ériger aussi ouvertement contre le racisme et le colonialisme. Émaillé d'expressions créoles, de descriptions très détaillées de la culture antillaise sur fond de dénonciation du racisme, le roman, loin du discours assimilationniste de l'époque, est immédiatement marginalisé par le monde littéraire antillais et métropolitain.

Quelques années plus tard, un essai précurseur lui aussi, « L'internationalisme noir », est proposé par la martiniquaise Jane

---

[121] Le roman s'ouvre sur la dédicace suivante : *À mes ancêtres africains, à mes grand-mères créoles*.

Nardal. Publié en 1928 dans *La Dépêche africaine*, il paraît dix ans avant la publication de *Cahier d'un retour au pays natal*, l'ouvrage considéré par l'historiographie comme le roman marquant la naissance de la négritude. Dans « L'internationalisme noir », Jane Nardal jette les bases d'une réflexion identitaire nouvelle et évoque pour la première fois la conscience double antillaise :

> Dorénavant, il y aurait quelque intérêt, quelque originalité, quelque fierté à être nègre, à se retourner vers l'Afrique, berceau des nègres, à se souvenir d'une commune origine. Le nègre aurait peut-être à faire sa partie dans le concert de races où jusqu'à présent, faible et intimidé, il se taisait (Nardal J., 1928).

Jane Nardal voit l'utilité de créer un nouveau vocable pour étayer sa réflexion :

> À idées nouvelles, mots nouveaux, d'où la création significative des vocables : Afro-Américains, Afro-Latins. Ils confirment notre thèse tout en jetant une lueur nouvelle sur la nature de cet internationalisme noir. Si le nègre veut être lui-même, affirmer sa personnalité, ne pas être la copie de tel ou tel type d'une autre race (ce qui lui vaut souvent mépris et railleries) il ne s'ensuit pourtant pas qu'il devienne résolument hostile à tout apport d'une autre race. [...] Être Afro-Américain, être Afro-Latin cela veut dire être un encouragement, un réconfort, un exemple pour les noirs d'Afrique en leur montrant que certains bienfaits de la civilisation blanche ne conduisent pas forcément à renier sa race (Nardal, in Hayes 19).

Cet essai s'inscrit dans la réflexion de l'époque et fait écho aux questionnements des intellectuels noirs de la diaspora. Lamine Senghor, par exemple, qui publie « Le mot nègre » en 1927 (dans la toute première édition du journal *La voix des Nègres*) analyse le colonialisme linguistique de la terminologie française :

> Le mot « nègre », c'est le gros mot du jour, c'est le mot que certains de nos frères de race ne veulent plus être appelés ainsi. Les dominateurs des peuples de race nègre, ceux qui se sont partagé l'Afrique sous prétexte de civiliser les nègres, s'emploient à une abominable manœuvre divisionniste pour mieux régner chez eux. [...] Pour arriver à cela, ils sortent du mot nègre deux autres mots nouveaux afin de diviser la race en trois catégories différentes, à savoir : « hommes de couleurs », « noirs » – tout court – et

« nègres ». On fait croire aux uns qu'ils sont des « hommes de couleurs » et non noirs ni nègres (première catégorie) ; aux autres qu'ils sont des « noirs » tout court et non des nègres (deuxième catégorie). Quant aux « restes », se sont des nègres (troisième catégorie). [...] Nous voulons imposer le respect dû à notre race, ainsi que son égalité avec toutes les autres races du monde, ce qui est son droit et notre devoir, et nous nous appelons Nègres ! (Senghor Lamine in, Hayes[122], 31).

Avec son texte précurseur, Jane Nardal est la première intellectuelle antillaise à s'inspirer des questionnements formulés par les intellectuels de la Renaissance. Elle pose la question : « qui sommes nous dans ce monde de Blancs ? » Elle s'interroge aussi sur le vocable utilisé et la nécessité de repenser le lexique pour traduire au plus près la spécificité antillaise francophone. Dans « L'internationalisme noir », elle propose une discussion autour de la conscience de race en évolution et devenue double selon elle. En imaginant la fusion de l'africanité et de la négritude, la fusion des mondes français et latin, elle crée le néologisme « Afro-latin » faisant ainsi écho au terme « Afro-Américain » ou plutôt « Africo-Américain », la traduction utilisée à cette époque. Ces deux termes traduisent une identité raciale commune fondée sur l'acculturation dans un contexte de colonisation ; pour elle l'expérience américaine ou latine ne signifie pas renier son origine raciale, car la synergie entre les civilisations africaine et latine a donné naissance, selon elle, à un métissage culturel, à cette conscience double, propre aux Noirs nouveaux francophones. En insistant sur cet héritage culturel double, Jane Nardal rend compte de l'expérience antillaise.

Si, au moment où Jane Nardal écrit « L'internationalisme noir » sa conception ne suscite pas un grand intérêt, elle a tout de même le mérite de proposer un nouvel espace de réflexion et un nouveau vocable porteur de cette nouvelle identité raciale fluctuante. Les différents vocables utilisés rendent aussi compte de la difficulté de nommer et de traduire l'expérience d'une communauté qui devient cosmopolite, diverse et diasporique et qui est partagée entre balkanisation et internationalisation de sa culture et de son expérience. Tovalou Houénou, qui fonde le périodique *Les Continents* en 1924 parle, lui, de « diversité dans l'action ». Sa pensée et sa rencontre avec

---

[122] Hayes cite « La Voix des Nègres 1 », Janvier 1927 (Centre des Archives d'Outre-Mer, Aix-en Provence, Archives Nationales, France. SLOTFOM V, Box 3.

Marcus Garvey en 1924 a une grande influence sur le discours de l'UNIA. Houénou, pour qui tous les intellectuels noirs d'origine africaine doivent travailler à un même objectif et doivent se rapprocher, écrit à Du Bois[123] : « À Paris, on m'a demandé de choisir entre deux frères ennemies. J'ai refusé. Je suis pour tout parti qui manifeste un intérêt pour les Noirs » (Houénou, in Hayes, 32). En définitive, l'internationalisme culturel noir tel qu'il est revendiqué par Jane Nardal correspond à l'émergence de la pensée féministe antillaise, car les avant-gardistes noirs de son époque (René Maran en France et Alain Locke aux États-Unis, pour ne citer qu'eux) prônent un élitisme noir dont les femmes restent les grandes absentes.

Cette notion, développée par Jane Nardal, est aussi présente à la même époque dans l'écriture de Hughes et l'on peut déceler dans son recueil *Fine Clothes to the Jew* (1927), sur lequel nous reviendrons à nouveau plus loin dans l'analyse, la possibilité d'un internationalisme noir à travers la musique noire américaine. Cet internationalisme cher à Jane Nardal est perceptible dans FCTTJ dans le poème « Jazz Band in a Parisian Cabaret » qui, au lieu de traiter de la classe ouvrière noire du Sud des États-Unis comme d'autres poèmes du recueil (*Railroad Avenue, From the Georgia Roads*), révèle au contraire l'expérience parisienne de Hughes dans les cabarets ce qui lui permet de proposer aussi un nouveau vocable en rapport avec la musique cette fois et d'élargir l'expérience musicale noire au continent européen.

> « Jazz Band in a Parisian Cabaret[124] »
> Play that thing,
> Jazz band!
> Play it for the lords and ladies,
> For the dukes and counts,
> For the whores and gigolos,
> For the American millionaires,
> And the school teachers
> Out for a spree [...].

---

[123] Il s'agit d'une lettre envoyée à W.E.B. Du Bois le 3 septembre 1924.
[124] Ce poème, écrit en 1924, est publié pour la première fois dans *Crisis* en décembre 1925 sous le titre : *To a Negro Jazz Band in a Parisian Cabaret*. Il devient *Jazz Band in a Parisian Cabaret* lorsqu'il est inclus dans *Fine Clothes to the Jew*.

> May I?
> Mais oui.
> Mein Gott!
> Parece una rumba.
> Play it, jazz band!
> You've got even languages to speak in
> And then some,
> Even if you do come from Georgia.
> Can I go home wid yuh, sweetie?
> Sure. (60)

Hughes, a écrit ce poème en 1924 alors qu'il travaille comme garçon à tout faire dans le cabaret Le Grand Duc à Montmartre. Les musiciens noirs qui s'y produisent attirent un public très en vogue à Paris : Mistinguett, Louis Aragon, Charlie Chaplin, Nancy Cunard, Man Ray, Francis Scott Fitzgerald et Hemingway, pour ne citer qu'eux, mais aussi le Prince de Galles. Ce poème détonne quelque peu dans le recueil, mais il est un moyen pour Hughes de sortir le blues et le jazz de leur contexte et de déplacer l'espace musical noir américain dans le cadre des cabarets parisiens qui sont finalement des microcosmes de la société française et internationale puisque s'y retrouvent des personnes de nationalités et de classes sociales différentes (*Play it for the lords and ladies,/ For the dukes and counts,/ For the whores and gigolos,/ For the American millionaires,/ And the school teachers/ Out for a spree*). L'aristocratie européenne se mêle aux écrivains et aux musiciens français ou noirs américains, mais aussi aux nouveaux riches. Ce brassage social, racial, linguistique et culturel est perceptible dans l'extrait suivant qui montre à quel point les cabarets sont des lieux cosmopolites et universels :

> May I ?
> Mais oui.
> Mein Gott !!
> Parece una rumba.

Un intervenant parlant anglais invite quelqu'un à danser ou bien demande une cigarette. La réponse, en français, déclenche une exclamation de surprise d'un locuteur allemand pour se terminer par une affirmation en espagnol. La réponse en français (« Mais oui ») à la question « May I ? », fait subtilement référence, à travers un jeu de mots linguistique et phonétique (*Mais oui/ May we*) introduit sciemment par le poète, à l'internationalisme tel qu'il l'envisage. Hughes fait ainsi se rencontrer les nombreuses nationalités qui se retrouvent dans les cabarets parisiens. Dans cet espace clos où quelques privilégiés et amateurs de musique se rencontrent, le jazz fait se rejoindre le singulier et le collectif. Cette stratégie polyphonique capture l'atmosphère particulière des cabarets parisiens. C'est aussi une façon pour Hughes d'introduire un nouveau vocable : le mot « jazz » (*Play that thing/ Jazz band !*), car dans les années vingt, la distinction entre blues et jazz n'est pas encore évidente et les musiciens de jazz disent interpréter du blues. Le jazz permet de traduire une poétique universelle et les différentes langues utilisées soulignent que la musique noire peut traverser les frontières et dépasser le cadre racial américain. Les musiciens noirs de l'État de Géorgie sont même venus jouer à Paris (*Even if you do come from Georgia./ Can I go home wid yuh, sweetie?*) et continuent à utiliser le vernaculaire noir des États du Sud (*wid yuh : with you*). La suppression de la ponctuation exprime la confusion sonore qui règne dans le cabaret, mais aussi ce nouveau style musical fondé sur l'improvisation, mais une improvisation maîtrisée toutefois puisque les grands artistes de jazz sont connus pour répéter leurs morceaux avant de se produire sur scène. Du particulier, Hughes passe à l'universel et montre que blues et jazz peuvent proposer une autre géographie et que l'expérience noire peut être partagée par delà les frontières. Son internationalisme est musical et laisse présager l'idée d'un partage communautaire et diasporique qui commence à prendre corps dans les années vingt en France et aux États-Unis et dont la musique noire américaine se fait finalement l'intermédiaire. Ce poème renvoie à la très belle définition du mot « jazz » que propose Patrick Chamoiseau dans son roman de 2016. Lien entre passé, présent et futur, entre Afrique, continents américain et européen, la trace du jazz unit par delà les frontières :

> Le jazz, lui, n'allait pas revenir vers l'Afrique, il allait amorcer l'étendue. Nourrit de polyrythmie africaine, de toutes les potentialités des sons et des échanges mélodiques, il est une des musiques de la rencontre grandiose. C'est pourquoi le jazz ne se fixera jamais sur une part de lui-même, qu'il explorera à fond toutes ses origines […]. C'est pourquoi le jazz est une Trace. Passé présent futur, terre perdue-terre offerte, pays rêvé-pays réel sont dans toute Trace, en même temps réinventés sans cesse par une mise en devenir où pièce angoisse ne paralyse l'élan… (Chamoiseau 154-155)

Paulette Nardal a, elle aussi, les mêmes préoccupations identitaires. Elle publie « En exil » et « L'éveil de la conscience de race chez les étudiants noirs » en 1929. Très influencée par le mouvement du « Noir nouveau » et les intellectuels de Harlem, dont elle traduit les travaux, elle joue le rôle d'intermédiaire entre intellectuels noirs américains et francophones dans son salon littéraire de Clamart (au 7 rue Hébert) où se rencontrent étudiants et intellectuels noirs des Caraïbes, d'Afrique et des États-Unis. Les problèmes coloniaux, interraciaux, la place croissante des hommes et des femmes de couleur dans la vie française, le racisme, y sont inlassablement discutés pour tenter d'apporter des solutions appropriées. L'engagement intellectuel de Paulette Nardal va plus loin lorsqu'elle fonde, en 1931, avec l'écrivain haïtien Léo Sajous *La Revue du monde noir* (une revue bilingue[125]). Ce journal donne l'occasion de débattre de thèmes propres aux Noirs vivant en France et plus particulièrement aux femmes, car les sœurs sont sensibles à la situation dans laquelle se trouvent les Antillaises francophones. À travers ses articles, Paulette Nardal exprime la possibilité d'une identité collective et fait référence à d'autres différences que celles exprimées par les hommes. Elle est une des premières intellectuelles antillaises à porter sur la question de genre un regard à la fois social et politique et à utiliser les appartenances sociales et raciales dans ses analyses. Dans « L'Éveil de la conscience de race chez les étudiants noirs », publié dans *La Revue du Monde Noir* de 1932, Paulette Nardal affirme :

> Les femmes de couleur vivant seules dans la métropole, moins favorisées jusqu'à l'Exposition coloniale que leurs congénères masculins aux faciles succès, ont ressenti bien avant eux le besoin d'une solidarité raciale qui ne serait pas seulement d'ordre matériel : c'est ainsi qu'elles se sont éveillées à la conscience raciale. Le sentiment de déracinement [...] aura été le point de départ de leur évolution (Nardal P, 1932, 30).

Comme Du Bois, Paulette Nardal croit en l'instruction et à une solide formation. Elle estime que la formation supérieure que les jeunes Antillaises ont reçue leur donnera les moyens de modifier et d'améliorer leurs conditions de vie. Elle insiste sur le pouvoir de ces

---

[125] La collection complète de *La Revue du monde noir* (numéros 1 à 6, 1931-1932) est consultable sur le site http://gallica.bnf.fr/ark:/12148/bpt6k32946v/f54.image.langFR

jeunes femmes qui, en s'investissant dans une recherche identitaire profonde, pourront surmonter leur marginalisation :

> Au cours de leur évolution, leur curiosité intellectuelle s'est tournée vers l'histoire de leur race et de leurs pays respectifs […]. Au lieu de mépriser leurs congénères attardés ou de désespérer de voir jamais la race noire arriver à égaler la race aryenne, elles sont mises à l'étude […] (Nardal P, 1932, 32).

Si Paulette Nardal se veut confiante et optimiste dans son article, elle ne fait pas allusion aux inégalités hommes/femmes ni aux difficultés que des femmes comme elle ou sa sœur ont à se faire entendre au sein des intellectuels noirs francophones en quête d'une identité nouvelle. L'idéologie des sœurs Nardal dessine les premiers contours d'un nouvel humanisme du monde noir francophone et pose les jalons du mouvement noir francophone de la négritude en France.

Leur activisme et leurs initiatives ne font cependant pas l'unanimité et leur salon littéraire est qualifié de salon bourgeois traditionnel. Césaire, notamment, le rejette et ne le considère pas comme le lieu qui a vu naître la négritude. Aimé Césaire, qui définit « la négritude en termes de "résistance" à l'assimilation et à l'aliénation » (Ndiaye, 2009, 78), juge le salon des sœurs Nardal et les idées qui y circulent trop assimilationnistes. Pour lui, ce salon maintenait le statu quo et les privilèges de l'élite métisse antillaise[126].

Les sœurs Nardal restent innovantes à travers l'organisation de ces rencontres et ont le mérite de créer un espace parisien d'échanges pour la diaspora noire. Toutefois, ces critiques révèlent les divergences idéologiques qui animent les intellectuels noirs francophones, exactement comme ceux du mouvement de la Renaissance de Harlem. Les initiatives des sœurs ont aussi le mérite de véhiculer une autre image des femmes noires que celle de la « vogue nègre » des music halls parisiens ou encore de la littérature et d'élargir le débat racial à la question de genre et témoignent de la difficulté pour les intellectuelles de se faire une place. En 1928, Jane Nardal répond avec audace à Paul Morand qui vient de publier Magie

---

[126] Comme l'observe James Arnold : « Ce groupe [le groupe qui donna naissance à *La Revue du monde noir*] s'enorgueillissait d'être un parfait modèle d'assimilation à la société française. » *This group [the group around La Revue du monde noir] prided itself on what it thought to be its perfect assimilation into French society.* (Arnold, p. 11)

Noire. Dans Pantins exotiques elle réagit au mode paternaliste et au modèle de la « doudou », objet exotique et érotique, créé par l'auteur :

> Aurions-nous le courage de nous dépouiller du prestige que nous confère la littérature exotique et de détonner, modernes, sur le décor passé, rococo des hamacs, palmiers, forêts vierges etc. Quelle déception pour celui qui évoque en votre honneur des princesses exotiques, si vous alliez lui dire que, tout comme une petite bourgeoise française, vous poursuivez à Paris des études commencées là-bas, sous les tropiques, au lycée ? (Nardal J, 1928)

Une autre femme poursuit le travail des sœurs Nardal mais en affichant des objectifs différents. Il s'agit de la très engagée Suzanne Roussi Césaire. Si les sœurs sont favorables à l'assimilationnisme et font en France la promotion de la théorie gradualiste de Booker T. Washington dont elles s'inspirent, Suzanne Roussi, elle, est beaucoup plus radicale et dénonce ouvertement le colonialisme. Elle parle de pluralité, résultat d'un processus historique, comme origine de l'identité martiniquaise. Le métissage racial et culturel de l'île, ce « brassage continu », comme elle l'écrit dans « Malaise d'une civilisation » doit, selon elle, transcender les antinomies Blancs/Noirs, Européens/Africains, peuples civilisés/peuples sauvages, en vogue à cette époque, tout en permettant la découverte et la reconnaissance de l'identité martiniquaise libérée du joug colonial.

À Paris où se retrouve la diaspora noire, elle établit des liens avec des philosophes et des artistes. Elle rencontre Jean-Paul Sartre, le critique d'art Michel Leiris, très intéressé par l'art africain, ou encore Léopold Sédar Senghor et Aimé Césaire. Cette époque est foisonnante pour ces étudiants et artistes qui débattent de l'anticolonialisme et prennent parallèlement conscience de la montée du nazisme. De retour en Martinique, elle continue à être une intellectuelle très engagée et fonde, en 1941 avec Aimé Césaire, Aristide Maugée, René Ménil et Lucie Thérèse, la revue culturelle *Tropiques* où elle publie tous ses essais[127]. Suzanne Roussi Césaire se fixe alors pour objectif de sauver la Martinique de sa médiocrité culturelle puisque les écrivains martiniquais produisaient, selon elle, « une littérature de hamac, de sucre et de vanille » (Roussi Césaire, 1942, in Maximin 65). Dans ses textes enflammés, elle reproche aux écrivains antillais de reproduire la

---

[127] Tous les textes de Suzanne Roussi Césaire ont été recueillis et édités en 2009 par Daniel Maximin.

culture française sans jamais s'attacher à la spécificité de l'expérience martiniquaise, à son métissage racial et culturel. En 1942, elle écrit dans un article intitulé « Malaise d'une civilisation » :

> Non – le Martiniquais a échoué parce que méconnaissant sa nature profonde, il essaie de vivre d'une vie qui ne lui est pas propre. Gigantesque phénomène de mensonge collectif, de « pseudomorphose ». Et l'état actuel de la civilisation aux Antilles nous livre les conséquences de cette erreur. Refoulement, souffrances, stérilité. Comment, pourquoi, chez ce peuple hier esclave, cette méprise fatale ? [...] On comprendra dès lors que le but essentiel pour l'homme de couleur soit devenu l'assimilation. Et qu'avec une force redoutable s'opère en son esprit la désastreuse confusion : libération égale assimilation (Roussi Césaire, 1942, in Maximin 72-73).

Suzanne Roussi Césaire s'interroge sur la nécessité de rompre avec les codes du colonisateur. Déclarer l'émancipation de la Martinique ne pouvait passer par l'assimilation ni par le retour à une culture ancestrale à la manière des colonisés d'Afrique qui étaient restés sur la terre de leurs ancêtres. En cela, elle se distingue des sœurs Nardal. Trois ans plus tard, dans « Le grand camouflage », Suzanne Césaire dénonce une fois de plus le jeu de cache-cache de la vérité africaine des Antilles derrière les oripeaux du regard colonial :

> Voici un Antillais, arrière-petit-fils d'un colon et d'une négresse esclave. [...] Le voici avec sa double force et sa double férocité, dans un équilibre dangereusement menacé : il ne peut pas accepter sa négritude, il ne peut pas se blanchir » (Roussi Césaire, 1945, in Maximin 91).

Les écrits militants et lyriques de Suzanne Roussi Césaire révèlent une pensée philosophique aboutie annonciatrice de la philosophie de Glissant (qui sera son élève) et du concept d'« hybridité » développé par Bhabha dans la littérature post-colonialiste. Suzanne Roussi Césaire a peut-être aussi croisé Hughes, même si cela n'est pas attesté. Si elle n'a jamais mentionné sa dette à l'égard de Hughes ou d'autres intellectuels de la Renaissance de Harlem, il est évident que ce mouvement et les écrits qui ont été produits durant cette période ont influencé sa pensée et lui ont permis de trouver sa voie et d'affirmer sa voix.

Tous ces textes écrits par des femmes, même s'ils restent peu connus, montrent l'importance à accorder à la pensée féminine dans ces mouvements intellectuels. Les apports critiques et littéraires de ces trois femmes autour du mouvement de la négritude s'inscrivent parmi des initiatives précoces, mais aussi précaires. Les « trois pères de la négritude » ont souvent mentionné leur dette à l'égard des auteurs de la Renaissance de Harlem sans ne jamais faire allusion à ces femmes qui furent pourtant des pionnières en faisant circuler des idées et en organisant des rencontres entre intellectuels phares de la diaspora noire des États-Unis, des Caraïbes ou d'Afrique. En élaborant une nouvelle « conscience de race », Suzanne Roussi Césaire et ses ainées (Paulette et Jane Nardal, mais aussi Suzanne Lacascade) contribuèrent elles aussi à développer la littérature caribéenne francophone en apportant leur histoire, et leur sensibilité féminine. Paulette Nardal suggéra une réécriture de l'histoire de la négritude afin de replacer les femmes au cœur de cette prise de conscience raciale, mais cette réécriture n'eut jamais lieu. Les Africaines-Américaines avant elles vécurent une expérience similaire en combattant seules et sans jamais être considérées « femmes ». Les intellectuelles antillaises furent finalement confrontées aux mêmes écueils, car dans leur lutte contre l'impérialisme et le colonialisme, les intellectuels qui les entouraient ne firent que reproduire les mêmes schémas des intellectuels dont ils s'inspiraient et marginalisèrent le rôle et l'engagement idéologique des femmes en les reléguant aux marges de l'Histoire.

Ces mouvements intellectuels noirs qui naissent au début du vingtième siècle posent les jalons d'une construction identitaire et culturelle noires fluctuante et multiple aussi bien à Harlem que par delà les frontières. Ils montrent aussi les difficultés idéologiques et les faiblesses auxquelles tous les acteurs sont confrontés. Au-delà de la dynamique interraciale, ces mouvements démontrent aussi le besoin de déterritorialisation, au sens littéral, puisque formuler et poser l'émancipation identitaire naît et/ou évolue hors de Harlem, pour les intellectuels noirs américains, hors des Caraïbes et d'Afrique, pour les fondateurs de la négritude. « Faire peau neuve, développer une pensée neuve », pour reprendre la pensée de Fanon, semble passer par un ailleurs, un espace où les groupes minoritaires peuvent subvertir la norme sans nécessairement se marginaliser ni se normaliser. Cependant, le retour dans le territoire, la « reterritorialisation » amène à la fragmentation et à la dissension. La lecture historiographique de la Renaissance de Harlem des années 1970 voit davantage la période comme un échec aussi bien esthétique que politique et n'ayant pas réussi à dépasser le clivage Blanc/Noir. « La Renaissance de Harlem apparaît donc ici comme un mouvement contrarié, une parodie d'émancipation pour un groupe qui reste sous l'emprise d'un autre et ne peut bousculer l'ordre établi » (Sylvanise in Rocchi, ed., 221). David Lewis, l'auteur de *When Harlem was in Vogue* (1979) considère la Renaissance de Harlem comme un échec politique et les relations entre mécènes blancs, auteurs et artistes noirs comme une illustration du rapport dominant/dominé.

Pourtant, ces échanges d'idées au sein de la diaspora noire et durant la Renaissance de Harlem ont le mérite de révéler des poètes et écrivains noirs dont l'innovation stylistique, pour Hughes, sort des sentiers battus tout en participant de la construction identitaire noire américaine et diasporique. Cette nouvelle lecture, qui apparaît dans les années 1990, réhabilite le mouvement en dépassant les clivages traditionnels et en insistant sur les collaborations multiraciales, mais aussi les relations rhizomatiques qui furent essentielles et qu'un auteur comme Hughes illustre parfaitement à travers son écriture et sa vie même. Ses voyages et ses rencontres avec d'autres écrivains, dans son pays ou à l'étranger, nourrissent son écriture. Il est inspiré par eux, mais il est aussi source d'inspiration en proposant, notamment, d'adapter la musique noire à la poésie et de faire se rejoindre écriture musicale et écriture poétique. En poussant la langue à ses limites, en la mettant en déséquilibre, « en prenant ses forces dans une minorité muette qui n'appartient qu'à lui [...], il taille dans sa langue une langue étrangère et qui ne préexiste pas » (Deleuze, 1993, 138), pour en extraire, en quelque sorte, la musique de la culture noire des plus humbles.

Hughes va proposer différentes écritures et expérimentations pour donner au blues ses lettres de noblesse et traduire les émotions et les désillusions de toute une communauté. « Poète blues », il suit l'évolution de la musique noire à travers son écriture et devient « poète social » puis « poète free-jazz » à travers ses expérimentations ; et que ce soit pendant ou après la Renaissance de Harlem, il continue à se nourrir de relations rhizomatiques et à écrire sur et pour les Noirs les plus humbles afin de mettre son écriture à leur service.

Troisième Partie
Construire une voix noire américaine

Chapitre I.
Le poète de la Renaissance de Harlem

Bien que les opinions divergent et que les parcours des écrivains restent singuliers, ce renouveau artistique donne l'occasion aux Noirs de devenir les « thèmes » de leur propre écriture en exploitant la fierté raciale noire et les origines africaines. La participation héroïque des Noirs dans l'histoire américaine est aussi valorisée. Certains célèbrent « l'âme noire » pendant que d'autres décrivent les conditions de vie de la masse et du petit peuple. Nous l'avons dit, nul cas n'illustre mieux la pensée rhizomatique que les relations de Hughes avec des écrivains et artistiques américains ou étrangers. Le fond même de son écriture révèle une américanité « rhizomatique » car, même s'il puise son inspiration dans ses nombreux voyages et ses rencontres, Hughes en revient toujours à l'américanité de l'expérience noire. Il est, ne l'oublions pas, un poète noir de culture blanche. Lorsqu'il voyage en Afrique il est, à sa grande déception, considéré comme un Américain, c'est-à-dire un Blanc, ce qu'il n'est pas et ne veut pas être dans son propre pays. Hughes est, pour reprendre la philosophie de Deleuze et Guattari, « au milieu, entre les choses, inter-être » (Deleuze et Guattari, 1980, 36). C'est en partant du milieu que Hughes va bousculer l'écriture noire pour faire table rase de l'écriture du passé, « secouer et déraciner le verbe être » (36) :

> C'est la littérature américaine, et déjà anglaise, qui ont manifesté ce sens rhizomatique, ont su se mouvoir entre les choses, instaurer une logique du ET, renverser l'ontologie, destituer le fondement, annuler fin et commencement. [...] C'est que le milieu n'est pas du tout une moyenne, c'est au contraire l'endroit où les choses prennent de la vitesse (Deleuze et Guattari, 1980, 36-37).

En se construisant et en construisant sa propre voix, Hughes va imposer à travers son écriture des caractéristiques africaines-américaines et fera de ses poèmes des réussites esthétiques qui vont déranger, bousculer le lecteur tout en lui ouvrant la voie d'un langage nouveau, créatif et vivifiant. En écrivant depuis la marge, Hughes va aussi envisager l'expérience noire dans toute sa multiplicité et à l'aune du triptyque « race, classe, genre », ce qui reste précurseur à l'époque où il écrit. À travers cette écriture nouvelle dans le fond et dans la forme, Hughes exhorte à briser les tabous culturels, sociaux et genrés et définir ainsi les contours d'une pensée nouvelle.

Une voix africaine-américaine et populaire

Les poèmes publiés entre 1921 et 1923 sont écrits à Harlem où Hughes s'installe en 1921 afin de poursuivre ses études à l'université de Columbia. À New York, il rencontre l'éditrice Jessie Fauset qui l'avait remarqué et avait publié certains de ses poèmes dans *The Brownies' Books* un magazine pour enfants noirs. Son implication est déterminante dans la carrière de Hughes, car elle l'encourage et le guide dans ses choix littéraires. Par son intermédiaire, Hughes participe pleinement à la vie sociale de New York, alors en pleine effervescence culturelle, et elle lui fait rencontrer W.E.B. Du Bois ainsi que des membres du journal *Crisis* et de la NAACP.

Lorsque Langston Hughes s'installe à New York, Harlem est déjà en pleine mutation et représente un pôle d'attraction artistique et culturel pour les intellectuels noirs. L'esprit du Noir nouveau est né et il va se retrouver dans la littérature africaine-américaine. Les théâtres, les clubs, les cabarets et dancings se développent aussi durant cette période et si le public reste exclusivement blanc, les artistes noirs arrivent à se produire et à montrer leurs talents dans ces hauts lieux de la vie nocturne de Harlem. Pour de nombreux Noirs, l'installation à Harlem représente un rêve pouvant se réaliser et qui met fin à la ségrégation et à la violence. C'est aussi un thème cher à Hughes. Dans le poème « Harlem Night Song », qu'il publie en 1926 et qui appartient au recueil *The Weary Blues*, Hughes rend hommage à son quartier et lui fait même une déclaration sur fond de musique jazz :

« Harlem Night Song »
Come,
Let us roam the night together
Singing.
I love you.
Across
The Harlem roof-tops

Moon is shining.
Night sky is blue.
Stars are great drops
Of golden dew. [...] (94)

Cette attirance, cet attrait, pour Harlem sont à nouveau au cœur de la poésie de Hughes quelques années plus tard et apparaissent dans le recueil *Montage of a Dream Deferred* (1951) avec « Island [2] » notamment :

« Island [2] »
Between two rivers,
North of the park,
Like dark rivers
The streets are dark.
Black and white,
Gold and brown –
Chocolate-custard
Pie of a town.
Dream within a dream,
Our dream deferred. [...] (429)

La vision idéale, « paradisiaque » de Harlem est soulignée dans ce poème. « Island [2] » célèbre Harlem, le quartier où les rêves se réalisent (*dream within a dream/ Our dream deferred*). Harlem, lieu symbolique, est l'incarnation de la diversité de la diaspora noire (*Black and white/ Gold and brown – / Chocolate-custard/ Pie of a town*). Les deux fleuves s'unissent symboliquement pour réunir les membres de la diaspora (*Between two rivers, / North of the park, / Like dark rivers/ The streets are dark*). Le Mississippi n'est plus là et a fait place à l'Hudson River et à l'East River.

Harlem, que Hughes veut voir ici comme un symbole et un paradis pour tous, s'était pourtant rapidement transformé en engendrant des changements sociaux lourds de conséquences. Dans les années vingt déjà, le quartier se dégrade très vite. Avec le développement des activités illicites, liées à la Prohibition, le panorama de Harlem, victime de son succès, se transforme bien avant la crise de 1929. Le racket, l'argent sale et le crime y règnent en maîtres alors qu'Harlem se ghettoïse rapidement :

La belle et élégante capitale noire de l'Amérique avait cessé d'exister bien avant le krach de Wall Street. La formidable et illicite prospérité liée à la Prohibition avait permis à une nouvelle catégorie de commerçants de prendre le contrôle du quartier et avec eux s'était implanté le crime sous toutes ses formes. [...] Parallèlement les petits clubs continuèrent à proliférer, d'autant que la multiplication des activités illicites leur assurait à eux aussi d'intéressants revenus. Le clinquant ne parvenait plus à dissimuler le sordide et, de manière générale, la vie du quartier ne cessa de se dégrader (Billard 146-147).

Après la Grande Dépression, alors que les Noirs plus aisés quittent le ghetto, les écarts économiques et sociaux, générateurs de tensions, ne cessent de s'accroître pour continuer jusque dans les années soixante et soixante-dix[128]. La discrimination dont les Noirs sont victimes dans le domaine de l'emploi et du logement contribue à les isoler davantage tout en transformant le quartier de Harlem en un ghetto de plus en plus pauvre. Puis, l'investissement de la ville et des promoteurs immobiliers dans d'autres quartiers finissent de convaincre les plus aisés qui quittent Harlem où se concentre une population extrêmement pauvre. Ces changements démontrent que les inégalités spatiales, liées à la concentration de populations, non seulement pauvres, mais souvent situées en dehors des réseaux économiques et sociaux, sont à l'origine de nombreuses tensions. Ces transformations, lourdes de conséquences pour la communauté noire, n'échappent pas à Langston Hughes dont l'écriture évolue à partir de 1930. En 1931, il publie « Negro Ghetto » dans *New Masses* et révèle le rêve déçu et les illusions perdues de ce quartier mythique et symbolique pour les Noirs :

---

[128] Les agitations raciales et sociales que New York connaît à partir des années soixante (il s'agit notamment de la grande grève des transports de 1966 et celle des écoles en 1968, ainsi que les manifestations contre la guerre du Viêt-Nam), mais aussi la radicalisation du mouvement des droits civiques et la mauvaise situation économique de la ville à cette époque, contribuent à creuser un fossé entre les Noirs et les autres minorités, les Juifs notamment. En 1965, les tensions raciales et économiques sont en partie désamorcées grâce aux efforts coûteux et efficaces du maire libéral, John Lindsay, et grâce à la « guerre contre la pauvreté » lancée par le président Johnson.

> « Negro Ghetto »
> I looked at their black faces
> And this is what I saw:
> The wind imprisoned in the flesh,
> The sun bound down by law.
> I watched them moving, moving,
> Like water down the street [...]. (137)

Le mouvement (*moving, moving*) à travers l'écoulement de l'eau que l'on ne peut arrêter est souligné dans ce poème. Hughes fait explicitement référence au déplacement de la diaspora noire, d'abord depuis les rives africaines vers les colonies puis des États du Sud aux villes du Nord des États-Unis pour y trouver une vie meilleure. Finalement, la sensibilité à fleur de peau du poète (*I watched them [...] / And this is what moved in my heart*) traduit la tristesse des illusions perdues alors que le rythme et les sons du poème montrent le caractère inéluctable de la destinée des Noirs les plus humbles (*Their far-too-humble feet*).

La Renaissance de Harlem est donc une période à la fois de rêve et de détresse pour les Noirs, dont Hughes saisit toutes les ambiguïtés à travers sa poésie puis rétrospectivement avec la création de son personnage phare Jesse B. Simple plusieurs années plus tard. Après la Renaissance, alors que son écriture se radicalise et devient plus dénonciatrice, Harlem n'incarnera plus la promesse d'une vie meilleure et deviendra le lieu des rêves ajournés. Le petit peuple de Harlem est aussi le sujet de prédilection de la poésie de Hughes. Ne partageant pas l'idéologie des *Talented Tenth*, Hughes cherche son matériau d'inspiration dans les rues de Harlem auprès des plus humbles dont il souhaite retranscrire les conditions de vie. En 1922, dans le poème « Laughers », initialement intitulé *My People*, Hughes se réclame de ces Noirs moins privilégiés et voit en eux le sujet de son écriture, car ils ont tous quelque chose à raconter et à transmettre, ce que Hughes se charge de communiquer à travers sa poésie :

> « Laughers »
> Dream-singers,
> Story-tellers,
> Dancers
> Loud laughers in the hand of Fate –
>   My people.
> Dish-washers,

Elevator-boys,
Ladies' maids,
Crap-shooters,
Cooks,
Waiters,
Jazzers,
Nurses of babies,
Loaders of ships,
Rounders, [...]
My people [...]. (27)

La longue énumération de petits travaux précaires, essentiellement destinés aux Noirs des grandes métropoles américaines, est une façon pour Hughes de se réclamer de ces gens simples (*My people*) et de se tenir à distance de la bourgeoisie noire dont il rejette les idéaux. La répétition de « my people » (les miens) souligne son appartenance qu'il revendique par deux fois.

Les poèmes de Hughes écrits pendant la Renaissance diffèrent de ceux écrits au milieu et à la fin de sa carrière. Pendant la Renaissance, en effet, l'esthétique moderniste est développée par les poètes blancs américains et la critique a tendance à comparer les deux courants. Ces mouvements sont pourtant différents car au modernisme élitiste de T.S. Eliot ou de Joyce, par exemple, l'écriture des auteurs noirs de la Renaissance répond par des caractéristiques dialectiques et thématiques, mais aussi une perspective typiquement africaines-américaines. Les voix de ces auteurs noirs ont peu en commun avec leurs contemporains blancs de l'époque et leurs préoccupations sont autres. L'écriture de Langston Hughes, ou plutôt ses écritures, qui se veulent être le reflet de l'expérience noire, proposent une esthétique et une sensibilité populaires ainsi qu'une perspective afro-centrique. Cette sensibilité aux laissés-pour-compte de Harlem, Hughes l'évoque notamment dans les poèmes « Beggar Boy » et « Young Prostitute », écrits respectivement en 1922 et en 1923. Ces modèles, qu'il place au cœur de son esthétique, l'aident à brosser un tableau social de Harlem et à montrer l'envers du décor des cabarets et des salles de spectacles que les Blancs, qui affluent à la tombée de la nuit, ne voient pas ou ne veulent pas voir :

« Beggar Boy »
What is there within this beggar lad
That I can neither hear nor feel nor see,
That I can neither know nor understand
And still it calls to me? [...]. (29)

« Young Prostitute »
Her dark brown face
Is like a withered flower
On a broken stem.
Those kind come cheap in Harlem
So they say. (33)

Dans le poème « Beggar Boy », la répétition de la structure négative "That I can neither" souligne le rejet social du mendiant noir. On peut interpréter cette répétition comme un « balbutiement deleuzien[129] », marque du rejet culturel des Noirs mais aussi signe d'un procédé créatif de Hughes et de son appropriation de la langue pour imposer son propre style. En cela, l'écriture de Hughes représente bien la fragmentation identitaire, idéologique et stylistique de la communauté noire. De plus, comme nous pouvons le constater avec ces poèmes, en faisant des plus humbles son matériau d'écriture Hughes propose une perspective africaine-américaine, éloignée de la vision élitiste voulue par la bourgeoisie noire, et décrit ainsi l'expérience noire dans toute sa globalité et universalité.

La jeune prostituée de « Young Prostitute » est déjà une femme qui a perdu sa beauté et que la vie n'a pas épargnée : son visage est sombre (*dark*) et s'est assombri avec les difficultés de l'existence, sa peau est flétrie (*like a withered flower*) et son corps-objet n'a aucune valeur (*those kind come cheap in Harlem*). Hughes montre que malgré l'abolition de l'esclavage, la femme noire continue à être entravée par son statut de corps-objet qui lui a été assigné par la société phallocratique. Cette jeune femme, de par son statut même de prostituée, n'a pu se réapproprier son corps et échapper à la

---

[129] Pour Deleuze et Guattari, ce procédé est propre à la littérature mineure et au traitement qu'une langue mineure peut faire subir à une langue majeure. Ils voient aussi dans ce procédé une forme de création : « Faire bégayer la langue elle-même, au plus profond du style, est un procédé créateur qui traverse de grandes œuvres. Comme si la langue devenait animale. [...] Balbutier, [...] est une mise en suspens, [...] bégayer est une reprise, une prolifération, une bifurcation, une déviation. [...] Il y a beaucoup d'indices ou de procédés divers que l'écrivain peut tendre à travers la langue pour en faire un style » (Deleuze et Guattari, 1993, 73).

domination, afin d'entrer dans un devenir-sujet comme le réclament les intellectuels de la Renaissance de Harlem.

L'écriture de la marge

En inscrivant son écriture dans un territoire nouveau et atypique, aussi bien dans le fond que dans la forme, Hughes propose une mécanique poétique spécifique entre musique et poésie. D'autres pionniers ont certes ouvert la voie et ont déclaré leur dette au jazz pour les uns, ou au vernaculaire noir pour les autres. Hughes est cependant le premier à systématiser son travail de transposition musicale. Hughes n'est pas musicien, mais il est préoccupé par la musique noire et l'histoire qu'elle exprime. Par fierté raciale, il va progressivement adapter le langage du blues et du jazz à sa poésie pour devenir musicien, en quelque sorte, mais aussi pour écrire l'histoire de sa communauté:

> Il est surprenant de constater que ce que l'on appelle aujourd'hui le « folklore » américain au sens le plus large du terme et dans toutes ses variétés régionales, trouve la plupart de ses racines dans les créations culturelles nées de la plantation. Du blues au gospel, en passant par le be-bop au ragtime et le jazz, et sans doute aussi par le rap des années 1990, l'âme noire donne à l'Amérique d'aujourd'hui une couleur et une tonalité que bien peu de planteurs auraient pu admettre comme étant américaines, il y a quelque cent cinquante ans (Garrait-Bourrier, 2001, 87).

À dix-huit ans, à la fin de ses études secondaires, Hughes réfléchit à sa carrière et s'il manifeste déjà un grand intérêt pour la poésie, il sait qu'être Noir est un frein dans la société dans laquelle il vit, mais cette origine raciale doit transparaître dans ses poèmes et servir de base à son écriture. Un de ses premiers poèmes, « When Sue Wears Red », lui fait prendre conscience de son attirance pour la poésie et de sa capacité de création :

> « When Sue Wears Red »
> When Susanna Jones wears red
> Her face is like an ancient cameo
> Turned brown by the ages.
>
> Come with a blast of trumpets,
> Jesus!

> When Susanna Jones wears red
> A queen from some time-dead Egyptian night
> Walks once again.
> Blow trumpets, Jesus!
>
> And the beauty of Susanna Jones in red
> Wakes my heart a love-fire sharp like pain [...] (Rummel 50).

Le lien avec l'Afrique est déjà mis en avant et la beauté africaine célébrée alors que Hughes n'a que seize ou dix-sept ans. En faisant l'éloge de la beauté d'une femme noire, Hughes loue à travers elle l'histoire de l'Afrique et fait allusion aux origines ancestrales des Africains-Américains. La fierté affichée de Susanna, son port de reine, forcent l'admiration du poète qui, en la plaçant sur un piédestal la rend finalement inatteignable. Pour la première fois aussi, il associe subtilement le rythme de l'anglais conventionnel au rythme du dialecte noir. L'incantation : « Come with a blast of trumpets, Jesus ! / Blow trumpets, Jesus ! / Sweet silver trumpets, Jesus ! » fait écho aux chants religieux entendus dans son enfance. À travers la versification libre l'influence de Whitman (*Leaves of Grass*) est perceptible ; celle de Carl Sandburg qui évoque la vie et la musique noires dans Jazz Fantasies mais aussi celle de Du Bois, qui écrit sur l'Afrique et la femme noire dans *Darkwater : Voices from Behind the Veil*, sont aussi présentes.

Fervent admirateur de Carl Sandburg et de Walt Whitman, qui révolutionna la poésie américaine au dix-neuvième siècle, Hughes puise à ses débuts son inspiration dans leur écriture. *Jazz Fantasies*, que Sandburg écrit en 1919, le convainc vraisemblablement de calquer sa propre poésie sur la musique noire et à en adopter les rythmes dans son écriture. « When Sue Wears Red » amorce un tournant décisif dans l'avenir du futur poète, car il montre son intérêt affirmé pour la musique et la culture noires. Intérêt probablement encouragé par la poésie de Vachel Lindsay (1879-1931), qu'il admire aussi beaucoup. Appelé le « troubadour des prairies » Lindsay considère que la poésie doit être énoncée comme pendant l'Antiquité, voire chantée. Plus tard dans sa carrière, Hughes enregistrera certains poèmes qu'il accompagne de notes et de commentaires pour guider la diction de l'interprète et le ton de sa voix.

Le très éloquent « The Negro Speaks of Rivers » paraît en 1921[130]. Hughes a alors pris conscience que sa poésie doit représenter la culture noire américaine tout en révélant au plus près l'expérience des plus humbles dont il se sent proche. Dans *The Big Sea* (1940) son œuvre autobiographique, Hughes s'explique sur les circonstances dans lesquelles il a écrit ce poème :

> Le soleil commençait à se coucher et nous traversâmes le Mississippi, lentement, en passant sur un très long pont. Je regardai par la fenêtre du train cette eau boueuse qui coulait jusqu'au cœur du Sud et j'ai alors commencé à réfléchir à ce que ce fleuve, le Mississippi, avait pu symboliser autrefois pour les Noirs et combien être vendu au bord du fleuve était le pire sort réservé à un esclave à cette époque. Puis, j'ai pensé à d'autres fleuves de notre histoire, le Congo, le Niger et le Nil en Afrique et les mots qui me vinrent à l'esprit furent : « j'en ai connu des fleuves ». J'ai jeté ces mots sur l'enveloppe qui se trouvait dans ma poche et en dix ou quinze minutes à peine, alors que le train reprenait de la vitesse, le poème était écrit et je l'ai intitulé « Le Nègre parle des fleuves[131] » (Hughes, 1940, 55).

Dans « The Negro Speaks of Rivers », l'évocation des fleuves mythiques africains traduit l'enracinement des Noirs américains à l'histoire de l'Afrique et à une civilisation éblouissante ; le parallèle avec le fleuve Mississippi, lui aussi fleuve mythique dans l'imagerie américaine, montre que l'histoire est vécue différemment que l'on soit Noir ou Blanc. Ce poème est aussi une affirmation de la voix du poète qui commence chaque vers en disant « je » (I) et inscrit la communauté noire dans un processus de vie puisque son écriture se construit et s'inscrit dans un processus créatif :

---

[130] Le poème est publié pour la première fois en juin 1921 dans *Crisis*, le journal officiel de la NAACP. Fondé en 1910 par W.E.B. Du Bois, *Crisis* est le plus ancien périodique noir qui assurait la publication d'essais, de fictions, de poésies ou encore la diffusion d'informations sur les Noirs. Le premier et le dernier poème de Langston Hughes ont été publiés dans *Crisis*.

[131] *Now it was just sunset, and we crossed the Mississippi, slowly, over a long bridge. I looked out the window of the Pullman at the great muddy river flowing down toward the heart of the South, and I began to think what that river, the old Mississippi, had meant to Negroes in the past – how to be sold down the river was the worst fate that could overtake a slave in time of bondage... Then I began to think about other rivers in our past – the Congo, and the Niger, and the Nile in Africa- and the thought came to me: 'I've known rivers,' and I put it down on the back of an envelope I had in my pocket, and within the space of ten or fifteen minutes, as the train gathered speed, I had written this poem, which I called 'The Negro Speaks of Rivers'* (Hughes, 1940, p. 55).

> « The Negro Speaks of Rivers »
> I've known rivers:
> I've known rivers ancient as the world and older than the flow of human blood in human veins.
> My soul has grown deep like the rivers.
>
> I bathed in the Euphrates when dawns were young.
>
> I built my hut near the Congo and lulled me to sleep.
> I looked upon the Nile and raised the pyramids above it.
> I heard the singing of the Mississippi when Abe Lincoln
>   went down to New Orleans, and I've seen its muddy
>   bosom turn all golden in the sunset [...]. (23)

Le poème, très inspiré par l'écriture de Walt Whitman mais aussi de Carl Sandburg renvoie à diverses références de l'héritage collectif. L'utilisation de l'anaphore construite autour des verbes d'action et de sensation (*I built, I looked, I heard*), et les répétitions de « I've known rivers » et « I've seen » permettent à Hughes de créer sa propre musique tout en faisant remonter l'origine des Africains-Américains aux sources de l'humanité et de placer le Noirs sur un même pied d'égalité historique avec les Blancs. Les images de la mort (*dusky rivers, the sunset, sleep, soul*) et de l'immortalité se mêlent. À la manière du barde, Hughes chante ici la vie et la mort et joue l'équilibriste entre l'amour et la mort, ce qu'il fera à travers tous ses poèmes. Les eaux sombres et boueuses sont noires comme sa couleur de peau, mais le fleuve assure sa renaissance et fait de lui un autre homme. Les eaux sont protectrices (*its muddy bosom*) et seront toujours là pour le protéger. Comme le poète qui transforme le quotidien et la banalité de la vie sous sa plume, l'eau boueuse devient or sous le soleil (*turn all golden in the sunset*). L'anaphore (*I've known rivers*) montre qu'en parlant de lui, le poète s'identifie à tout un peuple et par glissement Hughes évoque la communauté noire américaine. Les verbes de perception et de mouvement (*I bathed/ I built/ I looked / I heard*) traduisent le processus de vie des Noirs, mais aussi du poète lui-même. Ce processus devient, par l'écriture de Hughes, source de son propre processus créatif. L'eau est une référence explicite aux civilisations africaine et américaine mais, par métonymie, elle est aussi source de vie. Elle est une référence au liquide amniotique et à la vie embryonnaire. Puis la vie se construit avec le verbe « build » et se développe. L'homme acquiert des connaissances (*I looked / I raised / I've seen*) pour parfaire son apprentissage de la vie et son apprentissage culturel, mais à travers lui c'est de l'humanité dont il est question. Le poète, qui se construit et cherche sa voix (*I heard the singing of the Mississippi*) se nourrit de l'histoire des Noirs sur les deux rives de l'Atlantique. Cette connaissance est la clef de son identité (*My soul has grown deep like the rivers*) et de celle des Noirs, communauté de la marge. Par ce processus créatif, la poésie de Hughes rejoint les procédés de territorialisation et de déterritorialisation propres à la philosophie deleuzienne[132] :

> Une fonction agencée, territorialisée, acquiert assez d'indépendance pour former elle-même un nouvel agencement, plus ou moins déterritorialisé, en voie de déterritorialisation (Deleuze et Guattari, 1980, 398).

Hughes code et décode un autre espace et propose une autre écriture faite de strates et d'agencements nouveaux qui traduisent une sensibilité différente de celle des écrivains de son époque, mais surtout l'expérience de toute une communauté. Le lien entre la persona et les origines de l'humanité : "I've known rivers ancient as the world and older than the/ flow of human blood in human veins", puis la citation des fleuves mythiques de l'Antiquité (*The Euphrates, The Congo, The Nile*) connectent toutes les civilisations entre elles et placent les Noirs au cœur de références historiques, religieuses et culturelles universelles.

Hughes puise aussi son inspiration dans les récits entendus quand il était enfant. « Aunt Sue's Stories » (1921) raconte, sans jamais se plaindre, l'endurance, le labeur et le combat des Noirs enseignés par sa grand-mère. Publié pour la première fois en juillet 1921 dans *Crisis*, ce poème fera ensuite partie du recueil *The Weary Blues*.

« Aunt Sue's Stories »
Aunt Sue has a head full of stories.
Aunt Sue has a whole heart full of stories.
Summer nights on the front porch
Aunt Sue cuddles a brown-faced child to her bosom
And tells him stories.

---

[132] Pour Deleuze et Guattari ce concept doit être envisagé avec celui de « reterritorialisation ». Se « déterritorialiser » signifie quitter une habitude, défaire les formes et les normes et décoder un autre espace.

> Black slaves
> Working in the hot sun,
> And black slaves
> Walking in the dewy night,
> And black slaves
> Singing sorrow songs on the banks of a mighty river
> Mingle themselves softly
> In the flow of old Aunt Sue's voice,
> Mingle themselves softly
> In the dark shadows that cross and recross
> Aunt Sue's stories.
> And the dark-faced child, listening
> Knows that Aunt Sue's stories are real stories [...]. (23)

Écrire sur et pour les Noirs humbles est un choix déterminant pour Hughes qui refuse, par la même occasion, les principes d'un père absent avec qui il ne peut se réconcilier. En refusant les dictats de son père, en s'élevant contre lui, Hughes entre finalement dans un « devenir-homme », voire un « devenir-poète », pour reprendre la philosophie deleuzienne :

> À mesure que quelqu'un devient, ce qu'il devient change autant que lui-même. Les devenirs ne sont pas des phénomènes d'imitation, ni d'assimilation, mais de double capture, d'évolution non parallèle, de noces entre deux règnes (Deleuze, 1977, 8).

Un an plus tard, nous sommes en 1922, Hughes revient sur ces thèmes qui lui sont chers avec Negro, publié tout d'abord dans *Crisis* puis dans *Current Opinion* quelques mois plus tard, « Negro » célèbre l'histoire des Noirs américains, arrachés à leur terre africaine et mis en esclavage par l'Egypte, Rome et l'Amérique pour aider à bâtir la puissance de ces différentes civilisations. Le « je » (*I, I am, I've been*) de Hughes est typique des récits autobiographiques d'esclaves et est réminiscent de l'affirmation de l'homme noir qui participe à la civilisation et à l'histoire américaine, qu'il soit esclave ou citoyen américain. Comme avec le blues, le travail de Hughes ne consiste pas, ici, à imiter, mais plutôt à adapter la forme de sa poésie pour mieux restituer l'héritage africain-américain et imposer sa sensibilité de poète noir de la Renaissance de Harlem :

« Negro »
I am a Negro:
> Black as the night is black,
> Black like the depths of my Africa.

I've been a slave:
Caesar told me to keep his door-steps clean,
I brushed the boots of Washington.
I've been a worker:
Under my hand the pyramids arose.
I made mortar for the Woolworth Building.
I've been a singer:
All the way from Africa to Georgia
I carried my sorrow songs.
I made ragtime.
I've been a victim [...]
I am a Negro [...]. (24)

En parlant à la première personne, le poète inscrit tous les Noirs dans une histoire commune et rend justice aux Noirs américains dont la dignité leur a été si longtemps refusée[133]. « Le 'Je' est [aussi] la trace de soi » (Rocchi, 2016, 226), ce qui montre que l'homme noir américain s'affirme en construisant sa propre histoire et sa propre culture dans l'adversité et la souffrance ; la musique le lie à l'Afrique. L'affirmation de soi est traduite par la forme pleine « I am », alors que l'utilisation de la forme contractée « I've been » souligne la continuité des différentes expériences de vie des Noirs depuis leur capture en Afrique à leur mise en esclavage en Amérique, à l'expansion de l'empire colonial en Afrique. Ainsi, les grands axes récurrents de l'écriture de Hughes sont présents dès ses premiers poèmes : glorifier l'âme noire, décrire la communauté noire et ses conditions de vie et bien sûr l'Afrique, dont le lien au continent africain va s'affirmer après son voyage en 1923.

En marge de la poésie et de la littérature dominantes, Hughes construit sa propre langue et sa propre écriture. En écrivant pour et sur les Noirs, Hughes mêle l'explicite et l'implicite et demande une participation active à son lecteur dont la capacité à interpréter est sollicitée. L'explicite, c'est la condition humaine noire, son expérience et son histoire depuis les rives africaines. L'implicite est

---

[133] En 1918, dans le poème *The Jazz Birds*, Vachel Lindsay rend hommage à la participation à l'effort de guerre des Africains-Américains, une question qui ne préoccupe pas vraiment l'Amérique à cette époque.

suggéré par les références à la musique noire américaine, mais aussi à l'Afrique et au vernaculaire noir. Cette autre langue implique le lecteur qui doit déchiffrer les codes et les interpréter, qu'ils les connaissent ou non. Ce double niveau de lecture confère toute son originalité à l'écriture de Hughes, expression de la marge et écriture marginalisée, qui fait pourtant sienne les traditions africaines et africaines-américaines pour évoquer la condition noire de son époque et transformer, par la même occasion, la poésie noire américaine. Comme les récits d'esclaves qui avaient permis d'inscrire ou de réinscrire les Africains-Américains dans l'histoire américaine, Hughes fait partie de ces intellectuels de la Renaissance de Harlem qui renouvellent l'écriture de l'histoire et de la littérature américaines. Son écriture blues, très emblématique de la Renaissance de Harlem, va lui ouvrir la voie tout en traduisant une esthétique poétique profondément originale et nouvelle.

Chapitre II.
Les écritures de Hughes

Hughes, « poète blues »

Pour Hughes, les gens ordinaires sont une source d'inspiration et la musique noire américaine une source inépuisable d'expérimentations. « Que le beuglement des orchestres de jazz nègres et que les mugissements de la voix de Bessie Smith chantant le blues pénètrent dans les oreilles bouchées des pseudo-intellectuels noirs jusqu'à ce qu'ils les entendent, et peut-être même, les comprennent » (Hughes in Richet, ed., 130) annonçait Hughes en 1926 dans son article manifeste. Très tôt dans sa carrière de poète, Hughes souhaite se mettre à la place de chaque Noir et ramener sa poésie, et la poésie noire en général, sur un terrain plus populaire, ce qui lui est reproché par l'élite noire et le groupe des *Talented Tenth*. Dans l'enregistrement *Poetry and Reflections*, Hughes explique :

> Je suis passé à reculons du jazz au blues (le blues est véritablement au fondement du jazz) et aux spirituals, les grandes chansons populaires noires de la « période du salut ». Et après avoir tenté d'écrire des poèmes en me servant des rythmes syncopés du jazz, j'ai commencé à essayer d'en écrire dans l'idiome populaire du blues et des spirituals (Hughes in Sylvanise 59).

Le blues renvoie à un genre musical, mais aussi à un style d'écriture que Hughes adapte et calque sur la musique noire. Imprégné des peines et des souffrances de toute une communauté, le blues est le symbole du folklore noir américain et l'expression musicale noire américaine par excellence. Issu d'une culture orale, et donc mal documentée, il est difficile de retracer les origines exactes du blues. Il est probablement né sur les terres du Delta du Mississippi et sa naissance correspondrait à l'abolition de l'esclavage. Le blues chante la désillusion et raconte le quotidien. Ce genre musical, né des voix d'individus qui devaient se faire entendre, va accompagner son expérience et son histoire. Plus parole que musique, le dictionnaire donne du blues la définition suivante :

> Le blues est une chronique autobiographique et poétique qui, toujours entre mélancolie et humour, métaphore et lucidité, inscrit dans l'universel la joie et le malheur, l'espoir et la souffrance d'un groupe d'individus et lui donne son statut (Universalis en ligne).

Dans les États du Sud une fois l'esclavage aboli, l'exploitation change de forme et les Noirs vont chanter leur complainte. Les musiciens noirs sont ceux qui restent les plus libres ; ils jouent une musique simple, rude, et vont susciter l'émotion avec presque rien. La ballade de Joe Turner (« Chasin' that Devil Music ») écrite autour de 1890 relate la pauvreté des Noirs, mais aussi des Blancs qui, après une inondation dévastatrice, ont tout perdu. Joe Turner vient à leur aide :

> « Chasin' that Devil Music »
> Tell me Joe Turner been here and gone
> Then they would go out looking for things; then they would come home and they would find wood, clothes, everything in their homes
> When they would come back.
> Then they would get happy, 'cause
> They had food, clothes, wood to make their fires and everything.

Ces premiers blues sont des blues ruraux et sont aussi appelés « Delta blues », c'est-à-dire les blues de la région du Delta du Mississippi. Ils s'adressent à la population des campagnes américaines, sont remplis de métaphores et donnent à écouter une musique authentique et peu sophistiquée[134]. Derrière ses allures frustres, le Delta blues cache la richesse de la musique populaire du vingtième siècle. Les blues de la région du Sud-Est, c'est-à-dire des États qui s'étendent de la Virginie à la Floride, sont appelés « Piedmont Blues ». Inspirées par les chants populaires des Blancs, le bluesman chante ses complaintes accompagné d'une guitare et d'un harmonica. Le Chicago blues est plus électrique et est joué en groupe. La migration des Noirs dans les métropoles du Nord change le blues qui devient, dans le texte, davantage l'expression de l'individu que

---

[134] Dans les années vingt, le chanteur de blues Ed Andrews qui chante dans les rues d'Atlanta est le premier bluesman « rural » enregistré. La compagnie de disques Okeh, qui cherche des bluesmen sur le terrain, lui fait enregistrer son unique disque : *Barrel House Blues* et *Time Ain't Gonna Make Me Stay*.

d'un groupe ; mais c'est avec le blues urbain que les bluesmen sont amenés à former des groupes.

Le blues se formalise à partir de 1912 avec la publication des premières partitions puis les enregistrements de Ma Rainey, Mamie Smith et ceux de Bessie Smith. Ces chanteuses dites « classiques » sont surnommées les « Blues Queens ». Elles sont adulées et sont les stars du moment. Dans les années 1910, Ma Rainey popularise le blues auprès du grand public et « le mot se voit accolé à toutes sortes d'airs populaires et de danse ayant peu à voir avec ce que nous entendons aujourd'hui par blues » (Levet 9). Puis, c'est au tour de Mamie Smith de continuer dans la lignée de Ma Rainey et de faire du blues une musique très populaire :

> Mamie Smith, une chanteuse de vaudeville, accompagnée par un orchestre blanc, le Hager's Orchestra, grave le 14 février 1920 That Thing Called Love couplé avec You Can't Keep A Good Man Down. La presse noire se fait l'écho de cet enregistrement réalisé par une chanteuse noire et le disque se vend suffisamment bien pour que Okeh convie Mamie à une nouvelle session. Celle-ci se déroule à New York le 10 août ; elle est cette fois accompagnée par ses Jazz Hounds, avec notamment Johnny Dunn à la clarinette et probablement Willie « The Lion » Smith au piano. De cette session émane Crazy Blues. Le succès est tel que Mamie est à nouveau en studio le 12 septembre, puis les 5 et 6 novembre (Levet 9).

Malgré l'importance incontestée des femmes, la paternité du blues est attribuée à Robert Johnson (1911-1938) qui enregistre exactement vingt-neuf morceaux de son vivant avant de disparaître dans de mystérieuses circonstances en 1938. Jouant dans des *juke joints* et des tavernes, il améliore sa technique au point que la légende dit qu'il aurait pactisé avec le diable et qu'il l'aurait rencontré à un carrefour (*crossroads*) dans la campagne du Mississippi. Jouissant d'une certaine notoriété, Johnson mène la vie caractéristique du bluesman et cherche le blues dans une vie dissolue (*Me and the Devil Blues*) et c'est d'ailleurs à cette période que naissent les « syphilis blues ». Les femmes, la drogue et le sexe sont des thématiques récurrentes du blues et évoquent, en filigrane, la condition des femmes noires qui, elles aussi, prennent la parole, chantent le blues et s'émancipent à travers ce genre musical. Leroi Jones constate aussi qu'avec la migration des Noirs vers les villes du Nord, de plus en plus de blues ont pour thème le constructeur automobile Ford. À Detroit, la compagnie offre du travail aux nouveaux venus et donc l'opportunité d'une vie meilleure ; les ouvriers noirs peuvent aussi s'offrir la Ford T :

> Il est intéressant de remarquer qu'il existe de nombreux blues sur le constructeur automobile Ford, car c'était une des premières entreprises à embaucher des Noirs. C'est la raison pour laquelle le nom Ford est devenu synonyme d'opportunités dans le Nord. La Ford T était aussi un modèle que les Noirs pouvaient s'offrir, « la voiture du pauvre », en quelque sorte[135] (Jones Leroi 97).

Le blues est dans l'air du temps. À partir de 1921, dans le sillage d'Okeh et Arto, d'autres labels se positionnent sur ce marché florissant qu'est devenue l'entreprise du disque grâce aux enregistrements de blues. Alors que le blues est de plus en plus écouté et devient un phénomène musical, des chercheurs travaillant sur les musiques traditionnelles et folkloriques des États-Unis cherchent à préserver ces formes d'expression populaire qu'ils considèrent en voie de disparation sous l'effet de l'urbanisation. Des associations (l'American Folklore Society en 1888 et la Texas Folklore Association, en 1909) sont alors créées afin de préserver et de sauvegarder ce précieux matériel folklorique, expression des traditions populaires :

> En 1901, dans le delta, l'archéologue Charles Peabody est impressionné par les chants des ouvriers noirs engagés pour le chantier de fouilles qu'il dirige ; il recueille un certain nombre de chants qui paraissent en 1903 dans le Journal of American Folklore. Entre 1905 et 1908, le sociologue Howard W. Odum fait un travail de collecte dans les comtés de Newton (Géorgie) et de Lafayette (Mississippi) qui aboutit à la publication de cent quinze chants en 1911, toujours dans le Journal of American Folklore ; il note que le blues, à plusieurs stades de développement, est « chose courante chez les Noirs de classe inférieure[136] » (Levet 33).

---

[135] *It is interesting to note that there are a great many blues written about the Ford company and Ford products. One reason for this is the fact that Ford was one of the first companies to hire many Negroes, and the name Ford became synonymous with Northern opportunity, and the Ford Model-T was one of the first automobiles Negroes could purchase – "the poor man's car".*

[136] Jean-Paul Levet constate que la sauvegarde de ce matériel folklorique, bien qu'insuffisante, débute bien avant, dans les années 1860, avec la collecte des chants d'esclaves : « Dès les années 1860, William F. Allen, Charles P. Ware et Lucy Mc Kim Garrison, qui publient *Slave Songs of the United States* en 1867, avaient ébauché ce travail de recueil ; ils témoignent alors des « capacités musicales des Noirs [...] maintenant reconnues depuis longtemps » et s'étonnent qu' « aucun effort systématique n'ait été jusqu'ici entrepris

Langston Hughes, qui vient de publier *Fine Clothes to the Jew* (1927) écrit lui aussi le blues et propose avec ce recueil une vision authentique et plus affirmée de la culture noire. Dans son désir de restituer au plus près l'authenticité de la condition noire, Hughes, pour emprunter à la philosophie deleuzienne, suit un processus de devenir :

> L'écriture est inséparable du devenir : en écrivant on devient-femme, on devient-animal ou végétal, on devient-molécule jusqu'à devenir imperceptible. Ces devenirs s'enchaînent les uns aux autres suivant une lignée particulière [...] (Deleuze, 1993, 11).

Dans ce processus particulier, propre à la création poétique et à la construction d'une voix Hughes devient bluesman ; un bluesman en proie à la nostalgie et au désespoir qui tente de « rire pour ne pas pleurer ». Mais il est aussi sociologue et anthropologue. Soucieux d'être le plus fidèle possible à ce genre musical, Hughes accompagne Zora Neale Hurston dans le Sud pour y enregistrer des blues. Tel les ethnologues et sociologues du pays qui enregistrent les chants folkloriques et traditionnels, Hughes capture l'esprit du Sud profond et relève des expressions langagières typiques afin de les réutiliser dans sa poésie.

Trois grands thèmes se dégagent du recueil *Fine Clothes to the Jew*, en particulier, et de l'ensemble de ses poèmes : l'éloge des gens ordinaires et de la culture noire, la dénonciation de leur condition et leur isolement, mais aussi le propre isolement et le sentiment de désespoir du poète. Ces thèmes seront rebrassés à l'infini. Le rapprochement avec les Juifs à travers le titre du recueil est une façon pour Hughes de mettre sur un même plan les opprimés dans un pays où règne la ségrégation et où les minorités sont à la marge sociale, mais aussi littéraire. En choisissant ce titre, Hughes amène son écriture vers une tradition toujours plus populaire et prolétarienne et fait finalement se rejoindre les conditions de ceux à la marge.

Avec ce titre, il fut soupçonné d'antisémitisme alors qu'il faisait référence aux Noirs pauvres de Harlem qui, pour survivre et payer leurs dettes, étaient contraints de mettre leurs vêtements en gage auprès de prêteurs le plus souvent juifs, d'où le titre du recueil. Il reconnut que ce choix n'avait pas été judicieux et que beaucoup de Juifs ne l'avaient pas aimé. En définitive, l'utilisation du mot « Juif »

---

pour collecter et préserver leurs mélodies. » Ce vœu va rester lettre morte plusieurs décennies. [...] » (Levet 33).

lui valut d'être critiqué exactement de la même façon et pour les mêmes raisons que Van Vechten lorsqu'il publia *Nigger Heaven*. Hughes avoua dans *The Big Sea* (268-272) que la critique ne comprenait ni l'ironie ni la satire et qu'utiliser le mot « Juif », pour un Noir, était aussi délicat qu'utiliser le mot « Nègre » pour un Blanc comme Van Vechten : « Nègre ! Nègre ! Comme le mot Juif dans l'Allemagne d'Hitler » (Hughes, 1940, 269). Par son « écriture prolétarienne » (272) Hughes veut avant tout traduire la condition ouvrière noire. Ce titre choque, car il ose dire la réalité sans artifices. Fanon expliquera quelques années plus tard que les Juifs ont été « racialisés » au même titre que les Noirs. Pour lui, antisémitisme et racisme se rejoignent pour ne faire qu'un :

> De prime abord, il peut sembler étonnant que l'attitude de l'antisémite s'apparente à celle du négrophobe. C'est mon professeur de philosophie, d'origine antillaise, qui me le rappelait un jour : « Quand vous entendez dire du mal des Juifs, dressez l'oreille, on parle de vous. » Et je pensais qu'il avait raison universellement, entendant par-là que j'étais responsable, dans mon corps et dans mon âme, du sort réservé à mon frère. Depuis lors, j'ai compris qu'il voulait tout simplement dire : un antisémite est forcément négrophobe (Fanon 129).

Juifs et Noirs sont pour Fanon des « frères de malheur » (Fanon 129) et c'est vraisemblablement dans ce sens-là que Hughes choisit ce titre, non pas pour choquer, mais pour décrire la réalité des gens ordinaires telle qu'elle se présente à lui.

Ce n'est que dans les années 1980 que le recueil est reconsidéré. Arnold Rampersad, le biographe de Hughes, le décrit comme « un travail remarquable sur la langue » (Rampersad, 1986, 141) et le désigne comme « l'un des recueils de poèmes les plus étonnants et les plus brillants jamais publiés aux États-Unis » (141). *Fine Clothes to the Jew* appartient à la catégorie des poèmes blues de Hughes et contient toute l'essence du blues. Au-delà de la forme, Hughes s'est expliqué au sujet des personnes qu'il y décrit et qui lui ont permis de tracer une géographie symbolique et singulière et de faire se rencontrer, à travers une relation rhizomatique, diasporique, mais aussi et surtout musicale, les Noirs d'Amérique et ceux de Paris :

Dans son autobiographie *The Big Sea* (1940), Hughes explique que *Fine Clothes* était un recueil essentiellement dédié à la culture de la classe ouvrière noire : ses voix étaient celles « des travailleurs, des manœuvres, des chanteurs et des chercheurs de petits boulots sur Lenox Avenue à New York, ou Seventh Street à Washington ou South State à Chicago : des gens en forme aujourd'hui et plus du tout le lendemain, travaillant cette semaine et licenciés la suivante, usés, perplexes, mais déterminés à ne pas se laisser aller et espérant pouvoir s'offrir un nouveau costume pour Pâques pour le mettre en gage avant la fête nationale du Quatre Juillet[137] » (Hayes 61-63).

La tristesse et le désespoir qui dominent FCTTJ sont véhiculés par le blues qui met pour ainsi dire en musique la description des conditions de vie des Noirs. Le Blues est tantôt mystérieux comme dans « Hey ! », tantôt apaisant comme dans « Misery » (*Plays de blues for me./ Play de blues for me./ No other music/ 'Ll ease ma misery*...) mais il garde toujours sa force poétique :

> « Hey ! »
> Sun's a setting',
> This is what I'm gonna sing. [...]
> I feels de blues a comin',
> Wonder what de blues'll bring? (112)

Ce blues raconte un état d'esprit, une façon de vivre, et comme les blues du Delta il évoque notamment le quotidien d'hommes et de femmes solitaires qui n'ont pas été épargnés par la vie. Le blues utilise trois accords sur huit, douze ou seize mesures, la forme à douze mesures étant la plus commune. Le schéma que Hughes affectionne le plus est la forme A/A'/B. Dans son écriture du blues, A correspond à une assertion, A' à une reprise et B à une réponse :

> À l'intérieur de chaque strophe, les schémas les plus communément rencontrés sont les suivants : le même vers est répété trois fois pour former une strophe (A /A/A) ; une pensée (ou un vers) est chantée

---

[137] *In his autobiography The Big Sea (1940), Hughes explains that Fine Clothes was mainly about black working class culture: its voices are those of "workers, roustabouts, and singers, and job hunters on Lenox Avenue in New York, or Seventh Street in Washington or South State in Chicago: people up today and down tomorrow, working this week and fired the next, beaten and baffled, but determined not to be wholly beaten [...] hoping to get a new suit for Easter – and pawning that suit before the Fourth of July.* Hayes cite Hughes dans *The Big Sea*, p. 264.

une fois, puis est suivie de deux vers identiques, ou présentant une légère variante (A/B/B') ; deux pensées (ou vers) sont suivies d'un refrain (A/B/refrain) ; enfin, et c'est le cas de figure le plus classique, une pensée (ou vers) est chantée deux fois, puis est suivie d'un vers qui « résout » les deux premiers (A/A'/B) (Sylvanise 39).

En filigrane des poèmes blues de Hughes, se lit aussi le manque affectif, le manque de reconnaissance et l'envie d'ailleurs pour peut-être y trouver une vie meilleure, comme dans cet extrait de « Homesick Blues », un autre poème du recueil :

« Homesick Blues »
De railroad bridge's
A sad song in de air.
De railroad bridge's
A sad song in de air.
Ever time de train pass
I wants to go somewhere… (72)

Le désir de partir ne se concrétise pas forcément et le blues exprime tout le désespoir du personnage qui n'arrive pas à « s'évader » de la ville. Le bluesman a aussi la nostalgie du Sud et le mal du pays : « I wants to go somewhere », chante-t-il :

I went down to de station.
Ma heart was in my mouth.
Went down to de station.
[…] Lookin' for a box car
To roll me to de South.

Aussi, face à cette triste fatalité qui est la sienne et dans un phrasé caractéristique, le bluesman va « rire pour ne pas pleurer » :

Homesick blues, Lawd,
'S a terrible thing to have.
[…] To keep from cryin'
I opens ma mouth an' laughs.

Les blues masculins sont une sorte de défoulement pour celui qui parle. Dans FCTTJ, les femmes sont, elles, celles qui expriment le mieux la peine et le chagrin, comme c'est d'ailleurs aussi le cas sur scène. Dans les années vingt, les chanteuses de blues symbolisent l'émancipation de la femme et contribuent considérablement à modifier sa situation. Les chanteuses Ma Rainey, Ida Cox, Bessie Smith (*In The House Blues*, 1926) ou encore Clara Smith s'adressent directement aux femmes et évoquent toutes des femmes ayant le contrôle de leur vie et de leur corps et qui agissent comme des hommes. En 1924, dans « Wild Women Don't Have the Blues » Ida Cox exhorte les femmes à s'affirmer, à être fortes et à se libérer de l'emprise masculine et du patriarcat[138].

Les blues féminins de Hughes fonctionnent aussi sur le même principe et avertissent les femmes. Qu'ils soient féminins ou masculins, les poèmes adaptés du blues sont une façon pour Hughes de penser à la fois la marge sociale, raciale et sexuelle. Il évoque la marge sexuelle avec subtilité afin de dénoncer le conformisme et l'hypocrisie sociale et en montrant ce que signifie être Noir américain ou Noire américaine au milieu du vingtième siècle. En s'urbanisant et en découvrant un autre mode de vie, les femmes noires issues du milieu rural se retrouvaient en décalage avec la vie qu'elles avaient toujours connue. Les blues féminins et leurs interprètes ouvrent la voie d'une révolution libératrice et les aident à devenir des femmes modernes. Les chanteuses et artistes noires touchent aussi davantage les masses que les intellectuels de l'époque qui, à la poursuite de leur rêve, s'éloignent de la classe populaire et marginalisent le mouvement de la Renaissance de Harlem. En 1923, Rosa Henderson (1896-1968) chante « I Ain't No Man's Slave » et parle de liberté féminine :

> La période est celle des « flappers », ces femmes qui abandonnent le corset de leurs mères au profit d'une jupe courte, ont les cheveux courts ou coupés au carré et aux mœurs dissolues selon les canons de l'époque : elles fument, boivent des alcools forts, votent et vivent une sexualité libérée (Levet 33).

Sur le modèle des blues de Ma Rainey ou de Bessie Smith, les blues féminins de Hughes fonctionnent comme des fables et mettent les femmes en garde de l'attitude destructrice des hommes. Ses blues nous informent et nous éclairent sur le quotidien des femmes noires,

---

[138] Comme par exemple dans le couplet suivant:
I hear these women raving 'bout their monkey men
About their trifling husbands and their no good friends
These poor women sit around all day and moan
Wondering why their wandering papa's don't come home
But wild women don't worry, wild women don't have no blues

l'amour impossible et l'envie de mourir. Jamais dans son écriture, Hughes n'évoque le parcours des intellectuelles de la Renaissance dont il est pourtant proche. Le malheur des petites gens, la solitude, la tristesse et le désespoir sont centraux aux blues qu'il écrit. Comme dans les blues entendus pendant son enfance ou dans le Sud, où il les enregistre à la manière d'un anthropologue, Hughes utilise l'écriture du blues comme un moyen de se décharger, se défouler. « Listen Here Blues » est un conseil donné aux femmes par une chanteuse de blues qui se libère en chantant ses malheurs. Ici, l'auditeur/lecteur est apostrophé (*Listen Here Blues*) afin d'écouter les conseils prodigués par la chanteuse de blues :

« Listen Here Blues[139] »
Sweet girls, sweet girls,
Listen here to me.
All you sweet girls,
Listen here to me: Gin an' whiskey
Kin make you lose yo' 'ginity.

I used to be a good chile,
Lawd, in Sunday School. [...]
Till these licker-headed rounders
Made me everybody's fool.[...]
Listen here to me.
Oh, you good girls,
Better listen to me:
Don't you fool wid no men cause
They'll bring you misery. (69)

L'oralité est soulignée dès le titre du poème. La répétition du verbe « to listen » (écouter), tout au long du poème, établit ce contact entre la chanteuse et son auditoire, le poète et son lecteur. La répétition aux vers 13 et 15 est une façon de maintenir le lien avec l'auditoire et d'assurer la transmission de son expérience. L'utilisation du présent, du passé et du futur permet une diffusion efficace du message de la chanteuse de blues. Le présent pose la vérité universelle du conseil de la chanteuse de blues (*Don't you fool wid no men*). Le passé (*I used to / Made*), montre comment son innocence et sa naïveté ont été réduites à néant par des hommes désireux de s'amuser et d'avoir du plaisir (*Till these licker-headed rounders/ Made me*

---

[139] Ce poème est publié pour la première fois dans *Modern Quaterly* en 1926.

everybody's fool). Le futur traduit la mise en garde (*They'll bring you misery*).

Hughes continue à être l'objet de la critique avec « Ma Man » qu'il publie pour la première fois dans *The New Republic*. Dans ce poème Hughes fait ouvertement allusion au sexe et utilise le dialecte noir (« ma » pour « my » et « sho » pour « sure ») dans un geste d'appropriation du blues et pour traduire sa sensibilité populaire :

« Ma Man »
When ma man looks at me
He knocks me off ma feet.
When ma man looks at me
He knocks me off ma feet.
He's got those 'lectric-shockin' eyes an'
De way he shocks me sho is sweet. (66)

Jugés très « sexuels » et subversifs, car ils évoquent explicitement la misogynie caricaturale des hommes et les relations sexuelles (« He knocks me off ma feet » ; « De way he shocks me sho is sweet », sont, dans le poème « Ma Man » des références explicites à l'acte sexuel et à l'orgasme de la femme), les poèmes de Hughes sont polémiques et soulèvent l'indignation des intellectuels noirs conservateurs. Interrogé à ce propos par la presse, Hughes avouera : « Tous les poèmes que j'écris sont 'laids' car ils sont un cri contre la laideur qu'ils décrivent[140] » (Hughes, in Rampersad 144).

L'identité sexuelle et l'identité raciale sont habilement conjuguées dans la poésie de Hughes qui explore ainsi toutes les facettes de la féminité et de la masculinité noires. Hughes nous apprend beaucoup sur ce que signifiait être Noir américain à l'époque où il écrit et s'il n'est pas reconnu comme un écrivain de « la marge sexuelle » ou de « l'homotextualité » (Rocchi, 2004), Hughes évoque subtilement la marge sexuelle et de genre sur fond de conditions sociales et économiques ; il brouille aussi les pistes sur lui et ne révèle rien de sa prétendue homosexualité. Il fait ainsi converger, avant l'heure, le triptyque « race, classe, genre » dans sa description de l'identité noire :

---

[140] "*Every 'ugly' poem I write is a protest against the ugliness it pictures.*" Entretien donné pour le *Plain Dealer* de Cleveland en 1927.

Dans l'œuvre de Hughes, les questions matérielles, la position sociale et la pauvreté interviennent dans la passion sexuelle. Le conflit racial, de genre et de classe vient perturber, fausser et pervertir la sexualité[141] (Hooks, 1990, 200).

Hughes contribue ainsi à briser les tabous en pensant la marge sexuelle et tout en se posant comme médiateur social.

Le thème de la plainte est typique de l'écriture du blues. La femme délaissée et/ou maltraitée par son amant et la misogynie de l'homme, sont aussi des motifs récurrents des blues féminins. Toutefois, la narratrice d'un blues féminin peut se présenter comme une femme entièrement soumise à celui qu'elle aime, mais peut exprimer aussi simultanément son désir d'autonomie et d'émancipation. Les blueswomen chantent le refus de sombrer dans le désespoir en restant sous l'emprise d'un amant et donnent aux femmes de la classe ouvrière de nouvelles représentations d'elles-mêmes : des femmes fortes, autonomes et indépendantes. Ces chanteuses sont aussi des modèles et comme les personnages qu'elles chantent, elles ont le contrôle de leur vie et de leur corps. Les blues de Ma Rainey décrivent souvent des femmes agissant comme des hommes, qui n'hésitent pas à abandonner leurs amants ; ceux de Bessie Smith évoquent la fierté et la dignité de la femme noire. Dans « Down Hearted Blues », Bessie Smith chante les malheurs d'une femme maltraitée et rejetée par son amant. Au lieu de sombrer dans le désespoir, cette femme garde la tête haute :

> It may be a week, it may be a month or two
> It may be a week, it may be a month or two
> But the day you quit me, honey, it's comin' home to you[142].

Le thème de la femme au foyer est relativement rare si ce n'est sous forme caricaturale, ce qui marque les débuts de l'opposition féminine noire à l'idéologie patriarcale. « Les chanteuses de blues n'affirmaient pas forcément la résignation et l'impuissance de la

---

[141] *In Hughes's work, sexual passion is always mediated by issues of materiality, class position, poverty; gender, race, and class conflict disrupts, perverts, and distorts sexuality.*

[142] « *Cela prendra peut-être une semaine, peut-être un mois ou deux / Cela prendra peut-être une semaine, peut-être un mois ou deux/ Mais le jour est proche, chéri, où je finirai par te quitter* ». Hunter, Alberta, *Down Hearted Blues*. Bessie Smith, *Down Hearted Blues*, Columbia A3844, Février 1923, Columbia CG 33, 1972.

femme ; elles n'acceptaient pas non plus la relégation de la femme à l'unique sphère privée[143] » (Davis 20).

Les chanteuses peuvent aussi répondre à la misogynie des hommes par la violence ; ce que Hughes évoque dans un autre de ses poèmes, « Hard Daddy », qui appartient aussi au recueil *Fine Clothes to the Jew* :

> « Hard Daddy »
> I went to ma daddy,
> Says Daddy I have got the blues.
> Went to ma daddy,
> Says Daddy I have got the blues.
> My daddy says, Honey,
> Can't you bring no better news?
>
> I cried on his shoulder but
> He turned his back on me [...].
> I wish I had wings to
> Fly like the eagle flies.
> Wish I had wings to
> Fly like the eagle flies.
> I'd fly on ma man an'
> I'd scratch out both his eyes. (124)

La parole est mise en scène à travers la tension que l'auditeur/lecteur ressent entre l'homme et la femme. La structure du blues permet d'exprimer la déception féminine. La femme chante son désespoir face à l'indifférence de son amant qui ne la soutient pas: « I cried on his shoulder but/ He turned his back on me ». Hughes fait revêtir à l'homme la misogynie caractéristique des textes de blues : « Honey,/ Can't you bring no better news? ». Toutefois, au lieu de s'apitoyer sur son sort, la chanteuse pense à d'autres horizons et a des envies d'ailleurs : « I wish I had wings to/ Fly like the eagle flies », mais un ailleurs qui se transforme en violence, une violence qui culmine avec : « I'd fly on ma man an'/ I'd scratch out both his eyes », qui signifie pour la femme : régler son compte à cet homme avant de partir et de se libérer totalement de son emprise.

---

[143] *The women who sang the blues did not typically affirm female resignation and powerlessness, nor did they accept the relegation of women to private and interior spaces.*

Les blues masculins et féminins de Hughes se font écho et s'il n'hésite pas à dénoncer le comportement misogyne des hommes dans ses blues féminins, certains blues masculins, en revanche, dénoncent sur le ton de la lamentation l'attitude vicieuse des femmes vis-à-vis des hommes. Dans les poèmes « Workin'Man » et « Evil Woman », c'est l'homme qui est cette fois victime et sous l'emprise d'une femme qui ne le mérite pas. Le blues lui permet de parler de sa relation amoureuse et de se libérer de cette situation qu'il déplore comme le montrent les deux strophes suivantes :

> « Workin' Man »
> I calls for ma woman
> When I opens de door.
> She's out in de street, -
> Ain't nothin' but a 'hore.
> I does her good
> An' I treats her fine,
> But she don't gimme lonvin'[...]
> An' I sho pays double
> Cause I tries to be good
> An' gits nothin' but trouble. (119)

Les négations récurrentes (*ain't nothin' / she don't gimme / She ain't de right kind /gits nothin'but trouble*) assurent la dynamique du poème et soulignent la frustration du chanteur de blues qui se pose en victime éplorée (*I does her good/ An' I treats her fine,/ But she don't gimme lonvin'*). Son attitude, proche du masochisme fait sourire (*I'm a hard workin' man/ An' I sho pays double / Cause I tries to be good / An' gits nothin' but trouble*).

Le poème « Evil Woman » fonctionne aussi comme un moyen de se défouler pour celui qui parle et dévoile son intimité. Chanter le blues permet à ces hommes d'atténuer leur douleur et de ne pas la laisser s'installer. Dans « Evil Woman », l'humour noir poussé à ses limites est un moyen pour l'homme de ne pas s'avouer totalement victime et de garder le contrôle :

> « Evil Woman »
> I ain't gonna mistreat ma
> Good gal any more.
> I'm just gonna kill her
> Next time she makes me sore.

I treats her kind but
She don't do me right.
She fights an' quarrels most
Ever night. [...]
I brought her from de South
An' she's goin' on back
Else I'll use her head
For a carpet tack. (120)

Le décalage des vers dans la première et dernière strophe : « I ain't gonna mistreat ma/ Good gal any more./ I'm just gonna kill her / Next time she makes me sore » souligne la tension qui règne entre les deux amants. La tension est palpable lorsqu'il dit : « Else I'll use her head / For a carpet tack ». En rêvant sa vengeance et en envisageant les différents châtiments qu'il pourrait lui infliger, l'homme se libère finalement de l'emprise de cette « femme-démon » (*evil woman*).

Toutefois, Hughes fait aussi exprimer leurs frustrations aux femmes et ne limite pas la difficulté d'aimer et d'être aimé à une seule catégorie sexuelle, car l'envie de mourir est aussi présente chez les femmes. « Fortune Teller Blues » et « Red Roses » traduisent le désarroi et cette envie de mourir :

« Fortune Teller Blues »
[...]
Went to de gypsy,
Gypsy took hold o' my hand.
She looked at me and tole me
Chile, you gonna lose yo' man.

These fortune tellers
Never tell me nothin' kind.[...]

Cause I'll holler an' scream an'
Fall down on de flo'.
Say I'll holler an' scream an'
Fall down on de flo'.
If my man leaves me
I won't live no mor'. (70)

Encore une fois, la parole est théâtralisée par Hughes à travers la voix de la gitane. L'utilisation du langage parlé noir américain (*on de flo' / I won't live no mor'*) renforce ce sentiment d'oralité. L'envie de mourir est aussi présente dans « Suicide » :

> « Suicide »
> Ma sweet good man has
> Packed his trunk and left.
> Ma sweet good man has
> Packed his trunk and left.
> Nobody to love me:
> I'm gonna kill ma self. (82)

La ponctuation vient ici souligner le caractère inévitable de la mort, qui est une conséquence logique à l'abandon de l'amant. Émotion et raison se mêlent pour souligner la perte de contrôle puis la reprise de contrôle par la persona.

> I'm gonna buy a knife with
> A blade ten inches long.
> Gonna buy a knife with
> A blade ten inches long.
> Shall I carve ma self or
> That man that done me wrong.

Ce poème est, à plusieurs titres, proche de « Honey Man Blues » que chantait Bessie Smith en 1926 et dont Hughes s'est probablement inspiré :

> I've got the blues, and it's all about my honey man
> I've got the blues, and it's all about my honey man
> What makes me love him I sure don't understand
> I'd rather be in the ocean floating like a log
> I'd rather be in the ocean floating like a log
> Than to stay with him and me mistreated like a dog [...]
> I'll fix him if it's twenty years from now
> I'll fix him if it's twenty years from now
> I'll have him belling just like a cow
> I was born in Georgia, my ways are underground
> I was born in Georgia, my ways are underground
> If you mistreat me, I'll hurt you like a hound.

Au souhait de s'infliger la mort et d'avoir le contrôle de sa vie jusque dans la mort fait place le désir violent et soudain d'infliger la mort à celui qui est la cause de ces souffrances et de ce mal-être. La femme trompée et trahie extériorise sa violence en ne la dirigeant plus contre elle-même, mais contre l'homme qu'elle aime. Se libérer ainsi de son emprise ne lui fait même pas craindre la justice du Sud. Bessie Smith exprime, ici, la féminité combative des femmes de son époque et renverse le schéma : homme dominant/femme dominée ; ce que Hughes reprend aussi dans ses poèmes.

Dans « Red Roses », un autre blues féminin de FCTTJ, la persona, qui désire et attend la mort, ne dit pas explicitement les raisons de son désarroi :

> « Red Roses »
> I'm waitin' for the springtime
> When the tulips grow –
> Sweet, sweet springtime
> When the tulips grow;
> Cause if I'd die in de winter
> They'd bury me under snow (83).

La répétition de l'adjectif « sweet » et l'allitération en S traduisent le côté doux et agréable de la mort que la persona attend sereinement. Nommer clairement les situations qui peuvent menacer l'équilibre de l'individu est une fonction centrale du blues. En définitive, pour le chanteur ou la chanteuse de blues, évoquer un problème personnel et intime est un moyen de faire partager son expérience à la communauté et de faire d'une histoire personnelle une histoire collective dont chacun peut tirer un enseignement. Sur scène, les chanteuses de blues dénoncent le sexisme et le présentent aux femmes comme un problème qu'elles doivent prendre en main :

> Lorsqu'elle chante « Sweet Rough Man », Rainey ne remet pas nécessairement en cause les comportements sexistes, mais présente au contraire le problème comme une question que les femmes doivent affronter [...] et la chanson évoque explicitement le dilemme des femmes qui tolèrent la violence pour continuer à se sentir aimées[144] (Davis 32-33).

---

[144] *Rainey's rendering of "Sweet Rough Man" does not challenge sexist conduct in any obvious way, but it does present the issue as a problem women confront [...] and the song very clearly states the dilemma facing women who tolerate violence for the sake of feeling loved.*

Les blues de Hughes fonctionnent sur le même schéma. Comme les textes des chanteurs et chanteuses de blues, ses poèmes ont une valeur documentaire, et sans tomber dans le misérabilisme, nous renseignent sur la vie d'hommes et de femmes pendant la première moitié du vingtième siècle ; des hommes et des femmes qui n'appartiennent pas à l'élite noire. En définitive, la féminité et la masculinité noires qu'évoque Hughes viennent renverser les rapports de domination établis. Hughes fait ainsi converger race et genre dans la construction identitaire noire pour souligner la multiplicité de l'expérience noire à la marge raciale et sociale.

Si la démarche est plutôt novatrice, il s'agit cependant d'une multiplicité en pointillés qui ne décrit pas encore tous les aspects de l'expérience noire à travers, notamment, la marge sexuelle. Cultivant l'ambiguïté et refusant de revendiquer son identité sexuelle, Hughes écrit quelques poèmes sur l'homosexualité, « Café 3 a.m. », en 1951, et « Blessed Assurance » en 1963, mais sans jamais se positionner. L'expérience individuelle était pourtant, selon lui, indissociable de l'écriture et devait la servir. C'est pourquoi les poèmes adaptés du blues et du jazz de Hughes ne doivent pas être limités à une lecture strictement musicale, car de multiples grilles de lecture sont possibles et montrent qu'à travers la musique empruntée au folklore noir américain, une réflexion beaucoup plus vaste est possible sur les identités individuelles noires. Certes les conditions ne sont pas encore réunies pour assurer une bonne réception du lectorat de la marge sexuelle noire américaine, mais Hughes annonce une pensée et une réflexion identitaires que James Baldwin exploitera quelques décennies plus tard :

> La pensée politique de Baldwin cherche à dépasser la loi culturelle des binarismes qui, au service du pouvoir et de la domination maintient les identités dans une dialectique de l'opposition où elles sont exclusives l'une de l'autre : blanc/noir, masculin/féminin, hétéro/homosexuel (Rocchi, 2004, np).

Pour Hughes, écrire le blues signifie en explorer toutes les possibilités et mettre au jour les questionnements centraux des Noirs humbles de son époque, ainsi que ses propres préoccupations. Sa réflexion est avant tout sociale et raciale :

> Hughes accomplit une double tâche : tout d'abord, il contribue à donner une visibilité et donc un statut littéraire au blues, ce que

personne, avant lui, n'avait fait dans une telle mesure ; ensuite, il s'approprie un genre, en tirant parti de ses conventions, pour y couler ses propres préoccupations. Hughes exploite au maximum l'oralité des textes, mais fait surtout du blues un langage varié, à la fois américain (car dialectal) et universel, jamais vulgaire, dans lequel se côtoient presque tous les types de ton (de l'humour au désespoir), contribuant ainsi à le dégager de l'ornière immorale et misérabiliste dans laquelle bien des critiques conservateurs se plaisaient à le ranger. Le geste de Hughes est donc moins une provocation ou une transgression qu'un réel hommage à une forme méprisée par les littéraires de son temps (Sylvanise 87).

Hughes fut davantage préoccupé par l'universalité, que nous retrouverons dans son travail sur les spirituals à travers lequel il montra ce même souci d'écrire sur et pour la communauté noire. Hughes nous apprend beaucoup sur ce que signifiait être Noir américain à l'époque où il écrit et s'il n'est pas reconnu comme un écrivain homosexuel et que l'ambiguïté demeure à ce sujet, Hughes évoque subtilement la marge sexuelle et de genre sur fond de conditions sociales et économiques.

L'écriture de la marge sexuelle et de genre

Langston Hughes est connu et reconnu pour sa poésie blues et jazz et « reste le poète qui a libéré la poésie noire américaine » (Christol, 2011, np), car son écriture tout comme « sa vie et son œuvre témoignèrent aussi des engagements esthétiques et politiques des années trente et du renouveau des *Black Arts* après 1950 » (*ibid*). Hughes écrivit indifféremment des poèmes adaptés des blues féminins et masculins, donnant ainsi la voix à des êtres vulnérables, hommes ou femmes. Dans ses « blues féminins », les femmes de Hughes possèdent toutes une force subversive, alors que les hommes font davantage preuve d'une vulnérabilité intrinsèque et qui semblerait propre à la masculinité noire telle qu'il l'envisageait.

Le poème « Café : 3 a.m », écrit dans les années 1950, dénonce la violence policière et montre ce que signifiait être homosexuel à cette époque :

« Café: 3 a.m »
Detectives from the vice squad
with weary sadistic eyes
spotting fairies.
Degenerates,
some folks say.
But God, Nature,
or somebody
made them that way.
Police lady or Lesbian
over there?
Where? (406)

Avec ce poème, Hughes plongea au cœur de la violence et de la brutalité des policiers homophobes confrontés à des homosexuels : « Detectives from the vice squad / with weary sadistic eyes / spotting fairies./ Degenerates ». Hughes traduisit par l'écriture poétique la violence et l'oppression dont étaient victimes les Noirs, hommes et femmes, et, en filigrane, la communauté noire homosexuelle. Effectivement, l'identité raciale et de genre fut un moyen supplémentaire d'explorer l'identité noire à travers la marge sexuelle noire. En posant la question : « police lady or Lesbian », Hughes donna à réfléchir sur les possibilités identitaires et la construction identitaire homosexuelle. Cette femme est-elle lesbienne et/ou femme-policier ? Appartient-elle à la communauté noire ou blanche ? Hughes utilise son écriture pour tenter de faire comprendre une identité jugée marginale, déviante, voire dangereuse :

« Something »
He was a brilliant queer, on the Honor
Role in high school, and likely to be
graduated in the spring at the head
of the class. But the boy was colored.
Since colored parents always like to
put their best foot forward John was
more disturbed about his son's transition
than if they had been white.
Negroes had enough crosses to bear
(*Something* 227, « Blessed Assurance » *in* Borden, 339).

Selon les poèmes, la féminité ou la masculinité qu'évoque Hughes viennent renverser l'ordre établi. L'identité sexuelle jugée subversive vient s'ajouter à l'appartenance raciale dans une société qui n'accepte pas les Noirs, les exclut et les marginalise. Hughes, qui fit ainsi converger race et genre dans la construction identitaire noire, montra combien les changements et les transformations sociales étaient difficiles à atteindre, ce dont s'inquiète le père dans la nouvelle *Something* auquel il fait dire : « Negroes had enough crosses to bear ». L'homosexualité du fils est inquiétante pour le père puisqu'elle est perçue comme un élément supplémentaire bridant l'épanouissement du fils dans une société où les normes sont posées et définies par les hétérosexuels blancs. Mais en y regardant de plus près, et en lisant entre les lignes, Hughes n'était-il pas ce jeune « queer », brillant et excellent élève ? N'est-ce pas là un moyen détourné pour lui de finalement avouer son homosexualité ? Nous savons que Hughes eut une relation très conflictuelle avec son père qui ne le soutint jamais et avait d'autres ambitions pour lui que l'écriture. Dans *The Big Sea*, Hughes écrit d'ailleurs : « Je compris que je ne serais jamais ce que mon père attendait de moi en retour de son investissement financier[145] » (Hughes, TBS, 85). Aussi, en lisant dans la marge, et c'est peut-être ce que Hughes souhaitait de ses lecteurs, ne peut-on pas interpréter l'inquiétude de ce père comme la propre inquiétude du père de Hughes face à ce fils dont il ne comprit pas les objectifs et qui se refusa à suivre la trajectoire qu'il envisageait pour lui ? La marginalité du fils, de part ses choix personnels et professionnels, ne fut-elle pas ressentie comme un échec cuisant pour le père, incapable de transmettre les valeurs « normées » de son époque ? Une lettre envoyée à Alain Locke, le 6 avril 1923, évoque aussi ce jeune homme brillant et excellent élève dont il est question ici :

> [...] Après tant d'années vécues autour des livres pour devenir un « garçon brillant » et un « jeune homme intelligent » il est assez agréable d'être ici, simple et stupide, de goûter à la vie et de l'apprécier sans toucher un seul livre[146] (Hughes, *in* Rampersad, 2015, 20).

L'influence de l'identité dans l'expression artistique était, selon Hughes, essentielle et les deux ne pouvaient être dissociées.

---

[145] *I felt that I would never turn out to be what my father expected me to be in return for the amount he invested.*
[146] *[...] After so many years in a book-world and so much striving to be a "bright boy" and an "intelligent young man" it's rather nice to come here and be simple and stupid and to touch life that is at least a living thing with no touch of books.*

Aussi, il peut paraître surprenant qu'il n'ait jamais revendiqué son identité sexuelle et ait souhaité maintenir une certaine confusion :

> Pour Hughes, identité et talent artistique [sont] indissociables ; l'identité est même fondamentale. Son imagination poétique donne tout son poids à son œuvre qui pénètre la conscience de ceux dont les expériences sont diverses. Les images de Hughes peuvent être à la fois déroutantes et réconfortantes, tristes et joyeuses, mais elles sont surtout en lien direct avec son identité d'homme noir qui écoutait au plus profond de lui ceux qui l'entouraient : des Blancs et des Noirs, des hommes et des femmes, des homosexuels et des hétérosexuels[147] (Borden 333).

On sait peu de la vie intime de Hughes, si ce n'est que l'on ne lui connaît pas vraiment de relations amoureuses féminines et qu'il noua de solides amitiés masculines avec des intellectuels qui ne cachaient pas leur homosexualité et la revendiquaient. Il fut, en effet, très proche de Bruce Nugent, de Countee Cullen et de Wallace Thurman. Ne pas considérer la marge sexuelle est, pour Jean-Paul Rocchi, une façon de finalement figer l'identité noire en n'en proposant qu'une vision partielle et incomplète :

> L'intrusion de paramètres sociaux et politiques dans une discipline traditionnellement formaliste fait problème notamment en regard de ses velléités universalistes. Pourtant, repenser l'universel à partir du particulier est la garantie qu'il ne devienne pas hégémonique. Les récentes perspectives ouvertes par les études noires américaines et les études gays et lesbiennes ne menacent pas d'atomisation ou de dénaturation les champs et disciplines universitaires qui les accueillent, mais contribuent à une épistémologie des sciences humaines sans laquelle le savoir est un trésor de guerre aux questions mortes. Là où nos identifications au texte cessent d'interroger la définition de nos identités pour au contraire la figer (Rocchi, 2004, np).

Pourtant, même s'il ne revendique pas sa sexualité et ne considère pas la marge sexuelle essentielle à son écriture, Hughes se fonde et

---

[147] *To Hughes, identity is inseparable from, and indeed central to, one's artistry. His work is strengthened by a poetic imagination which enters the consciousness of those with varying experiences. Hughes's images are at times disturbing, also comforting, alternately sad and joyous, and directly connected to his identity as a Black man who heard the voices of many-white and of Color, male and female, gay and straight, within and without himself.*

s'interroge sur la multiplicité des identités et ne se limite pas à une catégorie en particulier. Plutôt que de « figer » l'identité noire, il en révèle au contraire toutes ses facettes en se plaçant essentiellement à la marge raciale et sans jamais se revendiquer ni homosexuel, ni hétérosexuel. Sa relation épistolaire avec Carl Van Vechten (*Remember me to Harlem*) peut laisser penser à une amitié amoureuse entre les deux hommes, mais plutôt que de nous soumettre à une interprétation incertaine, voyons plutôt dans leur relation l'illustration des relations rhizomatiques de la Renaissance de Harlem et l'illustration des relations fraternelles entre Noirs et Blancs en rupture avec les clivages traditionnels : dominants/dominés, oppresseurs/opprimés de l'époque. Van Vechten, qui appartenait à la génération des écrivains dissidents issus du Middle-West, fut proche des fondateurs de *The Seven Arts* dont il partageait l'idéologie et à laquelle Hughes fut très sensible. Aussi, lorsqu'ils se rencontrèrent, en 1925, ils partagèrent immédiatement des intérêts communs dont, notamment, la passion pour le blues. Leurs lettres, recueillies par Emily Bernard dans *Remember me to Harlem* (2002), témoignent de la fascination de Van Vechten pour la personnalité et l'écriture de Hughes et de la gratitude et de la reconnaissance de ce dernier pour Van Vechten, qui fut décisif dans la publication de ses premiers succès comme nous l'avons vu. D'ailleurs, Hughes lui écrit à ce propos en mai 1925 : « Tu es mon ange gardien ! Comment pourrais-je te remercier ?[148] » (Hughes *in* Bernard 15). Leur relation reste encore sujet de spéculations à ce jour : « Van Vechten était blanc et gay au sein d'un mouvement noir dont les connotations homosexuelles sont très controversées. Son appartenance raciale et son orientation sexuelle firent de lui un homme doublement suspect[149] » (Bernard xxiii). Hughes, lui, ne s'épancha jamais sur cette question dans ses lettres à Van Vechten et il faut davantage voir leur relation épistolaire comme un témoignage fascinant et inhabituel des changements culturels à l'œuvre dans l'Amérique de la première moitié du vingtième siècle. Ces lettres sont aussi le témoignage d'une profonde amitié entre un Noir et un Blanc à une époque où les relations raciales étaient très difficiles. En 1952, Carl Van Vechten écrit à Hughes à propos de la collection de lettres et de manuscrits qu'il prépare comme legs à l'université de Yale :

---

[148] *Your're my good angel ! How shall I thank you ?*
Lettre de Langston Hughes à Carl Van Vechten datée du 18 mai 1925.
[149] *Because Van Vechten was a gay white man active in a black movement whose homosexual overtones are still controversial. By virtue of both race and sexual orientation, Van Vechten's motives have always been doubly suspect.*

[Cette collection] montre comment les Noirs et les Blancs s'entendent en certaines occasions. [...] C'est une mine d'informations sur les habitudes et les pratiques des Noirs, remplie de détails, riche en folklore et fabuleuse en termes d'amitiés[150] (Van Vechten *in* Bernard 272).

Si dans la dernière partie de sa carrière, Hughes écrit ouvertement sur l'homosexualité avec le poème « Café : 3 a.m », (1951) et dans le recueil de nouvelles « Blessed Assurance » (1963), Hughes refuse de revendiquer son identité sexuelle tout au long de sa vie et préfère cultiver l'ambiguïté. Aux prises avec une culture hétéronormative, le positionnement de Hughes fut très certainement un choix réfléchi, lui qui voyait le poète comme un agent des transformations sociales, économiques et idéologiques devant en appeler à l'universalité de l'expérience noire. Dans un contexte racial tendu et après avoir été longtemps marginalisé par la critique littéraire, nous pouvons en déduire que Hughes préfère rester prudent. Il considère peut-être aussi qu'il était trop tôt et trop risqué pour lui d'affirmer ouvertement son identité sexuelle. Il préféra vraisemblablement traduire par l'écriture et à travers les personnages de sa poésie, l'oppression subie par les Noirs dans leur globalité en montrant l'universalité de la condition noire, qu'elle soit féminine ou masculine, hétérosexuelle ou homosexuelle. Il se plaça, selon nous, dans une démarche universaliste. Aux yeux de Hughes, le double espace marginal que constituait la communauté noire au sein de la société et au sein de la communauté homosexuelle offrait en soit une perspective unique et c'est avant tout la marge raciale dans son ensemble qu'il décida d'investir.

Arnold Rampersad, son biographe officiel, défend l'hétérosexualité de Hughes même s'il mentionne souvent dans *The Life of Langston Hughes*, la fascination du poète pour les hommes. Le travail du biographe n'étant peut-être pas strictement objectif il faut là encore apprendre à lire entre les lignes, dans les marges des poèmes, en définitive, pour appréhender le rapport de Hughes à la masculinité et à la féminité et à la culture gay. Rampersad, pour qui les doutes et la rumeur ne pouvaient aider à décrire la vie intime de Hughes, ne se prononce pas sur la question et le définit comme un homme

---

[150] *[This Collection] show[s] how colored and white get along on occasion, intimate, full of references to every living thing, and a mine of information about Negro habits and doings, full of enclosures, rich on folklore, and fabulous in friendship.*

« asexué », ne manifestant pas d'attirance ni pour les hommes ni pour les femmes. Dans sa dernière anthologie consacrée à la correspondance de Hughes (*Selected Letters of Langston Hughes*, 2015), Rampersad souligne bien qu'il n'existe aucune lettre d'amour adressée ni à un homme, ni à une femme, ce qu'il explique comme la « morosité existentielle » (Rampersad, 2015, xx) de Hughes. Cela montre peut-être aussi que son écriture et sa carrière furent, pour Hughes, des objectifs plus importants dans sa vie d'homme et que le besoin presque viscéral d'écrire tourna à l'obsession au détriment de sa vie privée. Toutefois, le poème « To F.S », écrit en 1925, ajoute une ambiguïté supplémentaire, car la relation décrite par Hughes entre lui et Ferdinand Smith (FS) peut aussi bien être une relation amicale entre deux hommes, qu'une relation amoureuse. Marin au long cours, la rumeur dit de Ferdinand Smith qu'il fut l'amant de Langston Hughes, mais le poème éponyme qui exprime la douleur de l'amour perdu, ne dit rien sur le caractère de cette relation et il peut être compris comme un poème traduisant les relations humaines dans leur ensemble au sein d'une société raciste qui ne considérait pas ses citoyens noirs.

> « To FS »
> I loved my friend.
> He went away from me.
> There is nothing more to say.
> The poem ends,
> Soft as it began,
> I loved my friend[151] (Rampersad, 1986, 62).

En débutant son poème par « I loved my friend » et en concluant de la même façon, Hughes défie subtilement le racisme et les constructions sociales qui empêchent à deux personnes de s'aimer. Ces deux personnes peuvent appartenir à la fois à la marge sexuelle et raciale puisque « I loved my friend » peut être interprété comme une référence aux liens fraternels et amicaux entre deux personnes de sexe

---

[151] Il est intéressant de souligner que ce poème ne figure pas dans l'anthologie colossale d'Arnold Rampersad consacrée à Hughes et où sont regroupés tous les poèmes de Hughes écrits entre 1921 et 1967. Ce poème est cité dans sa biographie et est introduit de la façon suivante par Rampersad : « L'expression tendre du chagrin (souvent considérée comme preuve indélicate de son homosexualité) fut dédiée à une personne que Langston appelait juste 'F.S.' » (Rampersad, 1986, 62).
One tender expression of grief (sometimes taken insensitively as proof of his homosexual feeling) was dedicated to someone Langston called only 'F.S.' ».

opposé ou de même sexe, mais aussi entre Blancs et Noirs. En investissant subtilement le territoire encore marginal, à cette époque, de l'écriture de l'homosexualité, nous pouvons voir là une façon pour Hughes de se réclamer de l'écriture de Walt Whitman et de poser la sexualité noire comme un acte de résistance à l'oppression raciale et sociale, mais aussi à la honte. Certes Hughes ne se positionne pas, comme cela fut le cas de Whitman, en tant que « nouveau prophète de la liberté sexuelle[152] » (Hutchinson 100), car sa démarche est davantage une façon pour lui de définir ce que signifie être Noir et homme, dans l'Amérique de la première moitié du vingtième siècle, et d'en révéler toutes les facettes et les possibilités identitaires. C'est à la fin des années 1980, dans la foulée de la théorie *queer* qui se développe aux États-Unis au sein des études de genre, que l'identité est repensée en dehors des cadres normatifs et au prisme de l'environnement personnel et social. La sexualité de Hughes revient alors sur le devant de la scène avec le film *Looking for Langston* (1988) du Britannique Isaac Julien qui propose le portrait du Harlem *queer* à l'époque du jazz. À travers une interprétation personnelle mêlant musique, écriture et art graphique, le film offre une perspective *queer* noire en faisant dialoguer Langston Hughes, Bruce Nugent, James Baldwin, et Essex Hemphill, notamment. Parmi tous ces poètes, seul Hughes ne revendiqua jamais son homosexualité et ne milita jamais en faveur des droits des gays. Le film, qui contribue à lever le voile sur ce non-dit, est cependant interdit de diffusion aux États-Unis par les ayants droit de Hughes. Par cette interdiction ils perpétuèrent cet « indicible » que fut son identité sexuelle. Cette réaction montre clairement qu'il est difficile, même plusieurs années après la mort de Hughes, de repenser son identité, et à plus forte raison son identité sexuelle, en dehors d'un cadre normatif et binaire.

Nous pouvons interpréter ces positions à la lumière de la philosophie deleuzienne et du concept d'« appareil d'État ». Ce concept impose, en effet, une forme de contrôle spécifique fondée sur la binarité et la symétrie. Les sociétés occidentales sont organisées autour d'oppositions : homme/femme, jeune/vieux, travail/loisir, etc, des binarités qui empêchent toute fluidité et, au contraire, imposent un mode de pensée fixe et difficilement transformable. À ces binarités fixes et immuables, Deleuze et Guattari opposent le mouvement, la fluidité, l'individu dans sa singularité, son dynamisme et sa

---

[152] *The new prophet of sexual freedom.*

subjectivité. Ces assemblages forment des intensités, des variations qui s'opposent constamment à l'« espace contrôlé » pour former ce que les philosophes nomment des « machines de guerre » ou encore des « rhizomes », construits sur des lignes de fuite. Par conséquent, l'« appareil d'État » est organisé autour d'un langage et d'un contenu spécifiques dominés par une vision masculine blanche et occidentale, et nous pouvons même ajouter hétérosexuelle. En s'inscrivant dans un processus de « devenir », les Noirs, les homosexuels et les femmes, entre autres, sont des « machines de guerre » potentielles mettant en péril les oppositions individuelles et identitaires fixes et établies. Hughes, lui, à travers son écriture subversive et codée permit d'interroger les tabous culturels de son époque et de dénoncer l'hypocrisie. À travers ses poèmes adaptés du blues, il réussit aussi à interroger la sexualité noire, à explorer la convergence entre appartenance raciale et sexuelle sans pour autant revendiquer une identité homosexuelle. Son identité était bien mouvante et fluide et se construisait sur des lignes de fuite.

Une explication nous semble aussi plausible quant à la discrétion de Hughes. Ayant souffert de la critique et ayant connu l'angoisse de ne pas être publié ni reconnu, Hughes préféra probablement ne rien dévoiler de sa vie personnelle et sexuelle afin de ne pas s'isoler davantage. Hughes était très secret sur ses sentiments personnels et si sa correspondance avec Van Vechten est articulièrement riche, il ne lui dévoile jamais, par exemple, ses sentiments à la mort de son père et lorsqu'il retourne au Mexique pour régler son décès, ni lorsqu'il se trouve au chevet de sa mère qui souffrait d'un cancer. En 1947, lorsqu'il est convoqué par le Sénat et auditionné, car il est soupçonné d'être communiste, Hughes continue à écrire à Van Vechten sans jamais lui parler de ces moments que l'on peut imaginer difficiles pour lui. Son biographe dit d'ailleurs de lui dans l'introduction à *The Big Sea* que Hughes reste « insondable » et qu'il élude toutes les tentatives qui auraient pu le dévoiler intimement (Rampersad xiv).

À la marge raciale, littéraire et artistique, Hughes choisit une marge « contrôlée » et « maîtrisée » depuis laquelle il peut finalement parler pour et au nom de toute la communauté noire à travers la richesse et l'universalité de sa condition raciale, sociale, et de genre. Cela ne signifie par pour autant qu'il ne conçoit pas l'identité noire au prisme de l'identité sexuelle, au contraire, car il utilise l'ensemble des expériences féminines et masculines pour mieux parler à la communauté noire et en exposer toutes les possibilités identitaires à l'aune du contexte racial, social et de genre de son époque. Sa position atteste aussi de la différence fondamentale pour Hughes entre l'auteur et la *persona* de ses poèmes, ainsi que la différence entre réalité et fiction, comme cela sera à nouveau le cas dans les aventures de Simple. Réalisme et universalité définissent l'écriture de Hughes, car les qualités universelles des *personae* présentes dans ses poèmes, mais aussi propres à Simple, son personnage phare, prouvent la justesse de son écriture dans l'élaboration de ses « fictions objectives ». Il s'agit là de ce que nous pouvons appeler le « réalisme assumé[153] » de Hughes, dont l'écriture maîtrisée lui permit de tendre vers un humanisme et un universalisme noirs américains. En 1940, alors qu'il est attaqué pour son poème « Goodbye Christ » qu'il a écrit dix ans plus tôt, il est poussé à se justifier. Il s'explique donc sur l'utilisation récurrente de « je » dans beaucoup de ses poèmes et dans ce dernier notamment :

> J'ai écrit le poème à la première personne comme de nombreux poètes l'ont fait par le passé en écrivant sur des personnes autres qu'eux-mêmes. [...] Le « je » qui apparaît dans beaucoup de mes poèmes blues est le pauvre Nègre du Sud sans éducation, et non pas moi qui ai grandi dans le Kansas. Au moment où *Goodbye Christ* a été publié, beaucoup ont pensé que j'étais ce « je » du poème. Mais, et comme aujourd'hui, ils n'ont alors pas fait le lien avec mes autres poèmes [...] et n'ont pas compris son trait ironique ou satirique [...]. Maintenant, en 1941, [...] je n'écrirais pas et ne pourrais pas écrire *Goodbye Christ* car je ne souhaite plus du tout *épater le bourgeois*[154] [...][155] (Hughes *in* Bernard, 179).

---

[153] Nous empruntons cette expression à Rédouane Abouddahab car nous voyons dans l'écriture de Hughes des similitudes avec celle d'Hemingway et une parfaite illustration de cette définition. Rédouane Abouddahab explique à propos d'Hemingway :
« Son réalisme [Le réalisme d'Hemingway] est assumé car sa prose est supposée être mimétique (et décrire la réalité objective). En tant qu'écrivain, il contrôle aussi la langue qu'il utilise et le sens qu'il produit dans son ensemble. D'ailleurs, Hemingway semble révéler tout son art et *communiquer* à ses lecteurs une palette de croyances et d'idées, au détriment du sens et de l'ambiguïté » (Abouddahab 10).
His [Hemingway's] realism is assumed because his prose is supposedly mimetic (it looks like objective reality), and because as an author he hypothetically controls the language he uses and the totality of the produced meaning. In this perspective, Hemingway seems to expose his craftsmanship and to communicate a set of beliefs and ideas to his readers, to the detriment of signification and ambiguity.
[154] En français dans le texte original.
[155] *I couched the poem in the language of the first person. I, as many poets have done in the past in writing of various characters other than themselves. [...] Just as the I pictured in*

Nous retrouvons la question de l'universalisme de l'expérience dans le travail de Hughes sur les spirituals à travers lequel il montra ce même souci d'écrire sur et pour la communauté noire. Il écrivit des poèmes inspirés du blues et des spirituals afin d'exprimer, avant tout, le quotidien difficile de toute une communauté et d'unir, dans l'écriture de l'émotion, le laïque et le sacré.

Hughes, poète de l'émotion

Les poèmes des débuts, ceux écrits entre 1921 et 1930, constituent une véritable réflexion sur le pouvoir émotionnel du blues et des spirituals dans une écriture très proche du blues. Hughes voit dans le blues et les spirituals l'expression même de « l'âme noire » et fait de ces genres musicaux le principe de sa poétique et de son écriture, ce qui est, à l'époque une grande innovation stylistique même si d'autres poètes ont déjà manifesté un intérêt pour la musique dans leur écriture. Par son travail de transposition de la musique noire dans la poésie, Hughes propose une écriture « révolutionnaire » au sens deleuzien, tout en renvoyant à la fois à la mémoire collective noire, à l'héritage noir, mais aussi à l'héritage de la tradition littéraire anglo-saxonne et européenne. En faisant « bégayer la langue » à travers « un langage affectif [156] », Hughes aborde l'écriture de l'émotion pour aboutir à « la ligne de fuite » caractéristique de la « littérature mineure ». En cherchant sa voie, Hughes construit un style très personnel et original, acceptant et refusant à la fois les codes et les normes du canon anglo-américain comme pour mieux les subvertir.

Le blues, nous l'avons vu, occupe une place prépondérante dans la vie et l'écriture de l'écrivain. Hughes n'hésite pas à rapprocher blues et spirituals dans son travail d'écriture pour parler du quotidien douloureux des Africains-Américains. Tout au long de sa carrière, la grande originalité de Hughes est de proposer une « écriture métissée [157] » en utilisant et en fusionnant les matériaux disponibles

---

many of my blues poems is the poor and uneducated Negro of the South – and not myself who grew up in Kansas. At the time that GOODBYE CHRIST first appeared, many persons seemed to think I was the characterized I of the poem. Then, as now, they failed to see the poem in connection with my other work; [...] they failed to consider GOODBYE CHRIST in the light of various of my other poems in the ironical or satirical vein [...]. Now, in the year 1941, [...] I would not and could not write GOODBYE CHRIST, desiring no longer to épater le bourgeois.

[156] Ces concepts sont définis par Gilles Deleuze dans *Critique et clinique*.
[157] Arnold Rampersad, biographe de Langston Hughes et critique littéraire, utilise l'expression « mulatto-like text » (que nous traduisons par « écriture métissé ») pour décrire

afin de retranscrire une conscience communautaire. Par son écriture, Hughes illustre comment un groupe minoritaire et infériorisé crée sa propre langue à travers un vocable et un style jugés aussi minoritaires. Les poèmes inspirés du blues et des spirituals sont une parfaite illustration des concepts de la philosophie deleuzienne et de la « littérature mineure » :

> [...] La littérature présente déjà deux aspects, dans la mesure où elle opère une décomposition ou une destruction de la langue maternelle, mais aussi l'invention d'une nouvelle langue dans la langue, par création de syntaxe (Deleuze, 1993, 16).

En s'appropriant la tradition littéraire anglo-européenne et américaine, mais aussi en s'en éloignant, Hughes propose une autre écriture poétique construite sur les émotions et le langage de toute une communauté.

Les concepts « affects » et « percepts », définis par Deleuze, sont particulièrement adaptés pour appréhender l'écriture de l'émotion dans les poèmes de Hughes écrits pendant la Renaissance de Harlem. Ses poèmes proposent, en effet, des séries d'intensité qui donnent à son œuvre poétique toute sa dimension esthétique, émotionnelle et créative. Dans la philosophie deleuzienne, la littérature, la peinture et le cinéma tiennent une place importante, car, pour Deleuze, l'art n'est pas la représentation du monde tel qu'il est, mais plutôt un moyen de représenter le champ du possible tout en agissant sur la sensibilité. Hughes accorde d'ailleurs de l'importance à toutes les formes d'art et certains de ses poèmes sont illustrés par Aaron Douglas, le peintre de la Renaissance de Harlem[158]. Le graphisme et la topographie de ces poèmes sont aussi révélateurs de son attachement à l'art, à tous les arts.

À travers une écriture éminemment habitée par les ressentis émotionnels de la communauté noire, Hughes réussit à s'approprier les modes d'expression dominants et à les restituer avec les outils de la culture noire américaine. Hughes explore ainsi de nouvelles formes d'écriture pour subvertir des portraits stéréotypés et plein de bons sentiments de la littérature blanche, mais aussi s'éloigner de certains

---

la poésie de Hughes. Cette expression est particulièrement adéquate pour décrire le travail de Hughes qui souscrit à certaines conventions et emprunte à la fois à divers genres littéraires classiques et au folklore africain-américain dans son écriture.

[158] Lorsqu'il publie *The Best of Simple* en 1961, aux éditions Hill & Wang, l'ouvrage de Hughes est illustré cette fois par les dessins de Bernhard Nast.

intellectuels noirs de la Renaissance de Harlem que la critique et l'historiographie des années 1980 accusent de trahison puisqu'ils écrivent « blanc » afin de se faire accepter. Sa constante préoccupation est de restituer au plus près l'authenticité de la voix noire. Alors que ses contemporains prennent leur distance de la culture populaire, Hughes privilégie la culture noire populaire dans l'élaboration de sa poésie et de son écriture tout en empruntant à la fois au folklore noir et à la tradition littéraire classique. Le poète parle au nom d'une force créatrice et cherche à affirmer la nouveauté à travers la différence :

> À travers les sons et la musique de Harlem, Hughes saisit les ambiguïtés et les ironies. [...] Émerveillé par la capacité qu'ont les Noirs les plus humbles à créer une musique obsédante et complexe, Hughes y voit l'expression même de l'âme noire et fait du blues le principe de sa poétique : modulée sur les rythmes de cette musique, celle-ci s'efforcera d'exprimer les mêmes évidences et les mêmes mystères et de transmettre à travers une expérience artistique les mêmes émotions (Fabre, G., in Richet, ed., 105).

Par ses choix audacieux, « si Hughes parvient à imposer sa voix dans la Renaissance de Harlem, c'est d'abord parce que ses travaux sont des réussites littéraires (même s'ils furent largement décriés), non parce que des experts en blues les déclarent aptes à être joués par des bluesmen ou parce que des idéologues les décrètent suffisamment révolutionnaires pour l'époque » (Sylvanise 25). Ce mode de représentation, propre à Langston Hughes, connecte des rhizomes puisqu'il renvoie à la fois à la mémoire collective noire et à l'héritage noir, mais aussi à l'héritage de la tradition littéraire anglo-saxonne et européenne. Hughes déterritorialise et re-territorialise des modes d'expression qu'il modèle et remodèle sans cesse[159]. L'espace codé du familier est décodé, « défait » pour conquérir une nouvelle liberté. Par ce processus de déterritorialisation et reterritorialisation, Hughes propose un style renouvelé et redéfinit la poésie minoritaire noire :

---

[159] Déterritorialiser est envisageable, pour Deleuze, avec son pendant : la reterritorialisation. Se déterritorialiser signifie quitter la norme et s'affranchir de la norme pour mieux échapper au modèle dominant et se rapprocher du « devenir-révolutionnaire ».

D'abord le texte liquide tout métalangage, et c'est en cela qu'il est texte : aucune voix (Science, Cause, Institution) n'est en arrière de ce qu'il dit. Ensuite, le texte détruit jusqu'au bout, jusqu'à la contradiction, sa propre catégorie discursive, sa référence sociolinguistique (son « genre »). [...] Enfin, le texte peut, s'il en a envie, s'attaquer aux structures canoniques de la langue elle-même : le lexique [...], la syntaxe [...]. Il s'agit, par transmutation (et non plus seulement par transformation), de faire apparaître un nouvel état philosophal de la matière langagière (Barthes, 1973, 43-44).

En substituant à la langue et aux styles dominants des expressions langagières et des modulations écrites depuis la marge, Hughes parvient à créer des émotions tout en s'affranchissant de la marge sociale et illustre les principes fondateurs de la littérature mineure. Très proche de Countee Cullen[160], qui l'aide à se faire connaître et avec qui il partage son expérience artistique, Hughes se préoccupe constamment de la qualité de son travail et de son écriture. Lui demandant conseil après avoir écrit « Le poème syllabique » (*Syllabic Poem*), il lui écrit : « voici la poésie du son qui marque le commencement d'une nouvelle ère, une ère de révolte contre la langue banale et désuète de l'intelligible » (Rampersad, 1986, 84). Influencé par « l'école de Harlem[161] » mais conscient que sa création devait passer par une écriture différente, Hughes devient le garant de ce nouveau style avec, notamment, *The Weary Blues*[162] (Le blues du désespoir) qui lance définitivement sa carrière de poète de la Renaissance en 1926. Hughes met ainsi le blues en perspective et en retranscrit toutes les émotions. En voici un extrait :

« The Weary Blues »
Droning a drowsy syncopated tune,
Rocking back and forth to a mellow croon,
    I heard a Negro play.
Down on Lenox Avenue the other night

---

[160] Avec *Color*, publié en 1926, Countee Cullen fut l'un des auteurs phares de cette nouvelle génération d'écrivains. Contrairement à Hughes, qui puisait son inspiration auprès des Noirs les plus humbles, Cullen ne trouvait aucune beauté en eux et l'Afrique l'embarrassait. Même s'il respecte la tradition, Cullen se considère avant tout comme poète et non comme poète de couleur.
[161] Expression empruntée à Michel Fabre dans « L'Amérique blanche à la découverte de son âme noire » (Fabre M., *in* Richet, ed., p. 90).
[162] Hughes écrit ce poème dans un cabaret de Harlem. Il remporte le prix *Opportunity* (prix littéraire offert par la revue éponyme fondée en 1923 par le journaliste et essayiste Charles S. Johnson).

> By the pale dull pallor of an old gas light
> > He did a lazy sway . . .
> > He did a lazy sway . . .
> To the tune o' those Weary Blues.
> With his ebony hands on each ivory key
> He made that poor piano moan with melody.
> > O Blues! [...]
> Thump, thump, thump, went his foot on the floor.
> He played a few chords then he sang some more—
> > "I got the Weary Blues
> > And I can't be satisfied.
> > Got the Weary Blues
> > And can't be satisfied—
> > I ain't happy no mo'
> > And I wish that I had died." [...]. (50)

Ce poème appartient à la catégorie des « *Blues poems* » de Hughes qu'il publie en 1926. Le travail de Hughes sur la langue et les mots retranscrit la même sensibilité du blues : des changements de rythme sont suggérés en allongeant ou en diminuant l'espace entre chaque mot. La nostalgie, un des sentiments propre au blues, est présente à travers le souvenir de l'enfance et l'hommage rendu à la structure musicale. Hughes adopte ce genre musical, car il exprime simplement et de manière directe les difficultés et les inquiétudes des gens ordinaires (*Sweet Blues ! Coming from a black's man soul. / O Blues !*). Les répétitions, le rire et les peines, le désespoir et les frustrations sont des émotions caractéristiques du blues que Hughes restitue ici. « The Weary Blues » décrit la résilience de la communauté noire et bien que le sujet de ce poème soit un musicien et sa musique, la musique n'a pas valeur de divertissement, mais plutôt valeur symbolique puisqu'elle exprime à travers un individu (le chanteur de blues) la solitude de tout un groupe (*Ain't got nobody in all this world,/ Ain't got nobody but ma self./ I's gwine to quit ma frownin' / And put ma troubles on the shelf*).

Le blues tel qu'il est vécu dans ce poème doit être appréhendé comme une création artistique capable d'exprimer les émotions du chanteur et par glissement de la communauté à laquelle il appartient. Le blues réussit, ici, à canaliser la tristesse, la fatigue, la souffrance, les idées suicidaires et la profonde solitude du chanteur de blues ; sa musique est dépositaire de ses émotions. Le personnel et le collectif se mêlent, car les émotions du chanteur sont aussi celles d'une communauté :

> "I got the Weary Blues
>   And I can't be satisfied.
>   Got the Weary Blues
>   And can't be satisfied—
>   I ain't happy no mo'
>   And I wish that I had died."
>
> And far into the night he crooned that tune.
> The stars went out and so did the moon.
> The singer stopped playing and went to bed
> While the Weary Blues echoed through his head.
> He slept like a rock or a man that's dead.

À travers cette écriture, l'art de Hughes devient bien créateur d'émotions. Des affects et des percepts sont ainsi inventés, créés. Ces concepts permettent d'expliquer et de comprendre notamment la joie, et la tristesse, des effets sensoriels ou perceptifs qui indiquent notre nature :

> L'affection n'est donc pas seulement l'effet instantané d'un corps sur le mien, elle a aussi un effet sur ma propre durée, plaisir ou douleur, joie ou tristesse. Ce sont des passages, des devenirs, des montées et des chutes, des variations continues de puissance, qui vont d'un état à un autre : on les appellera affects, à proprement parler, et non plus affections (Deleuze, 1993, 173).

« Affects » et « percepts » sont étroitement liés et sont un moyen d'explorer le collectif. Les « affects » renvoient à des signes, alors que les « percepts » sont des « singularités » et l'expression littéraire du vécu de l'auteur ; les percepts rendent visible l'invisible. Ces notions illustrent l'écriture de l'émotion dans les poèmes de Hughes qui, en créant son propre style, capture et restitue les émotions « acoustiques » du blues et des spirituals. Par cet acte créatif, ce devenir[163] en quelque sorte, Hughes accède à un territoire pour mieux le déterritorialiser et sortir des habitudes et de la norme. Hughes

---

[163] « Devenir », selon Deleuze signifie vivre autrement et quitter ses habitudes, franchir un seuil. Cela renvoie à une évolution non parallèle, pas à des phénomènes d'imitation ou d'assimilation.

souhaitait exprimer les angoisses et les émotions individuelles et collectives des plus humbles. Aussi, en rapprochant ces deux genres musicaux, il réussit à faire se rencontrer le sacré (les spirituals) et le laïque (le blues) et à produire ce que Barthes nomme des « textes de jouissance » :

> Texte de jouissance : celui qui met en état de perte, celui qui déconforte (peut-être jusqu'à un certain ennui), fait vaciller les assises historiques, culturelles, psychologiques, du lecteur, la consistance de ses goûts, de ses valeurs et de ses souvenirs, met en crise son rapport au langage (Barthes 23).

Aussi, ce style déconcerte la critique en s'éloignant des critères esthétiques des Blancs. Hughes est d'autant plus critiqué qu'il rend hommage à un style musical, à une forme, et une langue méprisés au moment où il écrit, mais qui retranscrivent pourtant toute l'essence des Noirs du Sud et des plus humbles. Préoccupé par les petites gens, Hughes voit dans ses poèmes une façon de témoigner pour et sur ces personnes-là, de leur donner la parole, tout en ramenant son écriture vers la tradition populaire, et de faire passer le blues au rang de genre littéraire à part entière. En 1927, Hughes part à la découverte du Sud, avec Zora Neale Hurston, où il a accepté de donner des lectures publiques pour faire connaître ses poèmes. Il y découvre des expressions langagières typiques et révélatrices du pouvoir créatif des Noirs. Il enregistre aussi des blues afin de capturer l'esprit du Sud, qui le captive tant, et est pour lui un matériau d'inspiration inépuisable.

Sa rencontre avec Mary McLeod Bethune[164] en 1930, alors qu'il est de retour d'un séjour dans les Caraïbes, sera décisive : « Partez dans le Sud avec vos poèmes. Les gens là-bas ont besoin de poésie / Go all over the South with your poems. People need poetry » (Rummel 75), lui avait-elle recommandé.

À la manière des Noirs libres qui lisaient leur récit d'esclave en public et assuraient la promotion de leur ouvrage (on pense ici à Frederick Douglass ou encore à Sojourner Truth), mais faisaient aussi passer un message anti-esclavagiste, Hughes utilise ses lectures

---

[164] Mary McLeod Bethune (1875-1955). Éducatrice, née de parents esclaves, elle crée en Floride une école pour les étudiants noirs de Daytona Beach en Floride. Franklin Roosevelt la nomme directrice de la Division des Questions Noires (*Division of Negro Affairs of the National Youth Administration*/ NYA) de 1935 à 1942. Elle fonde le *National Council* afin de donner la parole aux femmes noires à travers toutes les agences gouvernementales de l'administration Roosevelt.

publiques pour diffuser son écriture ; c'est aussi pour lui un moyen de se faire connaître hors du milieu intellectuel new-yorkais. Il retournera dans le Sud s'imprégner de cette culture dont il sent qu'elle ne lui appartient pas vraiment et se fixera un objectif essentiel : créer une culture noire en Amérique. Arnold Rampersad, son biographe, note dans sa correspondance avec sa bienfaitrice Charlotte Mason, l'échange suivant :

> Créer une culture nègre, vraie, solide, saine ; quelque chose sur la race, mais à partir du peuple, de sa vie simple et surtout pas une imitation. Je n'ai pas besoin d'être reconnu. Tout ce que j'ai à offrir de bien est dans mon travail, tout le reste ne vaut rien et n'est que gâchis[165] (Rampersad, 1986, 173).

Par la suite, son travail sur les spirituals lui permet de continuer à exploiter oralité et écriture et de faire se côtoyer et se rejoindre le religieux et le profane. Tout au long de sa carrière, Hughes entretient un rapport étroit avec ces deux genres musicaux, car ils renvoient à l'histoire populaire et à la culture des gens « ordinaires » dont Hughes se veut le porte-parole.

Les spirituals doivent donc être compris comme une pratique collective des Noirs dans les églises et, en ce sens, correspondent à la volonté de Hughes de décrire une communauté à travers sa poésie et de participer ainsi à la construction identitaire noire. Les spirituals sont un moyen d'envisager l'émotion et de témoigner de l'identité de la communauté noire. Comme l'explique Leroi Jones dans *Blues People*, la musique « afro-chrétienne », qui évoluera vers les spirituals, permet d'extérioriser des émotions comme le sentiment de désespoir et de préparer à la liberté à travers le voyage vers la Terre Promise :

> Le christianisme de l'esclave représentait une rupture avec l'Afrique. Cette rupture marque le début de l'Afrique comme « terre étrangère ». Durant les premières années de l'esclavage, l'unique objectif du christianisme était de proposer une solution métaphysique aux désirs de liberté de l'esclave, et par conséquent,

---

[165] *To create a Negro culture in America, a real, solid, sane, racial something growing out of the folk life, not copied from another, even though surrounding race. [...] No one needs to know me. Everything I have to offer worth the offering is in my work; the rest is slag and waste.*

cela lui rendit littéralement la vie plus facile. Les musiques et les chants secrets africains parlaient d'Afrique et exprimaient le désir de l'esclave africain de retourner sur sa terre natale[166] (Jones 39).

Ces caractéristiques sont présentes dans le poème « Song » qui peut se lire à la fois comme un spiritual, à travers ses appels à Dieu et ses références symboliques, mais aussi comme un blues puisqu'il retranscrit le malheur et les souffrances du quotidien. « Song » est publié pour la première fois en 1925 puis sera inclus dans le recueil *The Dream Keeper* en 1932 (TDK) :

« Song »
Rocks and the firm root of trees.
The rising shafts of mountains.
Something strong to put my hands on.
Sing, O Lord Jesus!
Song is a strong thing.
I heard my mother singing
When life hurt her:

Gonna ride in my chariot some day!

The branches rise [...]
The mountains rise [...].
The waves rise [...].
Sing, O black mother!
Song is a strong thing. (45)

Les références bibliques (*the branches rise/ The mountains rise/ The waves rise*) traduisent la force libératrice du poème. Hughes y insère aussi une référence directe à un spiritual avec l'exclamation symbolique : « *Gonna ride in my chariot some day!* ». Alors que « *I heard my mother singing/ When life hurt her* » est une allusion directe au quotidien, mais aussi à la nostalgie de l'enfance. On peut voir là une référence implicite à l'enfance de Hughes, puisque, comme nous l'avons dit, les chants religieux entendus auprès de sa grand-mère

---

[166] *The Christianity of the slave represented a movement away from Africa. It was the beginning of Africa as a "foreign place". In the early days of slavery, Christianity's sole purpose was to propose a metaphysical resolution for the slave's natural yearnings for freedom, and as such, it literally made life easier for him. The secret African chants and songs were about Africa, and expressed the African slave's desire to return to the land of his birth.*

l'inspirent. Comme dans les blues ou les spirituals, l'histoire collective fusionne avec l'histoire personnelle :

« Prayer Meeting[167] »
Glory ! Hallelujah !
The dawn's a-comin' !
Glory ! Hallelujah !
The dawn's a-comin' !
A black old woman croons
In the amen-corner of the Ebecaneezer Baptist Church.
A black old woman croons –
The dawn's a-comin'! (35)

L'écriture de ce poème fait référence aux influences des spirituals de par l'adresse à Dieu sur le mode de l'incantation et l'emprunt à des termes propres aux spirituals (*Glory ! Hallelujah !*). En enracinant ses textes dans le quotidien, dans un souci de description de la réalité, Hughes mêle le religieux et le séculier, mais aussi le collectif et l'individuel. En cela, il retrace l'évolution historique de la musique noire.

Les chants de travail (*work songs*) sont aussi ancrés dans l'émotion et traduisent la peur, le courage et l'endurance. Ils présentent en général un caractère lancinant et répétitif et utilisent souvent le principe du « call and response pattern[168] ». Hughes adaptera le genre à sa poésie et relatera, sur le mode de la lamentation, le labeur journalier des femmes qui ne travaillent plus dans les champs de coton des plantations, mais pour des familles blanches dans les villes du Nord :

« Negro Servant »
All day subdued, polite,
Kind, thoughtful to the faces that are white.
    O, tribal dance!
    O, drums!
    O, veldt at night!
Forgotten watch-fires on a hill somewhere!
    O, songs that do not care!

---

[167] Publié pour la première fois en 1924, ce poème est ensuite inclus dans FCTTJ.
[168] Le schéma du « call and response » est une structure d'appel et de réponse. Un soliste lance une formule à laquelle répond le groupe. À l'origine, cela était l'unique mode de communication des esclaves puisqu'il leur était interdit de parler entre eux.

> At six o'clock, or seven, or eight,
> > You're through.
> You've worked all day.
> Dark Harlem waits for you.
> [...]
> O, sweet relief from faces that are white! (131)

L'utilisation du phonème « O » en ouverture de chaque ligne du refrain (*O, tribal dance !/ O, drums !/ O veldt at night !*) qui vient rythmer le poème est un rappel des chants de travail des esclaves des plantations. C'est là une façon pour Hughes de perpétuer la tradition folklorique et de maintenir la tradition orale africaine qui a pris naissance au cœur de la communauté esclave.

Hughes, qui n'est pas musicien, sera influencé toute sa vie par le blues au point d'en retranscrire toutes les émotions et d'en faire un vrai genre littéraire à travers la plupart de ses poèmes. Il utilise le dialecte du blues de manière poétique pour donner toute sa noblesse à un style jugé populaire, mais aussi pour montrer que blues et spirituals parlent du peuple, de gens ordinaires et appartiennent à la culture noire populaire. En même temps, le langage de l'émotion de Hughes agit sur la sensibilité et déterritorialise les affections vers les affects, les perceptions vers les percepts et les opinions vers les sensations. En définitive, l'écriture de Hughes, la syntaxe et les rythmes qu'il utilise, tel un musicien, produit un art dont le lecteur tire de l'émotion et du sensible. Cette recherche de l'écriture du blues ou des spirituals donne l'occasion de créer des procédés différents et un langage de l'émotion dont le pouvoir libérateur est explicite comme dans « Prayer [1] » :

> I ask you this:
> Which way to go?
> I ask you this:
> Which sin to bear?
> Which crown to put
> Upon my hair?
> I do not know,
> Lord God,
> I do not know. (51)

Si le rythme de ce poème l'éloigne du rythme d'un spiritual, les questionnements sont ceux du discours religieux (*Which way to go ? Which sin to bear ? / Which crown to put/ Upon my hair ?*) et permettent au poète une mise à distance de Dieu et de l'Église à travers l'utilisation de « I do not know ». Cependant, le rapport privilégié entre le chrétien noir et Dieu ou Jésus réapparaît dans « Feet o'Jesus » :

> At the feet o' Jesus,
> Sorrow like a sea,
> Lordy, let yo' mercy
> Come driftin' down on me.
>
> At the feet o' Jesus
> At yo' feet I stand.
> O, ma little Jesus,
> Please reach out yo' hand. (78)

Le lien affectif qu'entretient la persona pour Jésus (*Lordy, let yo' mercy, O, ma little Jesus*) et le rapprochement de la souffrance du Christ avec celle des Noirs sont des thèmes propres aux spirituals exploités par Hughes. La familiarité à travers l'adresse à Jésus (ou à Dieu, qui est soit célébré, soit imploré) insiste aussi sur l'origine populaire, chère à Hughes. Les émotions liées à l'humilité et à la souffrance (*Sorrow like a sea,/ Lordy, let yo' mercy/Come driftin' down on me*) montrent la volonté de Hughes de se rapprocher au plus près du genre, d'en capturer l'esprit et l'émotion. Dans Le plaisir du texte, Roland Barthes évoque le pouvoir du langage institué, mais parle aussi de « redistribution » du langage, un compromis adopté par Hughes qui glisse constamment de la marge à la norme et de la norme à la marge inscrivant ainsi sa poésie dans la « littérature mineure » :

> Comme dit la théorie du texte : la langue est redistribuée. Or cette redistribution se fait toujours par coupure. Deux bords sont tracés : un bord sage, conforme plagiaire (il s'agit de copier la langue dans son état canonique, tel qu'il a été fixé par l'école, le bon usage, la littérature, la culture), et un autre bord, mobile, vide (apte à prendre n'importe quels contours), qui n'est jamais que le lieu de son effet : là où s'entrevoit la mort du langage. Ces deux bords, le compromis qu'ils mettent en scène, sont nécessaires (Barthes 13).

En manipulant constamment un genre musical jugé trivial (le blues) et en le faisant « fusionner » avec les chants sacrés, Hughes glisse de la marge à la norme en mettant en scène ce « compromis » dont parle Barthes ; et s'il subvertit aussi la langue, il étend ses possibilités et montre, par la même occasion, qu'il s'accommode de la norme. En étant ainsi bousculé, le lecteur fait l'expérience de la ligne de fuite, car la modification des règles le pousse hors du canon littéraire, hors de son territoire et bouleverse son usage habituel de la langue « majeure ». Le glissement tantôt entre l'écriture du blues et des spirituals se retrouve dans ces poèmes dont les oppositions binaires font partie intégrante de l'innovation stylistique de Hughes. Il propose d'en finir avec la marginalisation poétique africaine-américaine en imposant un style différent qu'il voit comme le socle d'une véritable tradition littéraire.

En s'appropriant différents genres musicaux pour mieux les réinvestir Hughes propose un style très personnel et « révolutionnaire », au sens deleuzien, dans la mesure où ce style révèle à la fois l'opposition de l'auteur à la norme, mais aussi son désir de la faire sienne afin de toucher tous les lecteurs. En manipulant constamment la langue et en mêlant les codes du blues et des spirituals, Hughes rend ses lettres de noblesse à une culture jugée populaire, mais donne aussi la parole aux petites gens et à toute une communauté en souffrance et cherchant des réponses à l'oppression blanche. Par ce précédé original et très personnel, Langston Hughes capture et célèbre l'expérience des plus démunis, dépositaires d'émotions et de la condition noire. Aussi, Hughes glisse peu à peu vers une écriture davantage revendicative et radicale qu'il va exprimer après la Renaissance de Harlem, et jusqu'à la fin de sa carrière, à travers des poèmes qui se veulent toujours plus engagés.

Hughes, poète social

Selon Amiri Baraka (Leroi Jones), le rôle de l'écrivain noir est d'émouvoir le lecteur, mais il doit aussi être capable de dénoncer les faiblesses de la société dans laquelle il vit afin de mettre l'Amérique blanche face à ses responsabilités :

> Le rôle de l'artiste noir en Amérique est d'aider à la destruction de l'Amérique telle qu'il la connaît. Son rôle est d'écrire très précisément sur la nature de la société et de réfléchir à sa mission dans cette société afin d'émouvoir les lecteurs par l'exactitude de son compte-rendu. Si ses lecteurs sont Noirs, il doit pouvoir les faire grandir en leur montrant leur force et leur faiblesse. Si ce sont des lecteurs blancs, son écriture devra alors les faire trembler, jurer et

devenir fous face à l'horreur du mal qu'ils ont créé[169] (Baraka, in Jemie, 39).

Baraka, qui est un opposant à Hughes dans les années soixante et qui le juge trop conservateur, exprime les objectifs de l'écriture noire américaine à travers l'histoire, car depuis les récits d'esclaves aux fictions du vingtième siècle (on pense à Richard Wright, Chester Himes, James Baldwin, Toni Morrison et Alice Walker entres autres), il s'agit bien pour les écrivains noirs de dénoncer par l'écrit les ravages de l'histoire et de révéler la condition noire dans une société dominée par la question raciale.

Dans les années vingt, Harlem et sa musique fournissent certes une échappatoire, mais Hughes sait qu'elle sera de courte durée. L'Afrique, qu'il découvre très jeune, lui permet de revenir sur l'image idéalisée qu'il s'en fait et devient aussi une toile de fond à son écriture et les conditions des Noirs américains. Après la Renaissance de Harlem et sa rupture avec sa bienfaitrice Charlotte Mason, qui l'a beaucoup affecté, l'écriture de Hughes change et commence à se radicaliser. Hughes est convaincu que son écriture doit être différente afin de toucher les masses et de s'adapter à la réalité sociale. Il comprend que la communauté noire a besoin d'espoir, ce qu'une poésie sans prétention doit être capable de traduire. L'image de la mère nourricière, femme forte et déterminée, est alors placée au centre de sa poésie et devient un symbole d'espoir, d'endurance et de renouveau. Les poèmes « The Negro Mother » écrit dans les années trente et publié dans *Selected Poems of Langston Hughes* (1959) et « Mother to Son » (publié dans *The Dream Keeper and Other Poems*, 1932) sont emblématiques de ce changement et expriment, à travers la figure féminine la dignité de toute une communauté :

« The Negro Mother »
Children, I come back today
To tell you a story of the long dark way
That I had to climb, that I had to know
In order that the race might live and grow.

---

[169] *The Black Artist's role in America is to aid in the destruction of America as he knows it. His role is to report and reflect so precisely the nature of the society, and of himself in that society, that other men will be moved by the exactness of his rendering and, if they are black men, grow strong through this moving, having seen their own strength, and weakness; and if they are white men, tremble, curse, and go mad, because they will be drenched with the filth of their evil.*

> Look at my face – dark as the night –
> Yet shinning like the sun with love's true light.
> I am the child they stole from the sand
> Three hundred years ago in Africa's land.
> I am the dark girl who crossed the wide sea
> Carrying in my body the seed of the free [...] (155).

« The Negro Mother » est une métaphore de la vie que la mère noire aborde comme un voyage semé de difficultés (*the long dark way/ That I had to climb*) mais aussi d'espoir (*the race might live and grow*). Pour cette mère, qui par sa détermination porte en elle la liberté (*I am the dark girl who crossed the wide sea / Carrying in my body the seed of the free*), sombrer dans le désespoir signifie échouer et mourir. Aussi la mère, figure maternelle et protectrice, est venue raconter son histoire à ses enfants qu'elle apostrophe (*Children, I come back today/ To tell you a story of the long dark way/ That I had to climb*). Dire (*To tell you a story*) est important ici, car c'est transmettre le passé et l'histoire à sa descendance et assurer la transmission de l'histoire noire à travers les générations. C'est aussi une façon de dire « je » et de se placer, pour la mère noire, au cœur du processus historique et d'un devenir-femme : « I am the child they stole from the sand / Three hundred years ago in Africa's land./ I am the dark girl who crossed the wide sea. »

Les images de la progression difficile et de la transmission de génération en génération sont reprise dans « Mother to Son » où la mère porte toujours en elle l'espoir d'une vie meilleure pour les siens :

> « Mother to Son »
> Well, son, I'll tell you:
> Life for me ain't been no crystal stair.
> It's had tacks in it,
> And splinters,
> And boards torn up,
> And places with no carpet on the floor –
> Bare.
> But all the time
> I'se been a-climbin'on,
> And reaching' landin's,
> And turnin' corners,
> And sometimes goin' in the dark
> Where there ain't been no light [...] (30).

Dans ce poème la transmission passe aussi par la parole. « Dire » (*I'll tell you*) signifie évoquer le passé et montrer à sa descendance les difficultés surmontées et à surmonter (*Life for me ain't been no crystal stair*). La progression difficile et semée d'obstacles est accentuée par la topographie du poème qui énumère les difficultés surmontées comme une liste (*It's had tacks in it/ And splinters, And boards torn up, And places with no carpet on the floor/ [...] And reaching' landin's,/ And turnin' corners,/ And sometimes goin' in the dark*). La répétition de la conjonction de coordination « and » (et) ajoute à l'effet d'accumulation et d'obstacles à surmonter sans cesse et tout au long de la vie. Le dénuement est souligné par la négation « no crystal stair » et par l'absence de confort : « no carpet on the floor / Bare ». Pour cette mère, continuer à avancer en dépit des difficultés c'est offrir à son fils la liberté et espérer le voir jouir de meilleures conditions dans le futur : « don't you fall now / For I'se still going, honey,/ I'se still climbin' ». Garder espoir en dépit de l'adversité et des souffrances, tel est le conseil prodigué par la mère à son fils, espoir que n'apporte finalement pas le blues qui est par essence davantage fondé sur le désespoir et la difficulté de la vie que sur la possibilité d'une vie meilleure.

De retour d'Haïti, en juillet 1931, Hughes décide de partir dans le Sud des États-Unis dans le but de produire une « écriture raciale » et d'encourager de jeunes talents noirs. Sa vision change. Hughes en appelle à la révolution et avoue son hostilité aux grands leaders noirs. Se tournant de plus en plus vers l'auto-détermination et proche du parti communiste, sa poésie devient même revendicative et critique ouvertement les leaders politiques et religieux noirs comme dans « A Christian Country », qui est publié dans *New Masses* en 1931 et à travers lequel Hughes n'hésite pas à attaquer la religion et à mettre au défi ses représentants influents :

> « A Christian Country »
> God slumbers in a black alley
> With a gin bottle in His hand.
> Come on, God, get up and fight
> Like a man. (136)

Le Sud devient de plus en plus présent dans sa poésie, car c'est là que les Noirs sont le moins libres. Au cours de son voyage, Hughes prend toute la mesure de la difficulté d'être Noir dans les États ségrégationnistes. Lui qui se rend dans le Sud pour y capturer sa beauté pastorale y trouve, au lieu de cela, la misère et la violence raciale :

> « Magnolia Flowers »
> The quiet fading out of life
> In a corner full of ugliness.
> I went lookin' for magnolia flowers
> But I didn't find 'em.
> I went lookin' for magnolia flowers in the dusk
> And there was only this corner
> Full of ugliness. [...]
> There ought to be magnolias
> Somewhere is this dusk.
>
> 'Scuse me,
> I didn't mean to stump ma toe on you ? (122)

Comme Toomer avant lui, qui dévoile dans Cane un Sud rendu laid par ses lynchages dont les paysages gardent la mémoire, le Sud offre une beauté faussement pastorale (*I went lookin' for magnolia flowers in the dusk/ And there was only this corner/ Full of ugliness*) derrière laquelle se cachent la ségrégation et les lynchages, qui culminent dans les années trente. Alors que la Dépression s'abat sur le pays, l'année 1931 est une période charnière pour Hughes qui va mobiliser toute son énergie en soutenant neuf adolescents noirs accusés à tort de viol sur deux jeunes femmes blanches dans un train de l'Alabama et qui attendent d'être jugés en prison[170]. « Tired », « A Christian Country » et « Scottsboro » sont les poèmes majeurs de cette période ; ils sont publiés en février 1931 dans *New Masses* pour les deux premiers et dans *Opportunity* en décembre 1931, pour le

---

[170] Ces adolescents, les *Scottsboro boys*, sont neuf. Ils sont âgés de douze à vingt ans et condamnés à mort à l'issue d'un rapide procès. Face à cette situation, le parti communiste américain et la NAACP organisent une campagne pour dénoncer le caractère raciste de l'affaire et prennent en charge la défense des accusés qui n'ont pas bénéficié d'un procès équitable. L'affaire ira jusqu'à la Cour suprême qui cassera, en 1932, les jugements prononcés avec l'arrêt *Powell vs. Alabama*. Jusqu'en 1932, les jurys sont exclusivement blancs et les Noirs ne peuvent pas siéger dans une cour de justice. La situation change avec *Powell vs. Alabama* 287 US 45 puis en 1935 avec *Norris vs. Alabama*. Ces décisions donnent le droit aux prévenus noirs de bénéficier de la même assistance juridique que des prévenus blancs et de siéger dans des jurys de cours d'assises. L'appartenance raciale n'est plus invoquée pour les exclure *de facto* des cours de justice.

troisième. « Christ in Alabama » et « Scottsboro », sont écrits en réaction à l'affaire de Scottsboro et publiés dans le magazine *Contempo* de l'Université de Chapel Hill, où Hughes s'est rendu pour rencontrer les étudiants. Avec ces poèmes, il déclenche la fureur des Sudistes :

> « Christ in Alabama »
> Christ is a nigger,
> Beaten and black:
> Oh, bare your back!
> Mary is His mother;
> Mammy of the South,
> Silence your mouth.
> God is His father:
> White Master above
> Grant Him your love […] (143).

Comme dans les spirituals, Hughes établit un parallèle entre la souffrance du Christ et celle des Noirs, une communion dans la souffrance. Cette comparaison est un moyen pour Hughes de mettre sur un même pied d'égalité la souffrance du Christ et celle des Noirs du Sud. Toutefois, pour les Sudistes, déclarer que le Christ est noir est blasphématoire. L'expression du martyr culmine sur la croix, mais il est ici question de la croix des États esclavagistes (*On the cross/ Of the South*), c'est-à-dire celle que les membres du Ku Klux Klan font brûler et qui est synonyme de lynchages et de violence.

La visite de Hughes dans le Sud s'avère cependant payante et la critique décrit son écriture comme une contribution essentielle à la poésie américaine ; sa poésie entre dans le canon littéraire américain. Un critique de l'époque écrit à ce propos :

> Tout ce qui a été dit de nombreuses fois sur Hughes est vrai. Il s'est délesté de la poésie nègre qui a été utilisée pour combler ce grand vide entre Dunbar et la jeune génération […]. On ne peut qu'accepter la poésie de Hughes qui n'est pas une écriture de propagande, mais bien une contribution aboutie à l'écriture américaine dans son ensemble[171] (Rampersad, 1986, 226).

---

[171] *What has been said of Hughes many times is true. He has broken away from the Negro poetry which has filled a large part of the gap from Dunbar to the younger group […]. And one accepts his poetry not as propaganda but as finished artist's contribution to America's writings.*

Hughes écrit pour exprimer toutes les inégalités dont les Noirs sont victimes. Il reste toutefois optimiste et veut croire en un avenir meilleur pour les siens. Lorsqu'il publie *The Dream Keeper and Other Poems* en 1932, le recueil, pétri d'optimisme, évoque son espoir dans le futur :

> « I, Too »
> I, too, sing America.
> I am the darker brother.
> They send me to eat in the kitchen
> When company comes,
> But I laugh,
> And eat well,
> And grow strong.
>
> Tomorrow,
> I'll sit at the table
> When company comes.
> Nobody'll dare
> Say to me,
> "Eat in the kitchen,"
> Then [...] (46).

Hughes offre l'utopie du rêve américain à l'imagination de l'Amérique noire ; mais il exprime de plus en plus tout le décalage entre les idéaux américains et la réalité sociale des Noirs, les exclus du rêve. En 1936, Hughes devient encore plus militant en dénonçant les inégalités du système dans une Amérique en proie à la misère. Le long poème « Let America Be America Again » laisse entrevoir l'image du rêve différé que les Noirs peinent à atteindre et que Hughes exprimera à nouveau en 1951 dans un autre de ses recueils phares, *Montage of a Dream Deferred*. « Let America Be America Again » est un hymne à l'Amérique de la Dépression. Ce poème fait aussi écho à Walt Whitman (*America the Beautiful*) à travers l'évocation de l'Amérique ordinaire et l'usage du vers libre.

> « Let America Be America »
> Let America be America again.
> Let it be the dream it used to be.
> Let it be the pioneer on the plain
> Seeking a home where he himself is free.

> (America was never America to me.)
>
> Let America be the dream the dreamers dreamed –
> Let it be that great strong land of love
> Where never kings connive nor tyrants scheme
> That any man be crushed by one above.
> (It never was America to me.)
>
> O, let my land be a land where Liberty
> Is crowned with no false patriotic wreath,
> But opportunity is real, and life is free,
> Equality is in the air we breathe.
> (There's never been equality for me,
> Nor freedom in this "homeland of the free") [...] (189-190).

Quelques années plus tard, la victoire de la Seconde Guerre mondiale amène à nouveau son lot de promesses et d'espoirs à une population oubliée après la Première Guerre. Avec la publication de *Montage of a Dream Deferred*[172] Hughes offre sa réponse à *The Dream Keeper* et aux poèmes écrits dans et avant les années trente. *Montage* évoque, en effet, les changements attendus des Noirs américains après les deux guerres et les illusions perdues. Le recueil fait l'éloge du rêve américain et de la réalité africaine-américaine sur fond de musique noire à Harlem. En proie à un décalage constant entre les promesses faites et la réalité, Hughes montre que les Noirs vont devoir se réinventer pour affirmer leur part du rêve au même titre que les Blancs. Il est donc important de distinguer les poèmes écrits pendant la Renaissance de Harlem de ceux écrits après cette période, car le contexte culturel, mais aussi historique est bien différent pour le poète. Sous l'influence de la musique noire, le recueil retrace l'évolution de la culture africaine-américaine et les attentes d'une communauté déçue. *Montage* offre la description de la communauté noire de Harlem à travers quatre-vingt sept poèmes tous largement inspirés du Be-bop. Les poèmes offrent les mêmes rythmes que ce genre musical des années cinquante à travers des interjections, des riffs et des motifs musicaux rapides ou lents. « Il n'existe pas dans l'histoire littéraire américaine d'équivalent à ces deux recueils [*Montage of a Dream Deferred* ; *Ask Your Mama*] entièrement imprégnés de jazz, révolutionnaires à la fois dans leur forme et leur

---

[172] Tous les poèmes de ce recueil ont été regroupés dans l'anthologie publiée par Arnold Rampersad en 1995 et que nous utilisons.

idéologie » (Sylvanise 13). Hughes entraîne ainsi son lecteur dans un processus de « fiction collective », autre caractéristique de la littérature « mineure ».

La poésie de Hughes retrace non seulement l'évolution des Noirs à travers l'histoire, mais permet aussi de suivre l'évolution de la musique noire. Comme Charlie Parker[173] qui expérimente le free-jazz et donne naissance au bop dans les années quarante, Hughes applique les principes de ce genre musical à sa poésie. Cette technique est, en définitive, une forme de résistance et démontre une volonté et une idéologie très différentes des écrivains de son époque, car tout au long de sa carrière, Hughes reste fermement engagé et attaché à la cause noire. Il réussit toutefois à gagner la reconnaissance des Noirs et des Blancs à une époque où seule compte une image positive des Noirs et où les gens humbles ne présentent pas d'intérêts pour l'intelligentsia. Une trentaine d'années après la Renaissance de Harlem, Montage est le travail d'un poète souhaitant s'affranchir une nouvelle fois de ses contemporains et affirmer sa fierté raciale tout en évoquant les gens les plus humbles :

> À la question « Que signifie la poésie pour vous ? », Langston Hughes répondit : « c'est l'âme humaine dans sa globalité pressée comme un citron, jusqu'à la pulpe pour en retirer des mots atomiques. Un poète est un être humain et tout être humain doit vivre avec son époque, avec et pour son peuple et dans les limites de son pays[174] » (Rampersad, 1995, 5).

Le thème du rêve américain et la possibilité pour l'homme noir d'avoir accès à sa part du rêve sont des aspects récurrents de la poésie de Hughes. *Montage* est une illustration de ces préoccupations qui reviendront à nouveau dix ans plus tard dans *Ask Your Mama : 12 Moods for Jazz*. Après avoir exploré les techniques du blues et du jazz dans son écriture, Hughes, en homme de son temps et suivant l'évolution de la musique noire, se tourne vers le be-bop et le boogie-woogie :

> Plusieurs hypothèses ont été avancées pour expliquer l'étymologie de ce terme. Il proviendrait soit d'Afrique de l'Ouest où, dans un dialecte du Sierra Leone, « bogi-bogi » signifie danser, soit d'une référence au bruit

---

[173] Charlie Parker (1920-1955) : saxophoniste alto, connu pour ses improvisations. Il fut un interprète exceptionnel du be-bop. Sa grande technicité fit sa renommée et marqua l'ère du jazz moderne.
[174] *"What is poetry?" Langston Hughes answered: "It is the human soul entire, squeezed like a lemon or a lime, drop by drop, into atomic words. A poet is a human being; each human being must live within his time, with and for his people, and within the boundaries of his country"*.

régulier que font les bogies des wagons en passant sur les jonctions des rails. Quelle que soit son origine, c'est en 1928 qu'il est mentionné pour la première fois[175] (Sylvanise 125-126).

Ce thème musical est exploité à travers plusieurs poèmes tous construits sur la même structure syncopée et répétitive. Les poèmes « Dream Boogie », « Easy Boogie », « Boogie 1 a.m. », « Lady's Boogie », « Nightmare Boogie » et « Dream Boogie: Variation », sont tous des variations autour du poème « Dream Boogie » qui ouvre le recueil. La technique et le rythme du boogie-woogie sont les principes d'unité de tous ces poèmes. Par ce procédé original, Hughes évoque subtilement le rêve américain au sein de la communauté noire et en dévoile ses diverses interprétations. Hughes est à la fois « poète musical » et « poète social ». Dans « Dream Boogie », deux voix se répondent et se font écho pour donner leur version du rêve américain :

> « Dream Boogie »
> Good morning, daddy!
> Ain't you heard
> The boogie-woogie rumble
> Of a dream deferred?
> Listen closely:
> You'll hear their feet
> Beating out and beating out a _
>   You think
>   It's a happy beat?
>
> Listen to it closely:
> Ain't you heard
> Something underneath
> Like a _
>   What did I say?
> Sure,
> I'm happy!
> Take it away!
>   Hey, pop!
>   Re-bop!
>   Mop!
>   Y-e-a-h! (388)

---

[175] Pour cette explication, Frédéric Sylvanise cite Christophe Pirenne in *Vocabulaire des musiques afro-américaines*, Paris, Editions Minerve (Musique ouverte), 1994, 31.

L'oralité est matérialisée par l'utilisation des italiques qui permettent un changement de ton. L'objectif essentiel de la persona est de se faire entendre et d'être entendue. La question: « ain't you heard? » est répétée à deux reprises tout comme le verbe écouter / to listen to (*Listen closely/ Listen to it*). Le champ sémantique du son suggère que le lecteur est devenu le témoin de l'évolution du rêve, un rêve qui tarde tout de même à se réaliser (*Ain't you heard/ The boogie-woogie rumble/ Of a dream deferred?*). L'alternance des formes interrogatives et exclamatives suppose une pleine participation de l'auditeur et par glissement du lecteur. Le lecteur doit donc être actif, car sa participation et son écoute sont sollicitées. La technique du boogie-woogie s'intensifie lorsque la voix s'arrête (*What did I say?*) pour reprendre de plus belle : « Sure, / I'm happy!/ Take it away! »

Le lecteur entend le rythme syncopé ou scat, propre au boogie-woogie (comme dans : *Hey, pop! / Re-bop!/ Mop! / Y-e-a-h!*). La tristesse et le sérieux de l'ouverture du poème (*Ain't you heard The boogie-woogie rumble Of a dream deferred?*) sont progressivement remplacés par la joie alors que le tempo s'accélère. Adopter ce genre musical signifie adopter un mode de vie où la joie est fondamentale. Être réceptif à ce genre musical est une question d'identité raciale et sociale et une façon de préserver l'identité noire. Cependant, écouter, ressentir la musique noire font appel à des sensations et des capacités que tous les membres de la communauté noire ne possèdent pas nécessairement :

« Lady's Boogie »
See that Lady
Dressed so fine?
She ain't got boogie-woogie
On her mind

Cette « Lady » est bien incapable de ressentir la musique et de la comprendre, précisément parce qu'elle appartient à la bourgeoisie noire. Elle est donc insensible aussi aux attentes déçues des gens les plus humbles dont l'accès à leur part du rêve est constamment ajourné. Hughes revient sur cet aspect lui qui, pendant la Renaissance de Harlem, se révolte contre l'hypocrisie de la bourgeoisie noire tout en refusant d'idéaliser les Noirs et en proposant, au contraire, la description d'identités multiples. Son positionnement illustre l'expérience de l'écrivain américain vue par Deleuze :

> C'est une littérature populaire, faite par le peuple, par « l'homme moyen » comme création de l'Amérique, et non par de « grands individus ». [...] Le monde comme échantillonnage : les échantillons « spécimen ») sont précisément des singularités, des parties remarquables et non totalisables qui se dégagent d'une série d'ordinaires (Deleuze, 1993, 76).

D'autres styles musicaux apparaissent dans *Montage*. Le blues, le jazz et les spirituals sont aussi présents pour décrire le quotidien des résidents de Harlem dans les années quarante[176]. En introduisant ces différents styles, Hughes met une fois de plus la culture et l'identité noires au premier plan. En se faisant écho, tous ces poèmes répondent à une structure polyphonique dont les répétitions sonores et la musicalité sont proches du « balbutiement » deleuzien[177]. Hughes crée son propre système de codes et de « balbutiements » pour mieux échapper à la codification de la langue dominante. Sa parole est éminemment poétique, car Hughes produit ses propres « mots-musique » et ses propres « harmonies sonores » ; il dépasse sa langue pour tendre vers un « étant poétique » (Deleuze, 1993, 123). Hughes met la langue en déséquilibre et par ses modulations porte la langue vers ses limites. Comme l'explique Gilles Deleuze : « il ne s'agit pas d'étymologie à proprement parler, mais d'opérer des agglutinations dans l'autre-langue pour obtenir des surgissements dans la-langue » (123). En utilisant les répétitions, les ellipses et les anaphores, Hughes écrit depuis la marge et force le lecteur à se faire l'interprète de ses pensées et opinions. Au delà de l'acte créatif présent, l'écriture musicale de Hughes montre aussi à quel point elle est pour lui un mode de vie, une source d'inspiration et d'énergie. Harlem est tout aussi indissociable de l'écriture de Hughes que la musique qu'il adapte à son écriture poétique. Pour lui, la culture et l'expérience des gens du peuple sont un matériau essentiel que les artistes noirs doivent utiliser. Sa poésie et sa prose s'appuient d'ailleurs sur des images de la classe ouvrière rurale ou urbaine et essentiellement sur Harlem et ses

---

[176] Il s'agit des poèmes : « Mystery » (416), « Testimonial » (417), « Flatted Fifths » (404), « Jam Session » (408), et « Be-Bop Boys » (409).
[177] Voir Deleuze, *Critique et Clinique*, chapitre XIII notamment.

habitants. Harlem, « nouvelle Terre Promise » pour les Noirs du Sud, est célébré dans « Not a Movie ».

> « Not a Movie »
> Well, they rocked him with road-apples
> Because he tried to vote
> and whipped his head with clubs
> and he crawled on his knees to his house
> and he got the midnight train
> and he crossed that Dixie line
> now he's livin'
> on a 133rd.
>
> He didn't stop in Washington
> and he didn't stop in Baltimore
> neither in Newark on the way. [...]
> And there ain't no Ku Klux
> On a 133rd. (396)

Harlem attira les Noirs du Sud comme des aimants et s'installer à Harlem signifiait pour eux voir un rêve se réaliser : « Harlem était un lieu magique, en pleine transformation, et cette magie opérait surtout sur ceux qui venaient à New York à la recherche d'une vie meilleure[178] » (Bascom 4). Aussi, Harlem s'est radicalement transformé dans les années vingt avec l'arrivée de plus en plus de Noirs du Sud. Le poème « Not a Movie » traduit la réalité du Sud et sa violence pendant la première moitié du vingtième siècle, ce qui explique d'autant plus l'afflux incessant de migrants durant la période appelée la Grande Migration :

> Entre la période de l'entrée en guerre de l'Amérique avec l'Europe et l'effondrement boursier de 1929, les Noirs, hommes et femmes, quittèrent le Sud à un rythme de 500 par jour, soit plus de 15 000 personnes par mois. La désertion de la région de la black belt (la ceinture noire) fut particulièrement frappante à cette période. [...] En 1930, plus de 1,3 million de Noirs résidaient hors des États du Sud, ce chiffre tripla au milieu du siècle[179] (Berlin 154).

---

[178] *Harlem was a magical, transforming place then, and this was especially true for the disenfranchised who came to New York in search of greater opportunity.*
[179] *If greatness is measured by size, the Great Migration was great indeed. Between America's entry into the European war and the stock market crash in 1929, black men and women left the South at an average rate of 500 per day, or more than 15,000 per month. The*

Pourtant, comme le constate Gilbert Osofsky dans son étude sur Harlem, les Noirs n'échappèrent ni au racisme ni à l'hostilité blanche une fois installés à New York :

> Au début du vingtième siècle, l'attitude envers les Noirs qui prévalait à New York était une attitude hostile et aliénante. Pour la majorité de la population, la ville ne changea pas vraiment grand chose pour les Noirs en termes de domination. Face à l'antagonisme racial, la création de communautés ségréguées comme Harlem devint une nécessité[180] (Osofsky 67).

Le poème « Good Morning », qui est conçu comme un témoignage de la migration des Noirs à New York, décrit les conséquences de leur arrivée massive dans la mégalopole où les antagonismes raciaux, évoqués par Osofsky, semblent loin d'être un frein à l'installation à Harlem :

> « Good Morning »
> Good morning, daddy!
> I was born here, he said,
> watched Harlem grow
> until colored folks spread
> from river to river
> across the middle of Manhattan
> out of Penn Station
> dark tenth of a nation,
> planes from Puerto Rico,
> and holds of boats, chico,
> up from Cuba Haiti Jamaica,
> in buses marked New York
> from Georgia Florida Louisiana
> to Harlem Brooklyn the Bronx
> but most of all to Harlem
> dusky sash across Manhattan [...].
> What happens
> to a dream deferred?
>
> Daddy, ain't you heard? (426)

---

evacuation of the black belt was particularly striking. [...] By 1930, more than 1.3 million resided outside the South, nearly triple the number at the turn of the century.

[180] *When the new century began the prevailing attitude toward the Negro in New York City had been one of hostility and increasing alienation. And as far as the majority of the population was concerned, there was no change in this dominant reaction of the city to the Negro people. The racial antagonism of the majority made necessary the creation of segregated communities like Harlem.*

Les nombreux noms et nationalités sont une allusion à la diversité des migrants noirs et à cette force d'attraction que représente New York au début du vingtième siècle. Toutefois, le poème s'achève sur une note de déception face à leurs attentes. Le symbolisme de fin montre à quel point les Noirs sont pris au piège de leur propre rêve et de la vision idéalisée de Harlem (*The gates open/ Yet there're bars/ at each gate*).

Le poème « Deferred », dont le thème est le rêve ajourné, et qui est placé juste avant « Good Morning » dans le recueil, fonctionnait déjà comme un avertissement en fournissant une conclusion irrémédiable :

> « Deferred »
> *This year, maybe, do you think I can graduate?*
> *I'm already two years late.*
> *Dropped out six months when I was seven,*
> *a year when I was eleven,*
> *then got put back when we came North.*
> *To get through high at twenty's kind of late*
> *But maybe this year I can graduate.*
> Maybe now I can have that white enamel stove
> I dreamed about when we first fell in love
> Eighteen years ago.
> But you know,
> rooming and everything
> then kids,
> cold-water flat and all that.
> But now my daughter' married
> And my boy's most grown -
> quit school to work -
> and where we're moving
> there ain't no stove -
> Maybe now I can have that white enamel stove […]
>
> All I want is to see
> My furniture paid for.
> *All I want is a wife who will*
> *Work with me and not against me. […]*
>
> I want a television set.
>
> *You know, as old as I am,*
> *I ain't never*

owned a decent radio yet?
I'd like to take up Bach.

Montage
of a dream
deferred.

Buddy, have you heard? (413)

Dans ce poème, Hughes fait se confronter les rêves de deux personnes. L'utilisation des italiques lui permet de maintenir l'oralité et de signaler le changement de voix. Dans ce poème, il continue à jouer avec la musicalité des mots et des voix qui les prononcent. L'oralité du poème est soulignée par la récurrence des questions et des comparaisons, de sorte que le poème peut être compris et lu comme un dialogue, un jeu de questions-réponses entre deux personnes. Pour ces personnes, l'accès au rêve américain passe par la culture, le travail et la consommation: « Maybe now I can have that white enamel stove / I dreamed about when we first fell in love » ; « Maybe now I can have that white enamel stove /All I want is/ One more bottle of gin; All I want is to see/ My furniture paid for; I want a television set ». L'expression matérielle du rêve américain montre finalement toute sa banalité et l'impatiente des Noirs à y accéder, d'avoir enfin leur part. Pour les personnes simples que Hughes décrit, les aspirations sont, somme toute, loin d'être extraordinaires.

Le poème « Passing » (qui rappelle l'histoire tragique écrite par Nella Larsen pendant la Renaissance) évoque un autre aspect du rêve, celui des Noirs qui décident de passer pour Blancs afin d'accéder au rêve américain. Cette expérience est certes vécue comme un acte de trahison identitaire et culturel, mais, pour certains, c'est le prix à payer pour une vie plus facile. Hughes ne juge pas, il fait le constat de l'isolement encore plus grand pour ceux qui ont décidé de « passer pour Blancs » :

« Passing »
On sunny summer Sunday afternoons in Harlem
when the air is one interminable ball game
and grandma cannot get her gospel hymns
from the Saints of God in Christ
on account of the Dodgers on the radio,
on sunny Sunday afternoons

> when the kids look all new
> and far too clean to stay that way,
> and Harlem has its
> washed-and-ironed-and-cleaned-best out,
> the ones who've crossed the line
> to live downtown
> miss you,
> Harlem and the bitter dream,
> since their dream has
> come true. (417)

« Passing » évoque la fierté noire, mais aussi la vie quotidienne de Harlem. Hughes décrit ici les codes culturels du quartier le dimanche après-midi après la messe (*Harlem has its washed-and-ironed-and-cleaned-best out*) et l'isolement de ceux qui franchissent la « ligne de couleur » (*the ones who've crossed the line/ to live downtown/ miss you/ Harlem and the bitter dream,/ since their dream has / come true*). Voir ses rêves se réaliser se paie cher. Cela signifie sacrifier les siens, sa communauté et perdre toute valeur culturelle. Vivre et rester à Harlem, au contraire, signifie être privé du rêve américain, mais c'est surtout conserver son identité et ses références culturelles.

À travers sa « poésie sociale » Hughes propose l'inventaire d'une communauté en transition, déçue par les promesses de la guerre. Hughes met aussi le rêve américain en perspective en présentant une réflexion sur les obstacles à franchir pour les Noirs afin de le réaliser. Les poèmes « Harlem [2] » et « Good Morning » sont une illustration. « Harlem [2] » pose une série de questions qui mènent à une conclusion pour le moins inattendue. En se demandant qu'attendre de l'avenir, Hughes s'interroge et interroge son lecteur : reconquérir le rêve américain est-il oui ou non devenu une nécessité pour la communauté noire ?

> « Harlem [2] »
> What happened to a dream deferred?
>
> Does it dry up
> like a raisin in the sun?
> Or fester like a sore -
> And then run?
> Does it stink like rotten meat?
> Or crust and sugar over -

like a syrupy sweet? [...]

Or does it explode? (426)

Cette fois, le rêve américain est associé à des images de nourriture en décomposition et de pourriture (*like a sore/ like rotten meat*). La soudaineté de la conclusion lui donne un caractère d'autant plus surprenant (*Or does it explode?*). Le mode interrogatif pousse une fois de plus le lecteur à être actif, mais c'est aussi un moyen pour Hughes de traduire sur un ton beaucoup plus agressif, les tensions entre rêve et réalité ; entre le quotidien de l'Amérique blanche et celui de l'Amérique noire.

Hughes fait un bilan amer et pessimiste de la situation. Pessimisme qui disparaît alors que le recueil touche à sa fin. Montage se termine en effet par le poème « Island [2] », qui fait écho au tout premier poème avec la répétition de « Good morning daddy », et vient contrebalancer « Harlem [2] ». Alors qu'« Harlem [2] » décrit le quartier comme le lieu de toutes les frustrations en raison de l'impossibilité du rêve américain pour les Noirs américains, « Island [2] » montre comment Harlem est devenu l'incarnation de ce rêve pour beaucoup. C'est pourquoi *Montage of a Dream Deferred* propose une analyse très mitigée de la condition des Noirs après des années de ségrégation et d'injustice. Les poèmes dénoncent les politiques sociales et économiques du gouvernement américain qui oublia systématiquement les Noirs en les excluant du rêve américain.

Le thème du rêve ajourné revient à nouveau en 1961, dix ans plus tard, avec le recueil *Ask Your Mama : 12 Moods for Jazz*. Hughes va plus loin encore et s'il continue à porter un regard amer sur la société américaine à travers une écriture complexe, proche du modernisme, il en profite aussi pour régler ses comptes avec le gouvernement et sa politique. Hughes préfère l'ironie et le sarcasme à la provocation et veut des réponses concrètes à ses questions passées. L'analogie avec le free-jazz est cette fois privilégiée, car ce genre musical se développe dans les années cinquante et soixante, au moment où il écrit *Ask Your Mama*.

Dans les années cinquante, les musiciens free-jazz tentent de rompre avec les conventions du jazz, le tempo notamment, et apportent des innovations à travers leurs improvisations libres. Les historiens du jazz considèrent ce style avant-garde et voient dans cette improvisation collective une tentative de retour aux racines du jazz.

Ornette Coleman[181], Cecil Taylor[182] et John Coltrane[183], dont l'apport est plus tardif, sont considérés comme les pionniers du free-jazz, car ils remettent en cause la technique d'écriture musicale traditionnelle et explorent de nouvelles sonorités, un nouveau tempo et un nouveau timbre. Le free-jazz rompt avec le rythme binaire et ternaire et est l'occasion pour ces musiciens d'exprimer leur colère et leur mécontentement dans un contexte social et artistique particulier qui voit la montée du mouvement Black Power. Cependant, le free-jazz n'exprime pas et ne revendique pas un discours politique, contrairement au free-jazz de Hughes puisque contestation et révolte contre l'impérialisme américain sont bien présents dans *Ask Your Mama* :

> [...] La colère des musiciens du free-jazz, la contestation qu'ils incarnent, est transmise dans un au-delà de la musique qui est l'expressivité, c'est-à-dire une individuation fondamentale, qui passe par un travail sur le son. Chez le poète, ce travail correspond à la mise en œuvre pratique de l'oralité du poème, c'est-à-dire à sa performance, qui donne vie à la parole (Sylvanise 174).

C'est par l'écriture que Hughes va, une fois de plus, exprimer sa colère et sa vision de l'Amérique à cette époque. Transposer son écriture en expérience free-jazz est un moyen pour lui de continuer à mettre en forme et en son la relation entre Africains-Américains et Américains blancs, mais aussi entre Africains-Américains et Africains et de montrer le caractère cyclique et répétitif de l'Histoire à travers le temps et à travers une écriture qui peut s'avérer déconcertante pour l'auditeur/lecteur. C'est aussi une façon de continuer à remettre en cause, comme les musiciens free-jazz, la conception de l'écriture traditionnelle et de rompre avec les usages littéraires.

Fidèle à ses habitudes, Hughes adapte son écriture à la musique et s'approprie par l'écrit le style free-jazz. En revenant sur l'histoire de

---

[181] Ornette Coleman (1930-2015), saxophoniste, trompettiste et violoniste. Il est l'un des précurseurs majeurs du free-jazz en tant que saxophoniste ténor. La caractéristique essentielle de son style est l'atonalité (qui remet en cause la conception de l'écriture musicale) soutenue par un tempo fluctuant. En 1960, son album *Free Jazz: A Collective Improvisation* est le premier exemple d'improvisation collective dans le jazz avant-garde.

[182] Cecil Taylor (1929), pianiste. Il est l'un des créateurs de free-jazz avec Ornette Coleman. Sa musique est très polymorphe et complexe. Dans les années soixante, il développe de nouvelles formes de dialogues musicaux. Influencé par la danse et la poésie, il a travaillé avec la danseuse Dianne McIntyre et il intègre certains de ses poèmes dans ses concerts.

[183] John Coltrane (1926-1967), saxophoniste. Considéré comme le saxophoniste le plus révolutionnaire après Charlie Parker. Il explore de nouvelles sonorités et de nouveaux timbres qu'il développe avec le saxophone. Il combine l'improvisation à la chaleur du timbre du saxophone, à sa dynamique et à son rythme.

l'Amérique et en faisant l'analyse de la situation noire au début des années soixante, Hughes entraîne son auditeur/lecteur dans une sorte de labyrinthe où l'absence de linéarité du recueil est pour le moins déroutante. Comme à l'écoute d'un morceau de free-jazz, le recueil échappe totalement au lecteur qui doit se l'approprier, décoder les sens, pour mettre fin à sa désorientation. L'absence de ponctuation dans la plupart des poèmes donne aussi libre cours à l'improvisation du lecteur/auditeur qui est invité à adopter son propre rythme et son propre tempo. Pour mieux souligner cet esprit d'improvisation, l'espace de la page est éclaté, fragmenté ; certains poèmes sont même composés à la manière de publicités, avec des titres dignes des slogans publicitaires : « Ride, Red, Ride » (482), « Blues in Stereo » (494), « Gospel Cha-Cha » (502), « Is it True ? » (506). Avec chaque poème, l'écriture de Hughes se balance constamment entre marge et centre ; marge qui fonctionne tantôt en continuité du poème, comme une sorte de miroir, tantôt en opposition. Hughes se sert littéralement de la marge pour faire passer son message :

```
IN THE POT BEHIND THE
PAPER DOORS WHAT'S COOKING?
WHAT'S SMELLING LEONTYNE[184]?
LIEDER, LOVELY LIEDER            Delicate
AND A LEAF OF COLLARD GREEN.     lieder[185]
LOVELY LIEDER LEONTYNE           On piano
IN THE SHADOW OF THE NEGROES     continues
                                 between verses
                                 to merge
         NKRUMAH                 softly
IN THE SHADOW OF THE NEGROES     into the
         NASSER NASSER           melody of the
IN THE SHADOW OF THE NEGROES     "Hesitation
         ZIK AZIKIWE             Blues" asking
CUBA CASTRO GUINEA TOURÉ         its haunting
FOR NEED OR PROPAGANDA           question,
         KENYATTA                "How long
AND THE TOM DOGS OF THE CABIN    must I
THE COCOA AND THE CANE BRAKE     wait?
```

---

[184] Hughes fait référence ici à la soprano Leontyne Price (1927) qui fut la principale interprète d'Aïda et acquiert une renommée internationale dans les années soixante grâce à sa tessiture de voix éclatante et une diction très élégante.
[185] Poème germanique chanté par une voix et accompagné d'un piano ou d'un ensemble instrumental. Terme utilisé par les musiciens de jazz.

Le questionnement de la marge (*How long must I wait ?*) fait écho au recueil *Montage of a Dream Deferred*, où l'attente du rêve américain était déjà bien présente. Une décennie plus tard, cette attente est à nouveau un leitmotiv et Hughes souligne que le rêve américain est toujours ajourné pour la communauté noire. Aussi, le poète en appelle à sa communauté et en évoquant les combats de différents leaders politiques à travers le monde (Castro, Nasser, Touré) suggère non seulement aux Noirs américains, mais à tous les Noirs de se mobiliser, de prendre la situation en main et de lutter à leur tour contre l'impérialisme américain. Hughes, qui écrit sur l'actualité et garde toujours en lui cette volonté d'inscrire les Noirs dans une histoire commune, collective et diasporique, en appelle à la poésie, la sienne, pour contester et déclarer la révolution. Hughes écrit bien depuis la marge et continue à montrer, trente ans après la Renaissance de Harlem, le caractère polymorphe et contestataire de son expression poétique :

> Il faut voir dans les poèmes jazz de Hughes et de ses descendants un désir de répondre à une actualité en même temps qu'une tentative d'inscrire les peuples noirs dans une histoire commune, de manière à leur rendre justice, dans une perspective morale. Hughes et ses héritiers, refusant la provocation pure, ont choisi l'ironie cinglante comme mode d'expression, afin d'élever le peuple africain-américain à une dignité qu'on lui avait si longtemps refusée (Sylvanise 197).

Puis, Hughes continue à mettre son écriture au service des Noirs les plus humbles en proposant une nouvelle création : Jess B. Simple, un personnage qui va devenir emblématique de la condition noire et qui apparaît, au début des années 1940, dans le journal le *Chicago Defender*. Plusieurs années après la Renaissance de Harlem, Hughes revient sur cette période non pas par la poésie, mais par la prose et l'humour en proposant Simple dont les aventures et mésaventures lui permettent de faire le portrait rétrospectif du « petit peuple » de Harlem et de tirer des conclusions sans appel sur une communauté qui continue à être marginalisée au moment où il écrit et qui n'a toujours pas eu accès à sa part du rêve américain. C'est aussi avec Simple que Hughes sera définitivement reconnu et accepté et finira par appartenir au canon littéraire.

Quatrième Partie
De la marge à l'œuvre canonique

Chapitre I.
Jesse B. Simple. Du stéréotype au personnage phare[186]

Le personnage de Simple est une création importante dans la carrière de Hughes après la Renaissance de Harlem[187]. À l'origine écrites en 1943 pour l'hebdomadaire noir *The Chicago Defender* avant d'apparaître dans le *New York Post* de manière régulière, les histoires de Jesse Simple sont immédiatement très appréciées des Africains-Américains[188].

Simple est né en Virginie, État où sont débarqués les premiers esclaves noirs et qui voit l'insurrection dirigée par Nat Turner. Comme Hughes, Simple a été élevé par sa tante et sa grand-mère. Baptisé Jesse B. Simple, il est plus connu sous le nom de Simple. Dépourvu de solides connaissances, Simple est un honnête homme du Sud rural qui travaille dur et subit la ségrégation et les brimades. À Harlem, il jouit d'une nouvelle liberté et devient, sous la plume de Hughes, un modèle culturel, l'archétype du Noir du Sud qui s'établit à Harlem pour y incarner l'homme noir des années vingt vu par Langston Hughes. Le narrateur, Boyd, et Simple, le personnage principal, se rencontrent le soir dans un bar et discutent à bâtons rompus de sujets divers autour de nombreux verres de bière. Les histoires de Simple sont construites comme une pièce de théâtre où se retrouvent et se succèdent différents personnages. Ces histoires capturent la personnalité, l'esprit et le sens de l'humour du personnage, tout en donnant un aperçu précis et rétrospectif de la Renaissance de Harlem à travers le point de vue du peuple et non pas

---

[186] Cette partie est adaptée de notre seconde monographie, Dualé, 2014, 64-78.
[187] Voir, notamment, notre article de février 2015 : *Lorsque Langston Hughes écrivait l'Amérique de demain : Jesse B. Simple, porte parole des Noirs américains*.
[188] Une partie de ces histoires sont réunies en 1961 sous le titre *The Best of Simple* (Hill & Wang). L'édition originale est illustrée par Bernhard Nast. Cette édition sera utilisée pour la suite de l'analyse et citée en note de bas de page. Nous utiliserons la traduction officielle française de F.J. Roy, publiée en 2003 et intitulée : *L'ingénu de Harlem*, pour les citations afin d'éviter une rupture avec le corps de l'analyse.

celui des intellectuels noirs. Ces nouvelles peuvent donc être analysées d'un point de vue réaliste puisqu'elles sont un documentaire sur la Renaissance de Harlem, mais elles peuvent aussi être traitées comme une œuvre poétique où la musique noire et la création langagière sont omniprésentes. En faisant évoluer son personnage dans le contexte de la Renaissance de Harlem, et dans les rues de Harlem, Hughes, une fois de plus, reste fidèle à ses engagements :

> Sans sortir de sa race – et même parmi les classes supérieures avec leur culture « blanche » et leurs manières délibérément américaines, mais qui restent pourtant suffisamment nègres pour être différentes-, il y a suffisamment de matière pour offrir à un artiste noir une vie entière de travail créatif. [...] Et l'artiste nègre pourra leur apporter son individualité raciale, son héritage de rythme et de chaleur, et son humour incongru, qui si souvent, comme dans le blues, se transforme en un rire ironique mêlé de larmes (Hughes in Richet, ed., 127).

Les rues de Harlem, ses cabarets, ses bars, ses théâtres ou encore ses logements miteux redeviennent sous nos yeux des espaces symboliques où se crée inlassablement, au rythme du blues et du jazz, la culture noire. Les aventures de Simple sont l'occasion pour Hughes de s'interroger sur les rapports hommes/femmes, mais aussi la haine raciale, la ségrégation, ou encore les relations entre Noirs et Blancs. Si la forme change, le blues et le jazz sont toujours là pour évoquer, sur fond musical, les attentes déçues du poète pendant et après la Renaissance de Harlem :

> Simple n'aurait pas pu voir le jour dans les années vingt ou 1930, car les écrivains noirs étaient alors bien trop occupés à poser les fondations de la Renaissance de Harlem en rédigeant des livres sérieux ; sa naissance n'aurait pas pu avoir lieu plus tôt non plus, car les écrivains noirs étaient alors apologistes. Simple arriva, s'épanouit et repartit exactement au bon moment[189] (Levin, 1972, 240).

---

[189] *Yet he [Jesse B. Simple] could not have been born in a period earlier than he was either. Not in the late twenties and early thirties when black writers were bent on producing serious books and establishing the Harlem Renaissance, and certainly not before then, when whatever black writing existed was done by apologists. Simple came, flourished, and went at just the right time.*

Les histoires racontées par Simple sont un miroir de la situation des Noirs américains au début du vingtième siècle et fonctionnent toutes comme un palimpseste. Nous pouvons d'ailleurs interpréter les chroniques de la vie de Simple comme un retour à cette interrogation fondamentale de la Renaissance de Harlem : « que signifie être Noir dans l'Amérique des années vingt ? » Car si tous les personnages sont fictifs, ils ont tous leur place dans la réalité de Harlem entre 1920 et 1930.

Simple est un personnage différent de tout ce qui a pu être produit jusque-là par les écrivains noirs. Il est à la fois un amalgame de stéréotypes et d'idées reçues sur les Noirs mais en offrant une vision de l'intérieur et proche de la réalité des Noirs démunis il s'éloigne aussi de ces mêmes stéréotypes avec lesquels il joue comme pour mieux les subvertir. Simple est le porte-parole de Hughes et gagne ainsi en authenticité. Il est aussi un moyen pour l'écrivain de se faire entendre sans jamais se révéler ouvertement.

Comme Simple, Hughes est né dans le Sud, dans l'État du Missouri, et a été élevé par sa grand-mère et sa tante. Puis, comme son personnage, Hughes quitte lui aussi le Sud rural pour s'installer au Mexique avec son père avant de rejoindre Harlem au moment où ce quartier devient la capitale noire des États-Unis. Harlem apporte aussi à Hughes son lot de désillusions, comme cela est le cas pour Simple, mais ni l'un ni l'autre ne quitte le quartier au moment le plus fort de la crise. À travers Simple, Hughes s'aide d'une arme sans égal pour jeter un regard rétrospectif sur la Renaissance de Harlem. Nous revenons, ici, sur ces différents aspects liés au personnage afin de souligner et de comprendre le parcours de la marge à la norme de Hughes, car c'est bien ce personnage et ses aventures (sur fond de dénonciations de la question raciale et sociale) qui lui permit de faire passer son écriture de la marge à l'œuvre canonique.

Un amalgame de stéréotypes

Simple est un amalgame de stéréotypes et Hughes lui fait porter différents masques afin de faire passer son message. Il associe subtilement les clichés des Blancs aux clichés que les Noirs ont d'eux-mêmes pour créer un personnage crédible, incarnation « rétrospective » des contradictions de la Renaissance de Harlem. Pendant l'esclavage, la représentation des Noirs s'articule autour de deux aspects essentiels : la paresse de l'homme noir et son caractère sauvage afin de justifier l'esclavage. Les Blancs sont convaincus que les Noirs sont des êtres sauvages dont ils doivent se tenir à l'écart et se protéger. Une fois l'esclavage aboli, ils sont perçus comme des êtres dénués de responsabilités, incapables de survivre sans le maître blanc et peu autonomes. L'attitude paternaliste des Blancs se développe d'autant plus que les stéréotypes sont maintenus et consolidés. Le *Golliwog*, cette poupée chiffon à l'effigie de l'homme noir, dont les traits sont exagérés (lèvres rouges et épaisses, yeux écarquillés et cheveux hirsutes[190]) apparaît autour des années 1890 et installe durablement une image caricaturale et négative :

> Les Noirs furent réduits à leurs simples caractéristiques physiques : lèvres épaisses, cheveux crépus, nez et visage larges, etc. Le Golliwog est l'une de ces images populaires qui réduit les Noirs à quelques caractéristiques simplifiées et réductrices[191] (Hall 249).

Hughes reprend cette caricature lorsqu'il fait dire à Simple, qui décrit son jeune cousin venu le retrouver à Harlem :

> Des jeunes Nègres aussi noirs que lui, je crois pas que j'en ai vu beaucoup, dit Simple[192]. Et avec des dents si tellement blanches que lorsqu'il sourit, ça illumine la chambre[193] (« Un million zéro un » 201).

Dans les années soixante-dix, en travaillant sur la filmographie américaine, Donald Bogle définit cinq stéréotypes à partir de ses observations :

---

[190] Ce personnage apparaît pour la première fois en 1895 dans *The Adventures of Two Dutch Dolls and a Golliwogg* de Bertha Upton, illustré par Florence Upton. L'image de ce petit garçon de peau très noire est ensuite reprise dans les *minstrels* où des acteurs blancs, puis noirs, se noircissent le visage pour mieux faire ressortir leurs yeux et leurs lèvres qu'ils rougissent à l'excès.
[191] *Black people were reduced to the signifiers of their physical difference, thick lips, fuzzy hair, broad face and nose, and so on. [The Golliwog] is only one of the many popular figures which reduces black people to a few simplified, reductive and essentialized features.*
[192] Les erreurs grammaticales, lexicales et syntaxiques du personnage sont une volonté de l'auteur pour souligner l'appartenance de Simple aux petites gens de Harlem. Nous verrons aussi que c'est là une des caractéristiques de la « littérature mineure ».
[193] *What kind of kid is F.D.?/ About the darkest young boy I ever seen. And he has the whitest teeth which, when he smiles, lights up the room. He also looks like he has always just taken a bath he is so clean.* (« A Million – And One », 137-138).

- *Sambo*, le brave Noir servile et toujours joyeux[194],
- le *Coon*[195] (ou raton-laveur) désigne un être paresseux, simple d'esprit et lâche,
- le *Buck*, c'est-à-dire l'homme noir dans toute sa virilité,
- la *tragic mulatto*, ou la mulâtresse tragique et vulnérable, objet de tous les désirs pour les hommes blancs,
- *Mammy* la servante asexuée, fidèle et loyale envers ses maîtres[196].

Simple porte en lui tous ces clichés masculins et se rapproche le plus du stéréotype de Sambo, le joyeux Noir (*the happy entertainer*). Comme Sambo, qui danse et chante pour divertir ses maîtres et qui s'exprime maladroitement, Simple se donne aussi en spectacle devant Boyd et réjouit le lecteur, pendant que ses nombreuses erreurs grammaticales et lexicales rappellent ses origines.

Pendant l'esclavage, après leurs travaux dans les champs, les esclaves n'avaient pas d'autres choix que de donner de petits spectacles pour leurs maîtres. Ils devaient faire bonne figure et se montrer joyeux afin d'éviter les châtiments corporels. Les maîtres considéraient donc que leurs esclaves étaient heureux. Ce stéréotype était une façon, pour les Blancs, de contrôler et d'avoir une emprise totale sur leurs esclaves. C'est ainsi que Sambo fait partie intégrante de la culture populaire en devenant le héros principal des *minstrels*.

Dans les années trente, l'émission de radio *Amos'n'Andy*[197] animée par deux humoristes blancs, Charles Correll et Freeman Gosden, continue à diffuser une image très stéréotypée et caricaturale des Noirs dont ils ne peuvent se défaire :

> L'émission la plus controversée des années trente est sans doute *Amos'n'Andy*. Conçue, réalisée et interprétée par Charles Correll et Freeman Gosden en 1929, cette série de sketches représente Amos Jones et Andy Hogg Brown, deux Noirs qui cherchent fortune en

---

[194] Nous retrouvons ce personnage dans la littérature sous les traits de Jim dans *Huckleberry Finn* (1884) de Mark Twain. Jim est « l'oncle » (*uncle*) de la littérature blanche, victime de la ségrégation et des lois Jim Crow après la guerre de Sécession.
Le mot Zambo désignait dans l'Espagne du XVIIe siècle une personne de très petite taille mais aussi une catégorie de singe. Ce mot est attribué aux esclaves au milieu du XIXe siècle. Voir Ellis Cashmore (27) pour plus de détails.

[195] Les Noirs ont acquis ce surnom pendant et après l'esclavage. « Racoon » signifie raton-laveur d'où le diminutif « coon ».

[196] Ce personnage est celui de Mama dans *Autant en emporte le vent* (1936) de Margaret Mitchell.

[197] Comédie de situation basée sur des personnages noirs et jouée par des Blancs. Le programme *Amos'n'Andy* fut diffusé pour la première fois à la radio en 1928. Le succès fut immédiat. *Amos'n'Andy* fut adapté pour la télévision américaine entre 1951 et 1953.

quittant Atlanta pour Chicago. Ils fondent la Fresh Air Taxicab Company « incorpulated » (sic). L'un est travailleur, l'autre paresseux. Tous deux font la connaissance de George, un filou qui met leur naïveté à l'épreuve, et d'une foule d'autres personnages, tous jouées par Correll et Gosden. Les stéréotypes africains-américains sont aimablement passés en revue, au grand dam d'associations qui accusent les auteurs de racisme, font massivement signer des pétitions, mais n'obtiendront jamais l'arrêt du programme (Royot et al., 343-344).

Pour souligner l'isolement des Noirs à travers le divertissement burlesque, Hughes fait d'ailleurs dire à Simple dans « Picture for Her Dresser » (106-111) / « Une photo pour son dressoir » (156-162) :

> Toutes ces comédies, ces drames, ces blagues, ces sketches et ces opéras douceâtres qu'on entend toute la journée, y a rien sur les Nègres là-dedans. C'est à croire qu'à l'exception d'Amos et Andy il y a pas un seul Nègre à vivre dans ce pays. Les Blancs, ils ont toutes sortes de spectacles pour eux à la radio. Et aussi à la télé. Mais qu'est-ce que nous avons pour nous, nous autres ?[198] (« Une photo pour son dressoir », 156).

Simple prend aussi les traits du *Coon* tel qu'il est défini par Bogle, c'est-à-dire un être lâche, simple d'esprit, appréciant particulièrement les pastèques et les côtelettes. Simple est aussi cabotin et sait jouer d'autres rôles que celui du Noir faible et dominé. Comme dans les *minstrels*, il sait aussi caricaturer la bourgeoisie blanche et s'approprier ses attitudes. À cet égard, il se rapproche du *Zip Coon* qui devient populaire avec ces spectacles. Jusque-là, les Noirs qui sont interprétés sont ignorants, stupides, toujours joyeux et aiment danser et chanter. Le personnage du Noir cabotin qui plagie la bourgeoisie blanche et essaie de s'élever dans la société, prend une place importante dans les *minstrels* au milieu des années vingt[199]. En caricaturant la bourgeoisie blanche, le *zip coon* adopte un style

---

[198] *All these plays, dramas, skits, sketches, and soap operas all day long and practically nothing about Negroes. You would think no Negroes lived in America except Amos and Andy. White folks have all kinds of plays on the radio about themselves, also on TV. But what have we got about us?* (« Picture for Her Dresser », p. 106).
[199] L'image du *Zip Coon* s'est popularisée avec l'opéra *Porgy and Bess* (1927) de Gershwin dont l'histoire retrace la vie de Noirs vivant à Charleston (Caroline du Sud) dans les années trente. Offrant un point de vue blanc et des stéréotypes noirs, cet opéra a longtemps été décrié par la communauté noire.

la structure familiale noire ainsi que les nouveaux stéréotypes qui suivront :

> Et cet été ici, ce que je remarque, moi, c'est qu'il y a beaucoup plus de voitures d'enfants, que les bruits des hochets, on en entend tout le temps dans la maison et que le crémier il fait de bonnes affaires parce que les litres de lait ça s'envole, on pourrait dire. C'est marrant de voir comment la nature elle s'arrange pour faire reproduire les négros. La Sécurité aussi elle a dû augmenter ses allocations. Et l'assistante sociale du secteur elle est déjà venue deux fois dans la chambre d'en face pour enquêter sur ce qu'est devenu Carlyle. Quand il rentrera à la maison celui-là, il est bon pour une sommation[203] (« Folie d'été », 187).

Avec le retour aux valeurs familiales traditionnelles et notamment le retour à la relation hiérarchique et patriarcale entre l'homme et la femme, de nombreux Américains regretteront le changement de statut de la femme. Dans les années soixante, pendant que le président Johnson lance la « guerre contre la pauvreté », le sénateur new-yorkais Daniel Moynihan propose une relecture du matriarcat noir. Son rapport, *The Negro Family : The Case for National Action* (1965), met en cause la structure même de la famille noire qu'il rend responsable de la pauvreté des familles. Il diabolise au passage la femme noire, qu'il définit comme la véritable origine de la « pathologie noire ». Écrites bien avant la publication de ce rapport, les histoires de Simple dévoilent un écrivain visionnaire, proche du peuple, qui a compris les nouveaux enjeux de la société dans laquelle il vit :

> Mais, couz, il me dit le F. D., j'ai toujours entendu dire que le concubinage c'est mieux, puisque ça coûte moins cher quand on veut se séparer.
> Je ne crois pas que c'était moral de tomber d'accord avec lui. Je lui dis :
> Dis-moi, mon garçon où c'est que t'as entendu dire ça ?

---

[203] *This summer on the sidewalk I see more new baby carriages, and rattles being raised, and milk bottles being sucked. It is beautiful the way nature keeps right on producing Negroes. But the Welfare has done garnished some of these men's wages. And the lady from the Domestic Relations Court has been upstairs in the front room investigating twice as to where Carlyle has gone. When he do come home he will meet up with a summons* (« Midsummer Madness », 128).

>Tout d'un coup, y a la Zarita qui me dit : Chéri, envoie chercher quelque chose à boire. N'y a plus rien dans les bouteilles.
>Envoyer qui ? Je lui dis. J'emploie pas encore de grouillot, tu sais.
>Bon. Alors donne-moi des sous. Je m'en vais envoyer cette espèce de grand bêta qu'est un pays à moi et qu'essaye de me faire du rentre-dedans depuis 4 heures cet après-midi. C'est homme n'est rien pour moi, un vague copain c'est tout, tu sais[202] (« Triste soirée », 128).

Zarita est le double féminin de Simple et vit sa vie comme elle l'entend. Son mode de vie rappelle d'ailleurs celui décrit par les chanteuses de blues, mais aussi le personnage de Shug, créé par Alice Walker dans *The Color Purple* (1982). Le mode de vie subversif de Zarita est l'antithèse de celui de Joyce qui représente, à l'inverse, la femme noire respectable et conventionnelle.

En exprimant souvent son mécontentement et en mettant Simple à l'épreuve Joyce est plus proche du stéréotype de la *Black Sapphire*. Ce stéréotype est celui de la femme noire insatisfaite qui s'emporte facilement et dit ouvertement son amertume et sa colère en réaction à sa condition.

Comme *Jezebel*, *Sapphire* peut être une séductrice, mais elle exprime surtout sa colère et ne fait pas preuve de résignation. Lorsque ces stéréotypes se popularisent, dans les années trente et quarante, par le biais d'émissions de radio comme *Amos'n'Andy*, la personnalité de *Sapphire* est exploitée afin de susciter de l'empathie pour le triste sort des hommes noirs aux prises avec ces femmes prétendues dominatrices, acariâtres et démoniaques. Pour les femmes noires, en les plaçant au centre d'une mythologie clairement misogyne, ces stéréotypes les poussent à construire une norme de la féminité et à accepter d'être diabolisées. C'est d'ailleurs, au nom d'images et de stéréotypes bien ancrés dans la culture, que la question de l'engagement des femmes noires soulève la contestation des militants abolitionnistes et des militantes féministes dès le milieu du dix-neuvième siècle. Le schéma reste le même au vingtième siècle. Le constat de Simple dans « Folie d'été » (184-189) / « Midsummer Madness » (125-130) annonce déjà les mutations profondes au sein de

---

[202] *By and by, Zarita said, 'Honey, send out and get some more to drink.' / Send who? I said. We ain't got no messenger boy./ She said, 'Just gimme the money, then, and I will send that old down-home shmoo who has been trying to make love to me since four o'clock this afternoon. That man ain't nothing to me but a errand boy'* (« Blue Evening », p. 85).

> On retrouve dans le mythe [un] schéma tridimensionnel [...] : le signifiant, le signifié et le signe. Mais le mythe est un système particulier en ceci qu'il s'étudie à partir d'une chaîne sémiologique qui existe avant lui : *c'est un système sémiologique second*. Ce qui est signe (c'est-à-dire total associatif d'un concept et d'une image) dans le premier système, devient simple signifiant dans le second (Barthes, 2010, 227).

Pour illustrer son analyse, Barthes utilise une photographie de Willy Rizzo, publiée en couverture de *Paris Match* le 25 juin 1955 :

> Voici maintenant un [...] exemple : je suis chez le coiffeur, on me tend un numéro de *Paris-Match*. Sur la couverture, un jeune nègre vêtu d'un uniforme français fait le salut militaire, les yeux levés, fixés sans doute sur un pli du drapeau tricolore. Cela, c'est le sens de l'image. Mais, naïf ou pas, je vois bien ce qu'elle me signifie : que la France est un grand Empire, que tous ses fils, sans distinction de couleur, servent fidèlement sous son drapeau, et qu'il n'est pas de meilleure réponse aux détracteurs d'un colonialisme prétendu, que le zèle de ce noir à servir ses prétendus oppresseurs. Je me trouve donc [...] devant un système sémiologique majoré : il y a un signifiant, formé lui-même, déjà, d'un système préalable (*un soldat noir fait le salut français*) ; il y a un signifié (c'est ici un mélange intentionnel de francité et de militarité) ; il y a enfin une présence du signifié à travers le signifiant (Barthes, 2010, 228).

Tel est le processus de la représentation des Noirs pendant et après l'esclavage. D'un schéma de domination physique, le Noir passe à un schéma de domination culturelle qui l'enferme davantage dans des représentations stéréotypées et caricaturales. Pour la femme noire, à l'opposé de la représentation de la matriarche, *Jezebel* la tentatrice, est un autre stéréotype utilisé contre elle. Sa beauté et son exotisme la rendent presque acceptable aux yeux des Blancs[201]. Incarnation du mal et du démon, ces images justifient son exploitation sexuelle par les Blancs. Simple est aux prises avec ces stéréotypes féminins noirs, car il est entouré de Joyce (sa compagne), la femme noire respectable et en colère qui affirme sa forte personnalité et de Zarita, la tentatrice. Zarita, elle, est *Jezebel*, une femme de mauvais genre qui boit, danse et aime sortir :

---

[201] Dans les années cinquante, Dorothy Dandridge incarne la « vamp » noire dans *Carmen Jones* d'Otto Preminger.

vestimentaire particulier et extravagant et se fait défriser les cheveux. Lorsque, à la demande de Joyce, Simple fait faire son portrait chez un photographe de Harlem, l'image du *zip coon*, que Joyce sa compagne aimerait bien voir en lui, apparaît :

> Quelle couleur y faut que je soye ? Qu'est-ce que tu veux, toi ? Je dis à Joyce.
> Un peu plus clair qu'au naturel, elle me répond. Je vais d'ailleurs demander combien ça coûtera de te faire chocolat[200] (« Une photo pour son dressoir », 158).

Les femmes qui entourent Simple (Joyce et Zarita) n'échappent pas non plus aux stéréotypes. Dans l'inconscient collectif, la femme noire est soit une matriarche asexuée (une image que nous retrouvons avec la logeuse de Simple), soit au contraire une séductrice (représentée par Zarita). La nounou ou matriarche noire (la Mammy de la littérature) est une servante entièrement dévouée et soumise à la volonté de ses maîtres. Ses qualités sont réconfortantes pour les Blancs, car sa passivité et sa résignation ne menacent en rien l'ordre patriarcal établi. Les idéologies de la domesticité et de la maternité de la femme noire se construisent en parallèle, en fonction de sa position d'esclave puis de son emploi comme domestique ou mère de substitution des familles blanches. Le mythe du matriarcat noir est d'ailleurs lié à l'histoire de la famille de l'esclave. Le maître ne reconnaissait légalement le statut conjugal de ses esclaves que s'il le désirait et l'éclatement familial est fréquent pendant l'esclavage. Aussi, nombreux étaient ceux qui s'enfuyaient pour rejoindre une mère, un enfant ou un homme, vendus dans une autre plantation. À côté de cela il existe aussi des foyers nucléaires. L'histoire de l'esclavage puis de la ségrégation ont eu des effets notoires sur la représentation des Noirs dans la société et la construction des mythes.

Pour Roland Barthes, le mythe fonctionne comme un niveau second de signification. Le signe, composé de la relation traditionnelle entre le signifiant et le signifié, se transforme en mythe :

---

[200] *I asked, 'Joyce, what color do you want me to be?'*
Joyce said, 'A little lighter than natural. I will request the man how much he charges to make you chocolate' (« Picture for Her Dresser », p. 107).

C'est maman qui le dit, il me répond. [...] Mais maman n'y croit pas tellement elle-même, après en avoir vu les résultats. Après la naissance de mon troisième frère et de ma troisième sœur, elle a dit au beau-père qu'il ferait mieux de l'épouser, sinon elle s'arrangerait pour obtenir un jugement lui interdisant l'entrée de notre maison. C'est ainsi qu'ils se sont mariés[204] (« Le linge sale se lave en famille », 213).

À travers Simple, Hughes joue avec les stéréotypes et les utilise pour mieux les dénoncer et les condamner. En représentant des Noirs américains humbles, Simple est porteur de messages sur la société de son époque comme le poids des relations raciales, la place des femmes noires et l'importance de la religion au sein de la communauté noire. Ces thèmes sont devenus les préoccupations de l'écriture de Hughes. Ils les développent après la Renaissance de Harlem et jusqu'à la fin de sa carrière.

---

[204] *But coz, I always heard common law is better since it doesn't cost so much to get loose. / I didn't think it would be good morals to agree with F.D., so I said, 'Boy, where did you hear that?' / From mama, said F.D ./ Mattie Mae said that? I acted like I was surprised. / Yes, but mama didn't really believe it herself, after she saw the results, because after my third brother and sister came, she told my step-father he had better marry her – or she would get out an injunction to keep him from rooming at our house. So they got married [...]* (« All in the Family », p. 146).

Chapitre II.
Jesse B. Simple : messager de Hughes

Simple et les femmes[205]

Les femmes sont une des grandes obsessions de Simple. Les personnages féminins qui gravitent autour de lui s'inscrivent aussi dans le contexte historique de la Renaissance de Harlem. Simple côtoie essentiellement Joyce et Zarita qui marquent l'apparition d'un nouveau type de femme : la Noire urbaine. La grande métropole offre aux femmes l'opportunité de faire valoir leurs capacités et de se faire une place dans un monde intellectuel dominé par les hommes. Dans les villes du Nord, les Africaines-Américaines accèdent à la culture et gagnent davantage d'indépendance. Joyce, la compagne de Simple, correspond bien à cette définition. Elle est cultivée, indépendante financièrement et elle ne perd jamais une occasion de montrer à Simple l'étendue de sa culture pour bien souligner d'où elle vient et à quel milieu elle appartient. Elle est soucieuse de préserver la hiérarchie sociale entre elle et lui ; hiérarchie qui existe depuis l'esclavage et qui se perpétue[206] :

> Les Noirs libres veillaient à se distinguer des esclaves par leur habillement, leurs manières, mais aussi par des produits défrisants et des onguents visant à bien les différencier des esclaves trop noirs. Cette distinction sociale était encouragée par les Blancs, qui y voyaient le meilleur moyen d'éviter une alliance entre Noirs libres et esclaves, préjudiciable à leurs intérêts[207] (Ndiaye 80).

---

[205] Pour cette partie nous adaptons notre second ouvrage, Dualé, 2014, 79-91.

[206] Pap Ndiaye nomme cela « le colorisme » et établit une corrélation entre la couleur de peau et la position sociale qui existait pendant l'esclavage (Ndiaye 76).

[207] Pap Ndiaye signale aussi : « Au dix-neuvième siècle, il existait dans de nombreuses villes américaines des « Blue Vein Societies », c'est-à-dire des associations de métis au teint suffisamment clair pour qu'on pût voir leurs veines sur la face interne des avant bras. Ces clubs élitistes servaient de lieux de sociabilité permettant des arrangements matrimoniaux de nature à garantir le capital social et mélanique ». (76)

L'abolition de l'esclavage est encore récente pour ces personnages et les séquelles bien présentes. Or, la fierté raciale va s'afficher sous de multiples formes avec la Renaissance de Harlem. Valoriser la culture noire est un moyen d'affirmation de dignité et de fierté. La valorisation de l'identité noire à travers un cadre culturel permet aux Noirs, en général, et aux femmes, en particulier, de devenir les artisans de leur propre émancipation. Pour ce faire, les Africaines-Américaines participent très tôt à la création de clubs littéraires et d'associations fondées sur le volontariat. Les premières universités historiques noires et l'Église noire offrent ensuite un cadre à travers lequel leurs associations féminines prennent de l'envergure. Comme pour les femmes blanches, ces associations leur apportent une certaine visibilité[208]. Or, si ces dernières trouvent dans les associations féminines un exutoire à la vie familiale et à l'isolement à l'intérieur de la famille nucléaire[209], les femmes noires qui s'impliquent dans la vie associative le font avant tout en réaction contre le racisme et les conditions de vie des Noirs. Les Africaines-Américaines voient dans la création de ces clubs (ou associations) un moyen de lutte et de résistance contre les lynchages[210] et contre l'exclusion sociale imposée par l'arrêt Plessy v. Ferguson puis par les lois Jim Crow. Par ailleurs, elles considèrent qu'à côté de la division raciale de la société existe une division sexuelle puisque les femmes noires subissent une oppression spécifique et double des Noirs et des Blancs : le patriarcat. Elles souhaitent donc combattre cette oppression-là à travers leurs associations.

Joyce, la compagne de Simple, incarne ce type de femme. Elle est impliquée dans la vie associative et préoccupée par l'amélioration du niveau de vie des Noirs, fer de lance de toutes les associations féminines noires du début du vingtième siècle[211]. À ce titre, Joyce se

---

[208] Pour plus de détails, on pourra consulter notre article intitulé : « Conflits et pouvoir : le rôle des Africaines-Américaines dans la création des associations féminines noires (1890-1960) ».

[209] Avec l'essor du capitalisme, l'image de la femme se transforma au sein de la sphère familiale alors qu'elle découvrit que son isolement était cause de discriminations et qu'elle était soumise à l'oppression masculine.

[210] Face aux vagues successives de lynchages et aux violences répétées dans les années 1890, le premier club féminin noir vit le jour : *The Black Women's Club*. Joséphine St Pierre Ruffin, pionnière du mouvement associatif féminin noir, dirigea ce premier club. Puis, la première convention nationale organisée par des Africaines-Américaines se déroula en 1895.

[211] Les femmes, issues de la bourgeoisie noire, se sentirent profondément responsables de leurs « sœurs » moins fortunées, et souhaitèrent mettre leur instruction et leurs compétences à

sent responsable du jeune cousin de Simple qui vient de s'installer à Harlem. Elle n'hésite d'ailleurs pas à proposer à Simple de l'adopter. Comme les femmes de ces associations, Joyce se définit comme la plus à même de sauver les Noirs. La plupart des Africaines-Américaines impliquées dans la vie associative de l'époque adhèrent à la philosophie conservatrice de Booker T. Washington et prônent un objectif commun : la création d'une féminité noire, en appelant à l'union des femmes noires. Elles s'imposent ainsi comme des leaders féminins d'envergure. Leur travail d'aide sociale leur permet en définitive de changer leur propre image et surtout de se faire entendre tout en offrant un ordre nouveau aux Africaines-Américaines. L'émancipation de ces femmes passe aussi par le travail qui leur assure une autonomie financière ; ce qui est le cas de Joyce et ce qui fait la fierté de Simple. Joyce et Isabel (la femme de Simple dont il n'arrive pas à divorcer) incarnent ces nouvelles femmes, transformées par la ville, qui assurent leur indépendance et leur autonomie financière :

> Au début du vingtième siècle, les Noirs de Harlem, dans leur grande majorité, occupaient des emplois de domestiques et de manœuvres. Il existait aussi une toute petite classe moyenne formée d'employés, d'acteurs et d'actrices, de musiciens, de petits entrepreneurs, de pasteurs, de médecins et d'avocats qui exerçaient leur activité exclusivement en milieu noir. [...] En 1930, plus de la moitié (55%) de la population active de Harlem travaillait dans le secteur des services. La plupart des habitants de Harlem étaient domestiques, garçons de course, livreurs, garçons d'ascenseurs, porteurs, cuisiniers/cuisinières, serveurs/serveuses, cireurs de chaussures, travailleurs/travailleuses dans la blanchisserie, gardiens d'immeubles (janitors), employés des postes, dockers. [...] La population ouvrière de Harlem était composée pour une large part de migrants ruraux déracinés (Debouzy in Richet, ed., 160).

En soulignant que les femmes autour de Simple sont dans la vie active alors que lui-même a du mal à être embauché, Hughes fait comprendre au lecteur le poids et les conséquences des lois Jim Crow sur l'emploi des Africains-Américains. Il est effectivement plus aisé pour les femmes d'obtenir du travail. Ces lois, qui se développent entre 1880 et 1945, c'est-à-dire pendant l'industrialisation de

---

disposition. Comme le prouvent les écrits laissés par les pionnières du mouvement associatif, cette idée fut une constante dans leur combat.

l'Amérique, ont pour effet de tenir la main d'œuvre masculine noire à l'écart afin de privilégier les travailleurs blancs qui ne veulent pas être en concurrence avec les travailleurs noirs, ce que Simple a vécu :

> En plus, c'était le temps de la dépression. Une première fois, on m'a coupé mon fric à la fonderie. Puis, une deuxième fois, quelque temps après. Alors, ça les a pris de me le couper tout entier, le fric. Et le job avec bien sûr ! Ma bonne femme a été obligée d'aller se placer comme cuisinière chez les Blancs qui en avaient, des sous, eux[212] ! (« Au coin de la rue », 34).

Dans les années trente, l'emploi à Harlem connaît quelques changements qui sont favorables aux Noirs, même si, à partir de la récession, le chômage des Noirs ne cesse de croître :

> On assista alors – surtout en 1935-1937 – à une expansion soudaine des emplois de bureau accessibles aux Noirs, en raison de la politique du maire Fiorello LaGuardia et des programmes du gouvernement Roosevelt, mais aussi grâce aux mouvements de protestation contre la discrimination dans l'emploi, menés par divers groupes et associations de Harlem, par le parti communiste et certains syndicats de gauche. (Debouzy in Richet, ed., 160).

Vraisemblablement, Simple bénéficie de cette nouvelle politique qui lui redonne espoir et va radicalement changer sa vie puisque à partir de ce moment-là tout se précipite pour lui et il finira par épouser Joyce dans la foulée. Simple éprouve une certaine fierté à dire que Joyce est indépendante, cependant, en misogyne convaincu, il lui est difficile d'admettre qu'une femme puisse être son égal et il n'admet toujours pas qu'Isabel ne paie pas son divorce afin qu'il puisse épouser Joyce. Simple a beau avoir du mal à vivre sans les femmes et sans Joyce, il reste le Noir du Sud et s'inscrit dans la lignée des hommes de son époque. Sexiste, il a une vision stéréotypée de la femme noire et même s'il se fait bien souvent entretenir par Joyce il n'est pas encore prêt à évoluer avec son temps.

En définitive, si Hughes est sensible à la cause féminine noire, Simple, lui, manque de respect aux femmes et montre ainsi à quel point il est difficile pour les hommes noirs d'accepter les changements

---

[212] *It were depression, too. They cut my wages down once at the foundry. They cut my wages down again. Then they cut my wages out, also the job. My old lady had to go cook for some rich white folks.* (« Conversation On the Corner », 15)

sociaux et économiques que les métropoles du Nord, mais aussi la Première Guerre, offrent aux femmes noires. Hughes rend son personnage attachant et repoussant à la fois dans sa façon de traiter les femmes qui l'entourent, mais c'est là un moyen pour lui de condamner l'attitude misogyne et sexiste des Noirs en général et d'évoquer la solidarité féminine. Il fait ainsi parler Minnie, la cousine de Simple, comme une chanteuse de blues qui sait comment réagir face à un homme violent et reste pleine de bon sens :

> Tout partout les hommes font les farauds et menacent leur bonne femme. Mais moi-même même j'ai jamais aimé qu'on me menace, allez voir qu'on me donne des coups. Bien-sûr, ce bonhomme-là, lui-même il a au moins une qualité. Il vous dit en face ce qu'il a l'intention de faire. Y en a d'autres qui vous disent rien et qui vous tombent dessus sans prévenir. [...] Si une femme permet à un homme de lui donner une claque au début, elle est déjà parée pour se faire tirer une balle à la fin. Moi-même même, je dis comme ça qu'il faut l'arrêter la première fois qu'il lève la main sur vous. Le conseil que je donne aux femmes c'est de lever la main elles aussi. Femmes ! Levez la main ! Protégez-vous ! Si vous voulez pas assister à votre propre enterrement demain[213] (« Et puis encore Minnie », 335-336).

Simple qui s'affiche dans les clubs avec Zarita, lorsque Joyce est absente, trouve anormal que cette dernière puisse partir seule quelques jours à Atlantic City sans le prévenir et se montre aussi particulièrement jaloux lorsqu'elle attire les regards :

> Ça fait un moment que j'ai bien vu que ce pianiste, il te regarde. Il ferait bien mieux de coller ses yeux sur ses touches, sinon bientôt je m'en vais lui en fermer un, passer l'autre au beurre noir et il pourra faire des maracas avec ses dents[214] ! (« Jalousie », 68).

---

[213] *Bad man or no bad man, as sure as I am setting on my anatomy this evening, I would be setting on it tomorrow, too. When push comes to shove, Jesse B., I am one woman who can take care of myself, married or unmarried. Listen, I learned long ago that when a man slaps a woman, that is the time for a woman to make a stand – the very first time she gets slapped. If she don't, the next thing you know, that man will hit her and knock her down. [...] If a man gets away with cutting a woman and she don't stop him, he will shoot her. Yes he will! [...] I say, stop him when he first raises his hand! My advice to all women is to raise theirs, too! Raise your hand, women! Protect yourself – then you won't have to bury yourself later! That's my theory* (« Minnie One More Time », 236).
[214] *It looks like to me that piano player I eying you mighty hard. He'd best keep his eyes on them keys, else I will close one and black the other, also be-bop his chops* (« Jealousy», p. 40).

Bien que les histoires de Simple aient été écrites dans les années quarante, les rapports que Simple entretient avec les femmes et ses échanges avec elles préfigurent le combat des féministes noires des années soixante et soixante-dix et leurs négociations complexes avec la masculinité noire. Au cours de l'histoire, les femmes noires ont créé une dynamique afin de surmonter leur aliénation. D'ailleurs, Simple n'aime pas du tout être dirigé ou commandé par les femmes et il confie régulièrement à Boyd que les femmes doivent rester à leur place, c'est-à-dire en retrait et dans l'ombre des hommes. Pour Hughes, c'est finalement là un moyen de donner leur place aux femmes qui furent misent de côté pendant la Renaissance de Harlem et auxquelles les intellectuels noirs, préoccupés par leur combat, ne donnèrent pas l'importance et la place qu'elles méritaient. Sur un plan historique, l'identité viriliste que Simple revendique laisse aussi présager les combats et les revendications que les leaders noirs vont mener dans les années soixante et soixante-dix. Stigmatisés comme sexistes, les revendications des hommes seront rejetées, pendant que la situation des femmes et féministes noires, instrumentalisées par le racisme, deviendra inextricable.

Simple et la question raciale[215]

La question raciale est une autre obsession de Simple comme elle l'est d'ailleurs pour les intellectuels de la Renaissance de Harlem. Simple n'est pas qu'un amuseur, il est avant tout porteur d'un message et souhaite faire prendre conscience de l'isolement des Noirs dans la société américaine. Simple clame sa différence identitaire, mais souhaite, en même temps, que cette différence n'en soit plus une. Simple n'a certainement pas lu les grands ouvrages fondateurs du mouvement, mais il représente l'idéologie de la Renaissance. Comme le Noir nouveau qui se veut un individu à part entière Simple symbolise ces nouveaux désirs et ce sont les grandes villes du Nord qui vont donner l'occasion aux Noirs de concrétiser leurs aspirations. En s'urbanisant, les Noirs s'affranchissent du joug des Blancs. En leur donnant un nouveau statut, les grandes villes du Nord permettent aux Noirs d'échapper à l'oppression et de s'affranchir des Blancs, ce dont Hughes a bien conscience lorsqu'il fait parler son personnage même s'il sait que les Noirs sont toujours victimes de la ségrégation et du

---
[215] Pour cette partie nous adaptons notre seconde monographie, Dualé, 2014, 91-108.

racisme. L'influence des facteurs historiques se retrouve toujours dans les histoires de Simple :

> Le « jim-crowisme », c'est le lot quotidien des gens qui habitent dans le Sud […]. Ça fait trois ans que le frère de Buddy a quitté l'armée et il est encore tout ulcéré de ce qu'on lui a fait au Mississippi. […] Dans ce pays, tout ce qu'ils rêvent les policiers blancs c'est de cogner sur la tête des Noirs, de nous traiter d'enculés et d'autres gentillesses du même genre. Ils protègent pas le citoyen américain, si c'est un Nègre[216] (« L'impôt sur le revenu », 104-105).

Durant la Première Guerre mondiale et après l'émeute raciale de Saint Louis (en juin 1917) de nombreux Noirs se tournent vers l'UNIA (Universal Negro Improvement Association), fondée par le Jamaïcain Marcus Garvey en 1914. Son message nationaliste et son programme attirent de nombreux Noirs, déçus de leur sort après la guerre et désireux de changements. L'UNIA leur offre une consolation. Garvey devient un leader charismatique et encourage les Noirs à « être fiers de leur couleur, et à considérer l'Afrique comme leur patrie passée et future » (Royot et al., 152-153). Orateur convaincant jouissant très rapidement après son arrivée à New York d'une renommée nationale, il a de nombreux partisans et organise des parades spectaculaires dans les rues de Harlem.

Hughes, qui a peut-être été séduit par son discours, fait dire à Boyd, le narrateur, que Simple est un « nationaliste noir » (45). En définitive, les obsessions de Simple ont une valeur documentaire, car les échanges animés des deux hommes reflètent les antagonismes idéologiques de la Renaissance de Harlem. Boyd l'intellectuel, défend des idées de Du Bois et est favorable à l'élitisme et à l'égalité raciale. Simple, au contraire, est plus radical et prône le séparatisme. Il est issu du peuple et a été déçu à plusieurs reprises. Il rappelle ainsi à son interlocuteur :

> Je suis né dans ce pays ; j'ai parlé anglais toute ma vie, mon vieux, mais si je veux me pointer dans un de ces restaurants bien de Downtown, on me regarde comme si j'étais rien d'autre qu'une vermine. [...] Dans ces temps-ci où c'est que c'est nous qui sommes

---

[216] *Jim Crow happens to men every day down South, whereas a man's not in a battle every day.[...] Buddy's brother has been out of the army three years and he's still sore about Mississippi. [...] Down South all them white cops want to do is beat a Negro's head, cuss you, and call you names. They do not protect Americans if they are black* (« Income Tax », 66).

une si grande démocratie, moi, jamais j'ai eu aucun privilège[217] (« Les Puerto-Ricains », 311).

Bien qu'il ne soit pas un nationaliste convaincu, ni un fervent admirateur de l'UNIA, Simple évoque lui aussi le retour en Afrique dans ses conversations avec Boyd et fait ainsi allusion au programme nationaliste de Garvey. Or, sans renier ses origines ancestrales, Simple souligne à maintes reprises l'importance pour les Noirs de s'affirmer comme Américains, avec toutes leurs spécificités. Aussi, il avoue à un Portoricain qu'il rencontre dans les rues de Harlem : « Je suis seulement un pur vieil Américain. [...] T'es plus aussi noir que moi qui est né ici, qu'a été élevé ici et qui est américain à 102% » (« Les Puerto-Ricains », 309-310). En cela, il rappelle la poésie de Hughes pendant la Renaissance et ses prises de position.

Obsédé par la question raciale, Simple élabore, rencontre après rencontre, un programme d'auto-amélioration et prévoit un projet de société où la population noire aurait enfin les mêmes droits que la population blanche :

> Ça fait pourtant un bout de temps que je suis monté dans le Nord, dit Simple. Eh ben, j'arrive tout de même pas à apprendre à les aimer ces Blancs ! C'est pour ça que je pense à des réserves pour nègres. Le Congrès devrait réserver un territoire où on pourrait aller sans que personne vous saute dessus, ni qu'on vous batte ; un endroit où on pourrait pas nous lyncher et nous ségréguer tous les jours que Dieu fait. Les gens de couleur ont droit à autant d'égards qu'un bison ou un cerf, je crois[218] (« Il faudrait une loi », 97).

En homme de la Renaissance, Simple fait allusion à la vision des Blancs qui perçoivent les Noirs au mieux comme de bons sauvages, au pire comme des êtres proches de l'animal et dénués de toute intelligence. Il revendique donc une politique de conservation telle celle mise en

---

[217] *I have been in this country speaking English all my life, daddy-o, yet and still if I walk in some of them rich restaurants downtown, they look at me like I was a varmint. [...] That is the trouble with you white folks, always wanting peace, and I ain't got no privileges. You are always keeping the best of everything for yourself* (« Puerto Ricans », p. 218).

[218] *I have been up North a long time, but it looks like I just cannot learn to like white folks. While they're making all these laws, it looks like to me they ought to make one setting up a few Game Preserves for Negroes. We need protection. Congress ought to set aside some place where we can go and nobody can jump on us and beat us, neither lynch us nor Jim Crow us every day. Colored folks rate as much protection as a buffalo, or a deer* (« There Ought to be a Law », p. 62).

œuvre par Theodore Roosevelt au début du vingtième siècle. Simple est probablement né au moment de la création du premier parc national (Yosemite National Park, 1890) ou peu de temps après. Aussi, préserver la Nature signifie pour lui préserver les Noirs. Les traitements infligés aux Indiens et l'ethnocide perpétré par l'Amérique blanche rapprochent Noirs et Indiens. Ce n'est d'ailleurs pas un hasard si Simple dit avoir des origines indiennes :

> Il suffit de me regarder pour voir que j'ai du sang indien, dit Simple. [...] J'ai du sang indien, mais je ne le montre pas beaucoup. La grand-mère du cousin de mon oncle était une Cherokee[219] (« Simple et le sang indien », 37).

L'ambitieux projet de Simple ne verra jamais le jour, mais il a le mérite de faire prendre conscience des relations raciales pendant la première moitié du vingtième siècle et de laisser s'exprimer un Noir, éprouvé par les humiliations et les lois Jim Crow. Tout au long de ses chroniques, Simple tente de transcender les complexes d'infériorité et d'échec éprouvés dans le but de dessiner les contours d'une conscience raciale, fondement d'une identité raciale et d'une culture autonome. La question raciale est indissociable de la personnalité de Simple et, par glissement, de Hughes lui-même. Ce sujet est une thématique récurrente qui alimente régulièrement les conversations des deux hommes. Pour Hughes, la question raciale remet en cause les principes démocratiques de son pays et l'évoquer à travers Simple lui permet de souligner, tout en les exorcisant, les contradictions de la société américaine « dont les principes fondamentaux sont bafoués dans le traitement généralement réservé aux Noirs » (Royot, et al., 308) :

> C'est vraiment une obsession chez toi, vieux frère. Tu es toujours en train de parler de race.
> J'en parle, dit Simple, parce que c'est une question que j'ai en face de moi tout le temps, ma race. Je me regarde dans la glace, le matin en me rasant et qu'est-ce que je vois ? Moi, depuis ma naissance jusqu'à ma mort, mon visage qui montre bien ma race. C'est lui qui me saute au visage, mon visage[220] (« Le cadeau de Joyce », 251-252).

---

[219] *Anybody can look at me and tell I'm part Indian. [...] I have Indian blood but I do not show it much. My uncle's cousin's great-grandma were a Cherokee* (« Simple on Indian Blood », 17).
[220] *One bad habit you have, friend – always bringing up race.*

Les convictions raciales de Simple et ses propos nous éclairent aussi sur les différents types de relations raciales à Harlem. L'allusion à Marcus Garvey est non seulement un prétexte pour faire s'affronter deux modes de pensée, mais c'est aussi un moyen de mettre à jour l'immigration antillaise à New York et de comprendre le rôle essentiel joué par cette nouvelle classe de Noirs instruits et déterminés à lutter contre les Blancs pour faire progresser les leurs. L'opposition entre les Noirs américains et les Antillais et la stratification sociale qui caractérise ces deux groupes pendant la première moitié du vingtième siècle, est soulignée par Minnie, la cousine de Simple qui constate, peu de temps après son arrivée à Harlem, le nombre important d'Antillais dans le quartier. Les Antillais affluent à New York entre 1920 et 1923 pour des raisons essentiellement économiques. Leurs compétences et leur détermination leur offrent des perspectives plus difficilement envisageables parmi les Noirs américains. Cette absence d'inertie explique, en partie, les préjugés et l'hostilité dont ils sont victimes :

> Pour le Nègre américain moyen, tous les étrangers noirs anglophones sont Antillais, c'est-à-dire, en fait, Britanniques. On estime, en général, que les Antillais sont tous les mêmes alors que rien n'est moins vrai. [...] Des séparations de toutes sortes, géographiques, politiques et culturelles tendent partout à créer et à cristalliser les caractéristiques locales. [...] On les accuse d'être arrogants et fiers, de se considérer comme supérieurs aux indigènes. Et même si les Nègres éduqués (sic) sont les premiers à dénoncer l'hostilité entre les deux groupes, il est néanmoins vrai que c'est parmi eux que l'opposition aux Antillais est la plus forte (Domingo in Richet, ed., 39, 42).

Les Antillais de Harlem sont surnommés « les Juifs noirs » (Anderson, 1981, 301), car beaucoup sont à la tête de commerces dédiés aux Noirs (épiceries, pompes funèbres). Les Antillais osent se lancer là où les Noirs américains pensent ne pas avoir leur place et où les Blancs sont majoritaires. Entre 1930 et 1940, environ un tiers des

---

I do because that is what I am always coming face to face with – race. I look in the mirror in the morning to shave – and what do I see? Me. From birth to death my face – which is my race stares me in the face (« Present for Joyce », 173).

salariés de Harlem, hommes et femmes confondus, sont Antillais ou d'origine antillaise[221].

Les péripéties de Simple sont, par la même occasion, un moyen de comprendre et d'envisager en premier lieu ce que sont les relations raciales entre Noirs et Blancs, dans le Sud comme dans le Nord, pendant la première moitié du vingtième siècle et de souligner que les Noirs sont toujours lynchés dans le Sud. Le Sud agricole demeure longtemps nostalgique de l'institution particulière où le labeur servile trouve une justification économique jusqu'au dix-neuvième siècle. Après la guerre civile (1861-1865), il devient un acquis culturel et ce malgré son abolition avec le 13e amendement à la Constitution en 1865. Après l'assassinat du président Lincoln en 1865, le président Andrew Johnson (1865-1869) fait entériner une série de codes appelés « Black Codes » (les codes noirs) particulièrement répressifs :

> Les codes prévoient la coresponsabilité de tous les hommes blancs dans le maintien de l'ordre, [...] leurenjoint d'user de la force, ou même d'abattre (kill and destroy) tout suspect noir signalé. L'institution particulière induit dans le Sud un État policier dont tous les Blancs sont complices et agents (Martin in Royot et al., 83).

Ces codes noirs limitent les droits des Noirs nouvellement affranchis, mais permettent aussi aux États du Sud de conserver leurs prérogatives. Ainsi, les mœurs et les mentalités de la société blanche, structurées par l'institution particulière, ne peuvent se modifier du jour au lendemain une fois l'abolition de l'esclavage proclamée. La société blanche, qui reconnaît le statut inférieur des esclaves et voit dans l'inégalité raciale la condition nécessaire de sa liberté, cherche à préserver sa liberté et ses privilèges. La question est donc, une fois l'esclavage aboli, de maintenir la population noire dans une condition servile et dépendante. Les Noirs font le douloureux apprentissage de la liberté dans un monde blanc hostile. En quelques décennies, ils passent de l'esclavage à la ségrégation. Ségrégation qui concerne tous

---

[221] Sources empruntées à Anderson, p. 302. Anderson constate d'ailleurs que pendant la Première Guerre, puis les années vingt, des Antillais comme Hubert Harrison et Cyril Briggs (originaires des îles Vierges), Richard B. Moore (originaire de la Barbade), W. A. Domingo et Marcus Garvey (originaires de la Jamaïque) développent les mouvements nationalistes noirs à Harlem. Anderson fait aussi référence à l'historien Carter G. Woodson qui loue la contribution des Antillais à Harlem en 1931 et dit d'eux qu'ils contribuent beaucoup plus à l'amélioration de la « race » que les Noirs américains eux-mêmes.

les domaines. Les lieux et transports publics sont les premiers concernés. Après l'arrêt Plessy v. Ferguson (1896), qui déclare la séparation des Noirs et des Blancs selon le principe « séparés mais égaux » (separate but equal), les lois Jim Crow codifient l'institutionnalisation de la ségrégation :

> Ces Blancs qui m'aiment et qui s'occupent du sort de ma race, ils devraient, quand ils voyagent, aller dormir dans des hôtels « de couleur » qui sont faits pour tout ce qu'on veut sauf pour dormir. [...] Faudrait aussi qu'ils attendent pendant une heure un taxi pour gens de couleur, dans les endroits où les taxis blancs ne chargent pas les Nègres. [...] Et quand c'est qu'ils voudraient prendre le bus pour rentrer à la maison, faudrait qu'ils se mettent aussi à l'arrière. Et si à l'arrière qu'est réservé à nous autres Nègres est bondé, faudrait qu'ils restent debout même s'il y a des sièges pour Blancs qui seraient libres devant[222]. Parce que personne dans les Nègres aurait l'audace d'aller s'asseoir de peur qu'on le balance par la fenêtre[223] (« Le devoir c'est le devoir », 283-284).

Avec l'arrêt *Plessy v. Ferguson*, les Sudistes vident de leur sens les trois amendements de la Reconstruction (il s'agit des 13e, 14e et 15e amendements), amendements fondamentaux dans l'histoire noire américaine. En dépit du quinzième amendement, symbole de leur citoyenneté, les Noirs ne peuvent pas voter dans les États du Sud :

---

[222] Cette phrase, et la suivante, rend hommage à Rosa Parks. En effet, elle refusa de céder sa place de bus à un passager Blanc le premier décembre 1955 à Montgomery, Alabama. Il est fort possible que Hughes suivit cet événement de très près et s'en inspira pour l'écriture de ce dialogue. Après l'arrestation de Rosa Parks, le jeune pasteur Martin Luther King entra dans la lumière en appelant au boycott de la compagnie de bus de Montgomery qui dura plus d'un an. Cet événement est considéré, à tort, comme un acte spontané. Or, il fut préparé par King et ses partisans. En 1956, la Cour suprême déclara les lois ségrégationnistes dans les bus anticonstitutionnelles.

[223] *White folks that love me and care about my race ought to sleep in colored hotels when they travel – which are mostly not built for sleeping. [...] They should also wait for an hour for a colored taxi in them places where white cabs won't haul Negroes. [...] And when they get on the buses to come home, let them ride in the back of the buses. If the back seats for colored is crowded, then let them stand up, even if some of the white seats is empty – which colored dare not set in for fear of getting shot through the windows.* (« Duty Is Not Snooty », 196)

Harlem a peu de dirigeants noirs, dis-je.
Oui, mais ils sont élus par mes propres votes, dit Simple. Ici, je ne suis pas menacé de mort si je vote. Ça aussi, c'est une des choses qui me fait aimer Harlem[224] (« Un toast pour Harlem », 43).

Le domaine de l'éducation publique est aussi touché. C'est l'arrêt Brown v. Board of Education, en 1954, qui met officiellement fin à la ségrégation scolaire. La ségrégation raciale dans les écoles publiques est alors déclarée anticonstitutionnelle au nom du droit de tous aux mêmes chances en matière d'éducation.

Tous ces exemples, donnés par Simple, montrent qu'à chaque période d'évolution et de progrès correspondent des périodes de régression et de violence visant à détruire les nouvelles libertés dans le Sud[225]. Aussi, Simple appelle au boycott et a probablement participé à l'émeute raciale de Harlem en 1935 : « J'ai jamais été à proximité des nouvelles moi-même, sauf lors des émeutes de Harlem » (« Voir mon nom imprimé », 328). Ce n'est d'ailleurs pas un hasard s'il est né en Virginie, où l'esclave Nat Turner mena une grande insurrection noire en 1831 dans le comté de Southampton[226]. Cependant, avec le temps, Simple se résigne et devient moins obsédé par la question raciale. Il parvient même à s'en détacher lorsque son divorce d'avec sa femme Isabel est enfin prononcé et qu'il est libre d'épouser Joyce. Avec l'urbanisation et la grande migration des Noirs, les mœurs et les modes de vie se voient peu à peu modifiés, mais ce ne sera qu'entre 1955 et 1956 que le mouvement des droits civiques prendra son essor et fera émerger un nouveau leader noir charismatique, Martin Luther King, bientôt suivi par le Black Muslim Malcom X. Hughes fait anticiper ces grands bouleversements et l'intégration des Noirs à son lecteur lorsqu'il fait dire à Boyd :

---

[224] *Harlem has a few Negro leaders, I said. /Elected by my own vote, said Simple. Here, I ain't scared to vote – that's another thing I like about Harlem* (« A Toast to Harlem », 21).

[225] La police alimenta cette violence quasi quotidienne dans les États du Sud. Simple souligne à plusieurs reprises : « Mais moi-même même, un flic est capable de m'embarquer à n'importe quel moment et de me passer à tabac rien que parce que je suis un homme de couleur » (« Le Bop », 174). Comme le constate Simple, la violence policière est aussi bien présente dans les villes du Nord: « Même les flics, ils ne disent plus « circulez ! » avec la même intonation qu'avant. Ils ont appris quelque chose depuis les émeutes d'Harlem. Avant, ils avaient l'habitude de vous casser la tête en public. Maintenant, ils attendent d'être arrivés au commissariat. Et ils vous assomment même plus s'ils pensent que vous avez un homme de couleur membre du Congrès dans vos relations » (« Un toast pour Harlem », 43).

[226] La rébellion de Nat Turner dure deux jours et est d'une violence extrême. Les Sudistes craignent pour leur vie et créent de nouvelles lois, encore plus répressives, pour contenir les esclaves et empêcher d'autres insurrections.

Il y a quelque chose d'assez encourageant, dis-je, ces temps-ci. Le Noir s'intègre de plus en plus dans la vie américaine : dans l'armée, dans la marine, dans les écoles, dans l'industrie. Les choses changent. Nous avançons. […] Je parle de notre race en général. Je te demande de voir combien de collèges et d'universités ont ouvert leurs portes aux Noirs depuis une dizaine d'années. Vois combien les conditions de travail ont changé. […] On peut vivre n'importe où[227] (« Radio-activité », 302).

Toutefois, le scepticisme et le pragmatisme de Simple l'empêchent de croire à un changement radical et il se doute déjà que l'intégration totale des Noirs américains se fera au prix de longues luttes et de batailles juridiques et que le Sud ne se soumettra que très difficilement.

Simple et la religion[228]

Le portrait de Simple ne serait pas complet sans la religion, inscrite au registre de ses nombreuses obsessions. Obnubilé par la religion, qui est omniprésente dans le Sud dont il est originaire, Simple garde le trauma des humiliations racistes cautionnées par la religion des Blancs de la *Bible Belt* (ceinture biblique) :

> Le terme de « ceinture biblique » (*Bible Belt*) renvoie à une même homogénéité religieuse, qui pénètre à ce point la culture et les mœurs que les observateurs ont pu parler de « Dieu tribal », garant d'un messianisme régional. Suivant un ministre baptiste, « l'espoir du monde est l'Amérique, l'espoir de l'Amérique est une religion de type strictement orthodoxe, l'espoir de l'Église américaine réside dans les églises évangéliques du Sud (Martin in Royot et al., 249).

Occupant une place de choix dans leur vie, car elle donne espoir et courage aux Noirs, l'Église noire joue un rôle de guide. À New York, au début du vingtième siècle, les églises furent la principale institution de la communauté noire :

---

[227] *How wonderful that Negroes today are being rapidly integrated into every phase of American life from the Army and Navy to schools to industries – advancing, advancing! [...] I am speaking of our race in general. Look how many colleges have opened up to Negroes in the last ten years. Look at the change in restrictive covenants. You can live anywhere* (« Radioactive Red Caps », 210).
[228] Pour cette partie nous utilisons notre seconde monographie : Dualé, 2014, 109-115.

> Les églises noires de Manhattan, suivant l'afflux de Noirs à Harlem, s'y installèrent dès 1908. [...] Parmi les plus anciennes et plus importantes Églises noires de Manhattan qui allèrent s'installer à Harlem avant la grande migration, on trouve l'Abyssinian Baptist Church[229], St. Philip's Protestant Episcopal Church[230], Bethel African Methodist Episcopal (AME) Church, St. James Presbyterian Church[231] et Mother Zion African Methodist Episcopal Zion Church[232] (AMEZ) (Spencer 48).

La ségrégation raciale est à l'origine de la création de ces Églises puisque les Églises blanches indiquent ouvertement qu'elles ne veulent pas accueillir de Noirs dans leurs congrégations. Par leurs fonctions spirituelles, culturelles, juridiques, économiques et politiques, les Églises noires jouent un rôle considérable dans le devenir des congrégations noires et occupent une place déterminante dans la vie des Noirs, beaucoup plus d'ailleurs que dans la vie des Blancs. La responsabilité et l'influence des pasteurs sont donc énormes. L'éloquence de leurs sermons, où se mêlent pour certains « excentricité et sublime» (Spencer 65), permet certes de diffuser la bonne parole, mais les pasteurs ne se limitent pas qu'à cela. Ils mettent leur activisme et leur engagement au service de leur communauté en s'engageant sur le terrain, ce qui confère une grande influence à l'Église noire. Ces pasteurs s'engagent aussi politiquement,[233] mais « le niveau d'engagement des pasteurs de Harlem se limitait à servir d'intermédiaires à des politiciens n'appartenant pas aux Églises et souvent blancs » (Spencer 59). Si la portée de leurs actions se cantonne au niveau local, elles ont cependant le mérite de contribuer à l'essor de Harlem et surtout d'éveiller les consciences en suscitant un fort sentiment d'identité raciale et de détermination parmi les fidèles de toutes les congrégations présentes à Harlem. Face à l'afflux de plus en plus grandissant de jeunes Noirs à Harlem, les Églises noires s'adaptent à leurs besoins et développent un « évangile social » afin de

---

[229] Cette Église dirigea le mouvement vers Harlem et fut dirigée par Adam Clayton Powell Senior.
[230] Cette Église s'installa à Harlem en 1910 et devint la plus grande congrégation de l'Église protestante épiscopale.
[231] En 1914, date de son installation à Harlem, cette Église (fondée en 1895) est la plus grande Église presbytérienne dirigée par un pasteur noir.
[232] Plus vieille Église noire de New York, elle fut fondée en 1796 par un ancien esclave et fut la dernière à s'installer à Harlem.
[233] Comme Adam Clayton Powell Jr., par exemple, qui marcha sur les traces de son père et représenta Harlem au Congrès des États-Unis de 1945 à 1971.

favoriser le salut collectif des différentes communautés présentes dans le quartier. De nombreux pasteurs (Adam Clayton Powell Senior, les révérends W. W. Brown, Reverdy Ransom et Hutchens C. Bishop) prêchent l'Évangile social et exercent leur mission dans les secteurs les plus pauvres de Harlem où peu n'avait jamais osé s'aventurer. Ils mettent leur théologie en pratique. Loin d'être un fervent pratiquant Simple, en homme du Sud, connaît bien la Bible et accompagne parfois Joyce à l'église :

> Tu ne parles pas souvent de la Bible, dis-je, mais quand tu en parles, il semble que tu la connaisses par cœur depuis ton enfance.
> Ma tante Lucie me lisait la Bible tout le temps quand j'étais pas plus haut qu'un canard. Et je l'oublierai jamais[234] (« Un chant de Noël », 259).

Il semble aussi être un fidèle de l'Église abyssinienne. En proposant son interprétation de la Bible, Simple utilise un moyen détourné pour dénoncer la ségrégation, la violence et les injustices cautionnées par la religion des Blancs :

> Je ne sais pas où c'est qu'on était quand il y avait ce jardin appelé Eden, mais sûr qu'on a participé à aucune des récoltes. Si on l'avait fait, on ne serait pas aussi pauvres qu'on est au jour d'aujourd'hui. Les Blancs, eux, ils y étaient. C'est eux qui ont pris le départ les premiers, et ils ont toujours conservé leur avance ! Regardez-moi ! [...] Fait à l'image de Dieu. Bon ! Je veux bien. Mais j'ai jamais vu personne qui me ressemble sur ces images de l'école du dimanche.
> Le Nègre américain n'existait pas avant Jésus-Christ. Tu es, toi-même, un produit du Caucase et de l'Afrique, de Harlem et du Dixieland. Tu as été conditionné complètement par notre environnement : tu es un produit des temps modernes[235] (« Tentation », 51).

---

[234] *You don't speak of the Bible very often, but when you do, you speak like a man who knew it as a child.*
My Aunt Lucy read the Bible to me all the time when I were knee high to a duck. I never will forget it (« Christmas Song », 179).
[235] *But I just wish we colored folks had been somewhere around at the start. I do not know where we was when Eden was a garden, but we sure didn't get in on none of the crops. If we had, we would not be so poor today. White folks started out ahead and they are still ahead. Look at me! [...][...] Made in the image of God, but I never did see anybody like me on Sunday school card.*

Comme le font les Églises noires au début du vingtième siècle, Simple veut favoriser une nouvelle prise de conscience et un certain activisme puisque les relations entre Noirs et Blancs ne sont toujours pas fondées sur des principes chrétiens :

> Jésus, il a dit : « Faites aux autres ce que vous aimeriez qu'on vous fasse ». Oui ou non ? Mais ils agissent pas comme ça, avec moi, pas vrai ? […] Vous savez bien que non, dit Simple. Ils me ségréguent, ils me lynchent tout autant qu'ils en ont envie. Supposez que je leur fasse à mon tour la même chose qu'ils me font à moi. Supposez que je les « Jim-Crowise » et que je les lynche à mon tour, les Blancs, où que je serais, hein ? En prison, hein ! Et c'est pourtant des Blancs qui sont chrétiens qui me font tout ça[236] (« Simple compose une prière », 27).

En définitive, Simple n'entretient pas la religion du Sud et défend une approche beaucoup plus progressiste et moderne, telle celle des pasteurs noirs de Harlem au début des années vingt. Simple affirme d'ailleurs connaître certains d'entre eux :

> J'ai écouté prêcher Daddy Grace[237], et j'ai mangé avec Father Divine[238]. Je me suis lamenté avec Elder Lawson[239] et j'ai prié avec Adam Powell[240]. Même que j'ai été chez les épiscopaliens avec Joyce[241] (« Tentation », 51).

Probably nobody looked like you in Biblical days. The American Negro did not exist in B.C. You're a product of Caucasia and Africa, Harlem and Dixie. You've been conditioned entirely by our environment, our modern times (« Temptation », 26-27).

[236] *Jesus said 'Love one another,' didn't He? But they don't love me, do they? […] Jesus said, 'Do unto others as you would have others do unto you.' But they don't do that way unto me, do they? […] They Jim Crow me and lynch me any time they want to. Suppose I was to do unto them as they does unto me? Suppose I was to lynch and Jim Crow white folks, where would I be? Huh? In jail. […] But these are Christian white folks that does such things to me* (« Simple Prays A Prayer », 9).

[237] Daddy Grâce, de son vrai nom Marcelino Manuel da Graça (1881-1960) fonda la Maison de Prière Pour Tous (United House of Prayer For All People). Ses prêches uniques oscillaient entre excentricité et hystérie.

[238] Father Divine (1876-1965) se faisait appeler « le Messager », ses partisans pensaient qu'il était Dieu réincarné. Ses détracteurs l'accusèrent d'être un charlatan. Il fonda le Mouvement de la Mission Internationale pour la Paix (International Peace Mission Mouvement).

[239] Elder Lawson, fondateur de l'Église de Jésus Christ de la Foi Apostolique (the Church of Our Lord Jesus Christ of the Apostolic Faith - COOLJC). Il évangélisa le Middle-West au début du vingtième siècle.

[240] Partisan de l'Évangile social, le révérend Adam Clayton Powell Senior fut pasteur de l'Abyssinian Baptist Church à Harlem.

[241] *I have listened to Daddy Grace and ate with Father Divine, moaned with Elder Lawson and prayed with Adam Powell. Also I have been to the Episcopalians with Joyce.* (« Temptation », 27).

Tels les pasteurs de Harlem, et en véritable pragmatique, Simple croit en une religion qui se préoccupe de son sort et de celui des siens sur cette Terre et non dans l'au-delà. Aussi, ses propos ont-ils une fonction politique et sociale et rappellent la poésie engagée de Hughes dans les années trente :

> Ils ont plus d'églises dans le Sud que dans le Nord. Ils lisent plus de Bibles et chantent encore plus qu'ici. Ce que j'ai envie, c'est que, quand Christ, il reviendra, il revienne là-bas dans le Sud. Les miens, ils ont bien besoin qu'il vienne pour dire aux « Ku-Kluxeurs » ce qu'il pense de leurs manières. [...] J'espère qu'il fichera en l'air tous les ségrégationnistes et qu'il les arrachera de leurs grands fauteuils où c'est qu'ils commandent à tout le monde depuis Washington jusqu'au Texas. Qu'il foute les Blancs par terre, voilà[242] ! (« Simple compose une prière », 27-28).

Simple va même jusqu'à imiter les pasteurs noirs et emprunte leur gestuelle et leur éloquence pour mieux faire passer son message. Comme Father Divine, dont il s'inspire très certainement, Simple souhaite que tous soient traités équitablement, les Noirs en premier lieu, et milite contre la discrimination raciale et la guerre :

> Je prierais ma prière « pour-qu'il-n'y-ait-jamais-plus-de-guerre. » Elle serait comme ça : « Seigneur, je dirais, je lui demanderais, Seigneur, s'il vous plaît, ôtez tout ce sang de mes mains et de celles de mes frères, et faites qu'on se serre les pinces propres et sans qu'on aye peur. Laissez-nous jamais, ni eux ni moi, avoir aucun couteau caché derrière notre dos, Seigneur. Permettez pas qu'on lève la main sur l'autre, ni toutes ces bombes qu'on a empilées là-bas dans un désert. Faites qu'on oublie le passé. Il y a trop d'hommes et de femmes qui sont morts. La faute est à moi et aux autres aussi. Apprenez-nous à tous à faire le bien, Seigneur, s'il vous plaît, Bon Dieu, et à marcher ensemble tous[243] (« Simple compose une prière », 24).

---

[242] *They got more churches down South that they got up North. They read more Bibles and sing more hymns. I hope when Christ comes back, He comes back down South. My folks need Him down there to tell them Ku Kluxers where to head in [...]. I hope He drives the Jim Crowers out of their high places, every living last one of them from Washington to Texas! I hope He smites white folks down!* (« Simple Prays A Prayer », 9-10).
[243] *I would pray a don't-want-to-have-no-more-wars prayer, and it would go like this: 'Lord,' I would ask Him, 'Lord, kindly please, take the blood off of my hands and off of my brothers' hands, and make us shake hands clean and not be afraid. Neither let me nor them have no knives behind our backs, Lord, nor up our sleeves, nor no bombs piled out yonder in a desert. Let's forget any bygones. Too many mens and womens are dead. The fault is mine and theirs,*

Harlem est, au début du vingtième siècle, « un microcosme de la religion noire dans les centres urbains » (Spencer 65). À travers Simple, Hughes permet de comprendre ce microcosme religieux. Il fait ainsi valoir ses positions qui, remodelées et restituées au travers des images et des métaphores évoquées par Simple, lui donnent l'opportunité de porter des jugements sans jamais se montrer ouvertement engagé. Comme les anciens esclaves qui se tournèrent vers les modes d'expression des Blancs qu'ils adaptèrent et firent accepter, Hughes réussit à transcender les problèmes des Noirs de son époque en remaniant des modes d'expression traditionnels. L'écriture de *The Best of Simple* présente des « strates » successives et se structure autour d'assemblages et de réflexions en perpétuels mouvements, une caractéristique de la littérature mineure. Telles des strates, la langue de Simple/Hughes est faite d'unité et de diversité et doit s'appréhender dans sa multiplicité et sa variabilité. En concevant Simple, Hughes crée un personnage qui cristallise les différentes « modulations » et « minorations » de son écriture. Intimement lié à l'ère du blues et du jazz, Simple évolue pendant la Renaissance de Harlem et s'exprime dans une langue qui s'éloigne de l'anglais standard. Dans la description de ses aventures, la présence de doubles, c'est-à-dire de doubles-entendre, de doubles sens, de doubles jeux apparaît comme une volonté de jouer avec le lecteur et de brouiller les pistes. Qui parle ? Et que souhaite révéler l'auteur ? Comment la langue est-elle « redistribuée[244] » (Barthes 13) ? Hughes joue avec ces techniques qui sont pour lui autant de masques qui lui permettent de prêter différentes voix à Simple et de retranscrire au plus près la vie des Noirs les plus humbles.

---

too. So teach us all to do right, Lord, please, and to get along together [...] (« Simple Prays A Prayer », 7).
[244] Nous empruntons ce terme à Roland Barthes qui, dans *Le plaisir du texte*, dénonce le pouvoir du langage institué. Langage que Hughes déconstruit et reconstruit à loisir dans son œuvre et dans *The Best of Simple*.

Chapitre III.
La « marge » et le « mineur »
dans *The Best of Simple*[245]

Avec *The Best of Simple*, l'originalité de Hughes est de proposer, à nouveau et sous une autre forme, un texte très métissé et faussement simple en empruntant à la fois au folklore africain et noir américain et sans jamais s'éloigner de la tradition anglo-européenne. Synthèse « rhizomatique » de la tradition littéraire, poétique et langagière africaine et anglo-saxonne, Hughes explore d'autres possibilités pour décrire un personnage constamment tiraillé entre deux cultures, deux histoires, deux expériences, et où l'écriture propose des variations langagières. Encore une fois, la langue est déterritorialisée pour, sous d'autres modalités, être re-territorialisée et traduire le « bilinguisme culturel » des Noirs américains. Outre le travail sur la langue, le texte de Hughes renvoie constamment à certains aspects du folklore noir à travers l'écriture de l'oralité, mais il emprunte aussi à la tradition littéraire sur fond de critique plus ou moins acerbe de la société américaine du début du vingtième siècle.

Le glissement de l'auteur de la marge à la norme, cette ligne de fuite, pour emprunter à la terminologie deleuzienne, illustre à quel point le travail d'écriture de Hughes est caractéristique de la littérature « mineure » noire :

> Une littérature mineure n'est pas celle d'une langue mineure, plutôt celle qu'une minorité fait dans une langue majeure. [...] Elle fait subir à une langue dominante un traitement qui la rend étrangère à elle-même et la fait tendre vers ses extrêmes ou ses limites (Deleuze et Guattari, 1975, 29, 42).

---

[245] Cette analyse est adaptée de notre article publié en ligne par le journal Miranda : « Glissement du mode « majeur » au mode « mineur » dans *L'ingénu de Harlem* de Langston Hughes », 2016, 1-16.

En explorant de nouvelles formes d'écritures, la constante préoccupation de Hughes est encore et toujours de restituer au plus près la condition, mais et la voix noires ; cet « entre-deux » de l'hybridité culturelle en définitive. Hughes continue à privilégier la culture noire populaire dans l'élaboration de son écriture tout en empruntant à la fois au folklore noir et à la tradition littéraire classique. Dans « Apple Strudel » (114-116) / « La tarte aux pommes » (168-172), en citant *Walden* de Henry Thoreau[246], Hughes fait explicitement allusion à cette tradition littéraire à travers son propre personnage. Comme le personnage principal de *Walden*, dont l'isolement dans la nature est favorable à l'introspection, Simple fait part de ses observations sur la condition noire dans un monde en pleine mutation. Cette référence n'est pas non plus un hasard si l'on pense à l'engagement abolitionniste de Thoreau qui prit, en son temps, des positions radicales contre l'esclavage. D'autres allusions subtiles à la tradition littéraire émaillent le récit, notamment lorsque Boyd, le narrateur, récite un poème de Ben Jonson (1573-1637) dont Simple n'a jamais entendu parler :

> Si tu veux boire à ma santé
> Fais-le seulement avec tes yeux,
> Les miens te rendront la pareille...
> Ou si tu laisses dans ton verre
> Seulement tomber un baiser,
> Je ne voudrai plus de vin[247]
> (« Chanson à Célie » de Ben Jonson[248], « Cocktail-party », 163).

Ce poème sert de faire-valoir à Boyd pour souligner l'ignorance de Simple et, au contraire, l'instruction du narrateur. Des allusions à la tradition européenne apparaissent d'ailleurs à plusieurs reprises : la nouvelle « Cocktail Sip », par exemple, s'ouvre sur

---

[246] *Walden ou la vie dans les bois* (*Walden or Life in the Woods*) fut publié en 1854 par Henry David Thoreau (1817-1862), et fait partie des ouvrages phares de la littérature américaine. Le livre raconte la vie de Thoreau dans les bois où il resta pendant deux ans. Ce livre est une critique d'un monde marqué par l'industrialisation où l'homme perd conscience de son environnement. *Walden* est le roman du retour à la nature.

[247] *Drink to me only with thine eyes,/ And I will pledge with mine, /Or leave a kiss but in the cup,/ And I'll not ask for wine* (« Cocktail Sip », 163).

[248] Ben Jonson (1572-1637), dramaturge anglais connu pour ses comédies de caractère : *Volpone* (1606) et *L'alchimiste* (1610). Contemporain de Shakespeare, sa réputation égala celle de ce dernier.

l'échange suivant : « 'You sound like an Elizabethan. What's up?' 'Lizzie who?' asked Simple » (116) / « 'Tu parles comme un élizabéthain. Qu'est-ce qui se passe ?' 'Liz qui ?' dit Simple » (« Cocktail-party », 163).

Un autre genre littéraire que Hughes emprunte à la tradition est celui du « tall tale ». Dans la tradition folklorique américaine le « tall tale » renvoie à des histoires incroyables et exagérées relatées de façon à faire croire en leur exactitude :

> Le *tall tale* est une galéjade qui vise à mettre à l'épreuve des étrangers naïfs prompts à idéaliser l'Ouest et à en faire un pays de légendes. Les personnages hauts en couleur qui défilent dans ces histoires hyperboliques sont décrits par des gentlemen, narrateurs occasionnels qui mettent à distance les personnages d'une nouvelle comédie humaine : rustauds, chasseurs fanfarons, ivrognes déchaînés, charlatans, colporteurs véreux, avocats marrons, médecins ambulants et spéculateurs fonciers (Royot et al., 188).

Dans « Feet Live Their Own Life » (1-3), le récit hyperbolique qui ouvre *The Best of Simple*, Hughes revisite le genre :

> Ces pieds-ci sont passés sur tous les pavés qu'il y a entre le « Rock of Ages » et la 35e et Lenox. Ces pieds-ci ont tout supporté : depuis la balle de coton jusqu'à la bonne femme criant famine. Ils ont marché dix mille miles à travailler pour les Blancs, et dix mille autres miles avec les Noirs. [...] Si j'avais eu seulement quatre pieds, j'aurais pu rester encore plus longtemps dans des endroits. Mais tel que, j'ai déjà usé sept cents paires de chaussures, quatre-vingt-huit paires de tennis, douze sandales d'été... Les chaussettes que ces pieds ont achetées feraient tourner un atelier de tissage. [...] Si jamais quelqu'un voulait écrire l'histoire de ma vie, c'est par mes pieds qu'il doit commencer[249] (« Les pieds ont leur propre existence », 17).

Hughes donne ainsi le ton et prépare le lecteur à ce que seront les histoires de Simple ; et si le « tall tale » donna naissance à la

---

[249] *These feet have stood on every rock from the Rock of Ages to 135th and Lenox. These feet have supported everything from a cotton bale to a hungry woman. These feet have walked ten thousand miles working for white folks and another ten thousand keeping up with colored. [...] If I just had four feet, I could have stood in more places longer. [...] If anybody was to write the history of my life, they should start with my feet* (« Feet Live Their Own Life », 2-3).

culture de l'Ouest, Hughes, lui, donne naissance à une autre forme de culture noire, à mi-chemin entre tradition européenne et américaine, mais aussi africaine, car l'emprunt à la tradition africaine est fondamental dans *The Best of Simple*. En revisitant cette tradition, Hughes montra son « refus d'allégeance aux valeurs de la culture dominante » (Fabre M., in Richet, ed., 90) pendant la Renaissance de Harlem et, fidèle à ses convictions, il récidive avec l'écriture de *The Best of Simple*.

« Devenir-révolutionnaire »

En utilisant des stratégies textuelles et culturelles diverses, en les adaptant et en se les appropriant Hughes s'inscrit encore une fois dans un « devenir-révolutionnaire ». En s'intéressant à l'histoire africaine les intellectuels noirs de la Renaissance ravivèrent et s'approprièrent des aspects de leur héritage racial, ce qui devient une véritable source d'inspiration. Hughes est loin d'être étranger à ce processus lorsqu'il écrit *The Best of Simple* :

> Le Nègre nouveau éprouvait un besoin d'enracinement aux temps de la grande migration, lorsque les problèmes d'acculturation se posaient avec acuité. On le sent à la recherche d'une tradition, d'une appartenance qui remonte volontiers à l'esclavage et aux origines africaines (Fabre M., in Richet, ed., 90).

Selon Deleuze, un « devenir-révolutionnaire » signifie : « connecter des hétérogènes ». Avec *The Best of Simple*, Hughes revisite un patrimoine remontant à l'Afrique et à l'esclavage comme pour mieux mettre à jour les origines ancestrales africaines de Simple. Dans le folklore africain les contes relatent soit des événements imaginaires, soit la réalité et offrent un miroir de la société. Réunis le soir autour de l'arbre à palabres, hommes et femmes écoutent le sage faire le récit d'une légende, d'une histoire le plus souvent liée au quotidien. Ces contes doivent toujours être dits le soir afin de ne pas porter malheur. On ne peut, bien sûr, s'empêcher d'établir un lien avec Simple, qui, comme le conteur africain, discute à bâtons rompus le soir, non pas autour de l'arbre à palabres, mais dans le « Paddy's Bar », son équivalent urbain américain en quelque sorte. Autre point commun, le conteur africain est un acteur avant tout qui doit rendre son histoire vivante s'il veut être entendu et compris de tous ; il utilise l'humour dans ses mises en scène. Comme le conteur africain, Simple sait faire rire ou sourire tout en dédramatisant des situations graves ou sérieuses. Il se rapproche d'autant plus du conteur africain que ses qualités théâtrales, son sens du geste et du verbe sont indissociables de sa personnalité d'orateur. Le côté nostalgique de Simple et son évocation du passé nous font aussi voir en lui les qualités du griot, car Simple reste le conteur de la grande histoire du monde :

> Ma musique, elle expliquerait tout ce que mes mots pourraient pas expliquer parce que, de toute façon, il y aurait pas beaucoup de mots dans ma chanson. Les mots dans ma chanson, ils feraient que raconter l'histoire qu'il y avait un Nègre qui a vu une étoile et puis qui l'a suivie jusqu'à ce qu'il arrive dans une étable et qu'il dépose ses cadeaux. Mais la musique, elle dirait la musique, qu'il avait aussi déposé son cœur sur la paille de l'étable et ça serait mon cœur à moi[250] (« Un chant de Noël », 259).

Simple est tour à tour poète et conteur puisque ses histoires allégoriques amusent certes, mais elles demeurent avant tout des enseignements et suscitent une prise de conscience comme dans « There Ought to be a Law » (61-64) / « Il faudrait une loi » (95-100), ou encore « Two Sides Not Enough » (213-216) / « Il ne suffit pas d'avoir deux côtés » (306-308) :

> Une fois qu'un œuf est entré dans la poêle, lui aussi il n'a plus que deux côtés. Et si vous brûlez le dessous, ça devient comme les problèmes de race, noir et blanc, noir et blanc[251] (« Il ne suffit pas d'avoir deux côtés », 307).

Simple est aussi griot lorsqu'il fait revivre le passé et devient le narrateur de l'histoire du monde. Cependant, Simple est conteur avant tout, car il a recours aux métaphores, aux figures allégoriques, mais encore au double langage. Pour Deleuze, ce sont là des manifestations du « balbutiement » qui permettent de substituer à la langue et aux styles dominants d'autres expressions langagières et d'autres modulations écrites depuis la marge. Par ce procédé, Hughes

---

[250] *The words in my song would just say a black man saw a star and followed it till he came to a stable and put his presents down. But the music would say he also laid his heart down, too which would be my heart. It would be my song I would be making up* (« Christmas Song », 180).

[251] *Once an egg gets in the frying pan, it has only two sides, too. And if you burn the bottom side, it comes out just like the race problem, black and white, black and white* (« Two Sides Not Enough », 213).

peut rendre certaines des histoires de Simple hermétiques aux non-initiés, comme lorsqu'il commente la lenteur du pouvoir judiciaire et l'impossibilité des Noirs de voter dans le Sud malgré le quinzième amendement à la Constitution :

> D'ici que le Congrès se réunit, pour moi tout sera fini. En plus, que j'ai pas assez pour les payer ces impôts, j'ai envie, moi, de voter dans le Sud. C'est quand même un monde ça, d'avoir à payer des impôts sans pouvoir voter dans mon bled, non ?[252] (« L'impôt sur le revenu », 101).

Les « contes » à valeur didactique de Simple ont une fonction sociologique et politique. Comme dans les contes africains qui définissent la place de l'homme dans la société africaine, ses contes définissent la place de l'homme noir dans la société américaine du début du vingtième siècle et oriente son action[253]. Par conséquent, l'expérience forgée sur le sol américain fait de Simple ce conteur africain-américain des temps modernes, porte-parole des Noirs et de la condition noire du début du vingtième siècle. En définitive, Simple est à la fois poète, conteur, griot ou bouffon, car Hughes lui impose des changements de statuts pour mieux nous tromper quant à ses intentions réelles et entretenir la confusion. Ce style-patchwork, pour ainsi dire, est une succession d'emprunts à la tradition européenne, américaine et africaine que Hughes exploite et modifie à son gré afin de créer son propre style.

L'écriture de l'oralité

Pour ajouter à la confusion, Hughes introduit un autre effet stylistique pour accentuer le sentiment d'aliénation du lecteur. En effet, le langage de Simple est perverti par l'intrusion du vernaculaire, c'est-à-dire l'écriture de l'oralité. Comme l'analyse Isabelle Rouffineau dans son étude sur *The Color Purple* :

---

[252] *By the times Congress convenes, I'll be without means. Besides, I don't get enough for my taxes. I wants to vote down South. It's hell to pay taxes when I can't even vote down home. Taxation without representation is tyranny, so the books say* (« Income Tax », 65).

[253] Le conte africain s'inscrit dans le contexte culturel d'une communauté. Selon Vincent Hecquet : « Comme les épopées orales, les contes reflètent les structures et valeurs sociales. Les *Contes* recueillis et analysés par Christiane Seydou illustrent les institutions peules traditionnelles : monarchie, hiérarchie sociale, polygamie, pastoralisme » (Hecquet 4).

> Cet effet de style, qui recherche une authenticité qui ne manque pas d'artificialité, introduit une confusion supplémentaire dans la communication. [...] Le lecteur est rendu doublement actif pour appréhender le sens (Rouffineau in Raynaud, ed., 127).

En s'éloignant de l'anglais standard, Hughes montre toute sa créativité, mais aussi celle de la langue orale noire dont la musicalité rythme les monologues et les échanges de Simple. Cette technique témoigne non seulement de la richesse de la langue noire vernaculaire, mais aussi de la réussite esthétique de Hughes, écrivain de l'oralité.

Cette création langagière se retrouva aussi dans la version française de *The Best Of Simple* même si beaucoup de traductions, dont le titre, ne mettent pas nécessairement en valeur la création de Hughes et ne retranscrivent pas les effets voulus par l'auteur comme les exemples suivants le montrent : le mot *worriation* devint « des emmerdements » ; *ageable* fut traduit par : « Eh ben, je suis content de n'être pas aussi vieux que vous » ; *to be Jim Crowed* devint « jim-crowés » en français :

> L'hiver à Harlem, c'est rien que des emmerdements[254] [...] (« Simple et les radiateurs », 63).
> Eh ben, je suis bien content de n'être pas aussi vieux que vous[255] (« L'ombre du blues », 241).
> Les Blancs, vous savez, mon vieux, jamais ils accepteraient même l'idée du Jim Crow s'ils avaient été « jim-crowés » eux-mêmes[256] (« Le devoir c'est le devoir », 286).

En revanche, l'expression *see-antics* que Simple utilise pour parler de sémantique (*semantics*), un mot qu'il ne connaît pas, est plutôt bien rendue en français :

> Quel que soye ce que vous voulez dire avec votre « Sème antique », mon Toto, à mon âge, un homme commence à être fatigué de bouffer chaque jour que Dieu fait la même espèce d'œuf[257] (« Il ne suffit pas d'avoir deux côtés », 308).

---

[254] *I tell you, winter is a worriation* (« Letting off Steam », 36).
[255] *I am glad I am not as ageable as you* (« Shadow of the Blues », 166).
[256] *You know, white folks would not put up with Jim Crow, if they ever got Jim Crowed themselves* (« Duty Is Not Snooty », 198).
[257] *Whatever you are talking about with your see-antics, Jack, at my age a man gets tired of the same kind of eggs each and every day* (« Two Sides Not Enough », 214).

Dans la langue originale, outre l'effet comique, ces échanges révèlent la volonté de Hughes de maintenir son personnage dans l'oralité et de créer une langue dans la langue, une pratique propre à la « littérature mineure ». Hughes, par son processus de création langagière, s'affranchit de la norme en proposant une autre écriture. En sortant des canons littéraires et en les adaptant, Hughes poursuivit son travail de déterritorialisation d'un système codé et normé pour le re-territorialiser. C'est aussi ce que Françoise Clary nomme « la résistance de la langue » et si son article « Paroles entravées et contre-discours : la résistance de la langue africaine dans l'espace caraïbe » (2008) renvoie à la langue dans l'espace caraïbe, nous pouvons établir des similitudes avec le travail de Hughes :

> Source de fragmentation sociale portée par les rapports de force, la langue devient la base d'enjeux identitaires. Son utilisation s'inscrit dans une dynamique de pratiques langagières où les cultures s'entrecroisent, entraînant l'émergence de normes endogènes et de marqueurs identitaires face à une langue officielle employée comme la langue exclusive du pouvoir politique, du pouvoir financier et économique, du pouvoir par l'écrit (Clary, 2008, 333-334).

Hughes entendait, certes, créer ses effets, mais il n'est pas sûr qu'il ait souhaité s'affirmer par rapport à une catégorie plutôt qu'à une autre. L'écrivain s'accommoda des contraintes de la culture dominante afin de proposer une écriture nouvelle au sein de la culture nationale, telle une écriture de la frontière qui se serait accommodée de ses marges. Aussi, dans ce travail de création langagière, les irrégularités grammaticales et syntaxiques, relayées par des effets typiques de prononciation, permirent à l'auteur de s'éloigner de l'anglais standard et ajoutèrent à l'effet caricatural créé et voulu par Hughes pour faire sourire tous ses lecteurs, blancs et noirs confondus, et pour renouveler son écriture. Dans la langue originale, « I ain't » est très souvent utilisé au lieu de « I'm not [258] » ; « I has not heard him » au lieu de « I haven't heard him[259] » ; « I do not know no place » est préféré à « I don't know any place[260] » ; « Mens » dont le pluriel est irrégulier (man devient men au pluriel) est doublement à la forme plurielle par l'ajout de la lettre « S[261] » ; « much » et non « many » est

---

[258] *Here, I ain't scared to vote* (« A Toast to Harlem », 21).
[259] *To tell the truth, I has not heard of him at all* (« Jazz, Jive, and Jam », 242).
[260] *I do not know no place in the country where I am welcome* (« Wooing the Muse », 31).
[261] *Mens will have girl friends all over the world* (« High Bed », 55).

aussi associé au pluriel. Dans la traduction française, ces irrégularités sont plutôt bien rendues :

> C'est moi qui a la parole[262] (« Simple et le sang indien », 38).
> Joyce, je lui dis, j'ai pas envie de faire aucune photo[263] (« Une photo pour son dressoir », 157).
> Je suis couru aller me chercher le permis. / Où c'est qu'elle va, je vas[264] (« L'amour tout simplement », 277 ; 279).
> De nos jours, si quelqu'un tomberait sans connaissance dans un enterrement, l'infirmière lui colle si tellement des sels sous le nez qu'il se met à éternuer[265] (« Un sacré enterrement », 280).
> Si je serais au Mississippi[266] (« Radio-activité », 303).

Cet éloignement de la langue standard est pour Hughes une façon de montrer que le vernaculaire noir est une langue à part entière, avec sa propre grammaire et ses propres règles. Le vernaculaire noir est « une langue dans la langue » et ne doit pas être perçu comme le résultat d'erreurs grammaticales et syntaxiques :

> Le vernaculaire africain-américain est un dialecte de la langue anglaise qui mérite d'être respecté. Même s'il diffère de l'anglais standard, il n'y a aucune raison de considérer ce dialecte comme du mauvais anglais ; pas plus en tous les cas que l'anglais du Minnesota ou de Virginie et vice-versa. Le vernaculaire africain-américain présente des principes syntaxiques réguliers qui lui sont propres [...]. Les langues proposent de nombreuses règles et des structures de phrases propres et ceux qui les parlent sélectionnent parmi une multitude de possibilités qui sont complexes[267] (Pullum 48).

---

[262] *Mine is the word, and she is due to hush* (« Simple on Indian Blood », 18).

[263] *Joyce, I don't want to take no picture* (« Picture for her Dresser », 107).

[264] *What happened was I took my first week's salary that I received back on the job and bought the license*
(« Simply Love », 192). / *Whether she goeth, I goeth* (« Simply Love », 194).

[265] *If anybody faints at a funeral now, the nurses stick so much smelling salts up to your nose that you sneeze and come to right away* (« Bang-up Big End », 194).

[266] *If I was in Mississippi* (« Radioactive Red Caps », 211).

[267] *African American Vernacular English as a dialect of English deserves respect and acceptance differs strikingly from Standard English but there is no more reason for calling it bad Standard English than there is for dismissing Minnesota English as bad Virginia speech, or the reverse. [...] AAVE shows that it has certain regular syntactic principles of its own [...]. Languages have many rules and regularities of sentence structure and speakers select from the possibilities in ways that are highly complex.*

Dans son travail d'écriture, l'originalité linguistique dont fait preuve Hugues témoigne du double décalage entre la langue standard et celle de la communauté noire. Toutefois, il existe un autre décalage si l'on considère Simple et Joyce (sa petite amie) puisqu'ils sont, tous les deux, les parfaites illustrations de l'opposition au sein même de la communauté noire. Dans la nouvelle « Jazz, Jive, and Jam » (239-245)/ « Chanter, rire, danser » (341-346), Simple fait sourire le lecteur et sert de faire-valoir à Joyce lorsqu'il lui demande :

> C'est un homme très bien que le Dr Conboy, elle dit. Tu ne l'as jamais entendu parler d'Aristote ?
> Harry Stott ? Qui c'est encore celui-là ?
> Il y a des gens qui ne sont pas seulement mal éduqués, il y a aussi les ignares, elle dit. Aristote était un grand philosophe grec. Comme Socrate. Un grand homme des temps anciens.
> Faut croire qu'il a vécu avant Booker T. Washington, je dis. Parce que, pour dire le vrai, j'avais encore jamais entendu parler de lui[268] (« Chanter, rire et danser », 343).

Ce passage révèle en filigrane à quel point Simple et Joyce incarnent ce décalage. Un décalage reflété, ici, par un dispositif lexico-grammatical totalement créé par Hughes. En faisant utiliser une langue « dégradée » à son personnage, ni totalement « jive », ni totalement « negro dialect », Hughes montre à quel point il s'accommode stratégiquement de la langue standard pour donner toute son authenticité à son personnage dont le décalage langagier est à la fois sa marque identitaire et d'opprobre :

> Jess, essaie donc de bien parler, en public, elle me dit. On ne dit pas moi-même même.
> Je vous demande pardon pour mon parler crochu d'en bas le Sud, je lui dis.
> On ne dit pas parler crochu et on ne dit pas en bas dans le Sud, elle me dit. Et cela tu le sais très bien. Tu es allé à l'école tout de même.

---

[268] *'Dr. Conboy is smart,'* says Joyce. *'Did you hear him quoting Aristotle?'*
'Who were Harry Stottle?' I asked.
'Some people are not even misread,' said Joyce. *'Aristotle was a Greek philosopher like Socrates, a great man of ancient times.'*
'He must of been before Booker T. Washington then,' I said, *'because, to tell the truth, I has not heard of him at all'* (« Jazz, Jive, and Jam », 242).

À l'école pour Nègres, je lui dis. Et puis de toute façon, il ne s'agit pas de ça. Puisque tu comprends très bien ce que je suis en train de te dire[269] (« Rien qu'une fois dans la vie d'une femme », 249).

Avec ces différents niveaux de langue, Hughes exprime ses intentions de façon réfractée. En mettant en jeu plusieurs discours (celui de Simple, celui du narrateur (Boyd) et celui de Joyce) à travers un dispositif lexico-grammatical autre (pour Simple) Hughes remet ainsi en cause le système social et politique de son époque sans jamais se révéler ouvertement. Par ce biais, l'écriture de Simple illustre l'« hétéroglossie » que définit Bakhtine à propos du roman. Certes, *The Best of Simple* n'appartient pas à la catégorie du roman, mais la technique de Hughes rejoint bien ce concept :

> Le roman dans son ensemble est un phénomène protéiforme dans le style qui présente des styles et des voix variés. Le chercheur est alors confronté à plusieurs unités stylistiques hétérogènes qui se situent souvent à différents niveaux linguistiques et sont soumises à différents contrôles stylistiques. [...] Nous pouvons définir le roman comme présentant une diversité de discours sociaux (parfois même une diversité de langages) et une diversité de voix individuelles organisées de façon artistique. La stratification interne de n'importe quelle langue nationale en dialectes, en attitudes caractéristiques d'un groupe [...] sont autant de voix qui servent les desseins sociopolitiques du jour[270] (Bakhtine, 1981, 261-263).

Par cette technique, mais aussi en réinvestissant les stéréotypes et en se les réappropriant, Hughes remet subtilement en cause le système dominant. En définitive, cette forme de culture populaire permet aussi au personnage de tenir les problèmes sociaux et raciaux

---

[269] *'Jess, watch your grammar in public. Don't say is you, and you is. That is not proper,' Joyce says./ 'I begs your pardon,' I says. 'Forgive my down-home talk.'/ 'Down-home or up North,' says Joyce, 'such terms is not correct. You know it. You have been to school.'/ 'Colored school,' I said. Which is neither here nor there as long as you understand what I am saying*' (« Once in a Wife-Time », 172).

[270] *The novel as whole is a phenomenon multiform in style and variform in speech and voice. In it, the investigator is confronted with several heterogeneous stylistic unities, often located on different linguistic levels and subject to different stylistic controls. [...] The novel can be defined as a diversity of social speech types (even sometimes even diversity of languages) and a diversity of individual voices, artistically organized. The internal stratification of any single national language into social dialects, characteristic group behavior, [...] languages that serve the specific sociopolitical purposes of the day.*

qu'il évoque à distance tout en renvoyant à la communication orale que les esclaves durent mettre au point :

> La dissémination des esclaves dans le Sud interdit les regroupements d'ethnies africaines et l'expression d'un dialecte commun. Des éléments d'anglais s'articulent dans le *negro dialect*, instrument de communication orale. L'acculturation fragmentaire se fait par la pratique chrétienne et les Écritures dont la transmission orale demeure le seul canal admis. L'apprentissage de la lecture et de l'écriture étant interdit aux esclaves, l'usage, tombé en désuétude, des langues maternelles africaines ne peut donc se substituer à cette carence de l'expression (Royot et al., 297).

Comme les esclaves avant lui, Simple crée son propre langage. Il pratique le jeu des dozens (jeu des douzaines[271]) à sa façon, ce qu'il explique à Boyd dans « Feet Live Their Own Life » (1-3) / « Les pieds ont leur propre histoire » (15-19) et aime parler le jive, l'argot de Harlem. Ce discours « d'une population des univers clos » (Royot et al., 308) est un langage coloré, illustration de l'imagination des Noirs puisqu'ils créèrent le *jive* en réponse au vocabulaire standard inadéquat. Le *jive* est une langue intermédiaire, codée, où les règles grammaticales sont inexistantes et qui permet aux Noirs de communiquer entre eux. Il était d'ailleurs relativement difficile aux non-initiés de s'approprier ce langage, d'où l'utilité du *Hepster's Dictionary* de Cab Calloway, à l'origine du « jitterbug » américain (auquel Simple fait référence) et du mouvement « zazou » en France. De nombreux magazines tentèrent d'ailleurs d'expliquer ce qu'était le *jive* :

> Le *jive* a une étymologie propre, des règles strictes, un lexique, constitué de près d'un millier de mots et d'expressions infinies, qui s'enrichit constamment. Burley dit du *jive* que c'est « une langue en mouvement », et affirme que vous ne pouvez comprendre cette langue si vous ne comprenez pas les personnes qui l'utilisent. Le *jive* est le réflexe de défense des Noirs (Anderson, 1981, 316 [272]).

---

[271] Ce jeu de devinettes et d'insultes verbales est une façon ludique et orale de se protéger de l'agressivité des Blancs et des relations raciales.
[272] Anderson cite le magazine *Esquire* de 1944.

Le jive de Simple regorge d'expressions de sa création :

« She jumps salty » (« Landladies », 5),
« I'm tired of trickeration » (« Conversation on the Corner », 13),
« To be jim-crowed » (« Temptation », 27),
« Hysterian/historian », (« An Auto-Obituary », 239)[273].

Toutes ces expressions sont autant d'exemples de ce mode d'expression propre aux Noirs de Harlem. Le *jive* va aussi de pair avec la gestuelle et les inflexions de voix, ce que nous imaginons très bien avec Simple. Si nous lisons ses échanges à haute voix, les mots de Simple acquièrent leur musicalité, ses descriptions sont toujours très rythmées, ce qui donne au langage tout son attrait et sa spontanéité. Simple est indissociable de ce mode d'expression haut en couleur qui lui apporte toute sa spécificité. Le *jive* maintient le sentiment d'oralité et d'authenticité propre à *The Best of Simple* tout en entretenant la confusion. Ce mode d'expression se traduit d'ailleurs en français par « propos nègre-blanc, baratin[274] ». Le jeu entre le dit et le non-dit, l'illusion et la réalité n'est donc jamais très éloigné, car s'il souhaite avant tout faire rire, Hughes ne manque aucune occasion de perdre son lecteur sur le chemin du double sens et du double-entendre. Ce mode d'expression, empreint d'une bonne dose d'humour, donne son individualité à Simple qui dévoile ses états d'âme en toute sincérité. Hughes, en « redistribuant » le langage comme l'explique Barthes dans *Le plaisir du texte*, adopte un compromis et glisse constamment de la marge à la norme et de la norme à la marge, ce qui lui permet d'inscrire son texte dans la « littérature mineure ». En manipulant constamment le vernaculaire noir, mais aussi en s'appropriant et en réinvestissant les différents canons littéraires, Hughes glisse bien de la marge à la norme en mettant en scène ce « compromis » dont parle Barthes. Ce que Deleuze définit, lui, comme la « ligne de fuite » révèle à la fois l'opposition de l'auteur à la norme, mais aussi son désir de la faire sienne pour plaire aussi bien au lectorat noir qu'au lectorat blanc.

---

[273] Le lecteur français retrouve la création langagière de Hughes à travers certaines expressions du traducteur : « se mettre à sinuer (*insinuer*) » (« Jalousie », 68), « être culturé » (« Sept coups de sonnette », 145), « se précautionner » (« Sur un lit d'hôpital », 83), « être scandaleur » (« Rien qu'une fois dans la vie d'une femme », 250).
[274] Traduction proposée par le Larousse en ligne :
http://www.larousse.fr/dictionnaires/anglais-francais/jive [Site consulté le 2 mai 2015].

Le glissement qui s'opère ici est en lien avec le nom même du personnage principal. L'onomastique est donc incontournable, car le nom du personnage fonctionne aussi comme un palimpseste, tout comme les histoires qui se superposent les unes aux autres à travers ce personnage « simple » et complexe à la fois. À travers le nom de Simple et ses multiples interprétations, Hughes adopte la « ligne de fuite » et se plaît à jouer sur le rapport signifiant/signifié pour conférer toute son ambiguïté au texte. La stratégie du « naming » fait effectivement écho au texte de Hughes dans son ensemble. Le nom de ce protagoniste a été créé sur un jeu de mots. L'expression courante « Just be simple » (que nous retrouvons dans le nom même du personnage « Jess B. Simple ») signifie : « fais pas l'idiot ! », or cette apparente simplicité cache une multitude de significations et d'interprétations. Et si son entourage et ses proches considèrent Simple comme un doux rêveur voire un simple d'esprit, il se défend, en revanche, d'être stupide et naïf ; ce qui est au contraire renforcé avec la traduction française puisque Simple est devenu L'ingénu de Harlem. Simple nous alerte donc sur les différentes interprétations que nous pourrons donner à ses propos et à ses histoires :

> Dis-moi, Joyce, après toutes ces années, est-ce que tu serais pas en train de me prendre pour une poire juteuse ? Si c'est ça, laisse-moi te dire, je peux avoir l'air simplet comme ça, mais moi-même même je suis pas fou, tu m'entends [275]? (« Rien qu'une fois dans la vie d'une femme », 249).

Il attribue plutôt ce défaut à son aïeul :

> Ça, c'est au grand-grand-papa de mon grand-papa qu'il faut aller le demander. Il devait être un peu simplet, d'ailleurs, ce vieux-là. Sinon, il se serait pas laissé piquer en Afrique pour être vendu comme esclave dans ce pays-ci[276] (« Les pieds ont leur propre existence », 18).

---

[275] *Joyce, after all these years, is you trying to play me for a sucker? If you is, lemme tell you – I might look simple, but I definitely ain't no fool* (« Once in a Wife-Time », 172).
[276] *You have to ask my great-great-grandpa why. He must of been simple – else why did he let them capture him in Africa and sell him for a slave to breed my great-grandpa on slavery to breed my grandpa in slavery to breed my pa to breed me to look at that window* (« Feet Live Their Own Life », 3).

Mais il avoue volontiers qu'enfant, ses camarades le taquinaient en l'appelant « Simon le simple » et que l'on continue toujours à l'appeler le « Simple d'esprit » :

> Même ils [les copains de l'école] me mettaient en boîte en m'appelant Simon le Simple. Mais j'avais les poings solides, et après que j'ai eu fait abandonner le Simon à quelques-uns, tout le monde m'a fichu la paix. Seulement mes amis continuent à m'appeler Simple[277] (« Simple et le sang indien », 39).

Simple signifie : « simple, simple d'esprit », mais Hughes orthographia aussi le nom de son personnage « Semple », que nous pouvons traduire, par glissement phonétique, par « échantillon ». Aussi, avec la première signification Simple est un rêveur optimiste que personne ne prend au sérieux et qui peut avouer sans crainte des vérités embarrassantes, une forme comique « non officielle » en quelque sorte. Simple n'est finalement pas éloigné de la fonction du bouffon. En ce sens, il s'apparente au clown qui dénonce les maux de la société tout en faisant rire et donne à réfléchir sur la portée universelle de ses messages. Revêtant tantôt le costume du clown blanc, tantôt celui de l'Auguste, Simple envisage le monde sous diverses perspectives à la fois pessimistes et optimistes. Son imagination débordante l'aide à oublier les vicissitudes de la vie et sa condition (et par extension celle de sa communauté). Comme il l'avoue dans « High Bed » (52-57)/ « Sur un lit d'hôpital » (83-89) s'élever littéralement dans les airs lui permettrait de s'élever moralement et de transcender tout ce qui l'accable, ce qui fait dire à Boyd que son ami est bien « simple d'esprit » :

> J'aimerais me prendre toutes mes distances possibles de ces histoires de couleur aux États-Unis. Je serais même capable de me construire un garage sur Mars, un château sur Vénus. [...] Parti sans laisser d'adresse. Parti, mon pote, parti !
> Il me semble que tu es parti en ce moment même. Tu n'as plus toute ta tête, dis-je[278] (« Sur un lit d'hôpital », 88-89).

---

[277] *I am really Jess Semple – which the kids changed around into a nickname when I were in school. In fact, they used to tease me when I were small, calling me 'Simple Simon'. But I was right handy with my fists, and after I beat the 'Simon' out of a few of them, they let me alone. But my friends still call me Simple* (« Simple on Indian Blood », 18-19).

[278] *'Why, man, I would rock so far away from this color line in the U.S.A., till it wouldn't be funny. I might even build me a garage on Mars and a mansion on Venus. [...] Man, if I had a rocket plane, I would rock off into space and be solid gone. Gone. Real gone! I mean gone!'* /

Hughes orthographia aussi le nom de son personnage « Semple », que nous pouvons traduire, par glissement phonétique, par « échantillon » ; et il est vrai qu'il n'existe pas meilleur représentant des habitants de Harlem et des Noirs humbles, car les tranches de vie dont Simple est le personnage central permettent de voir ses semblables évoluer sous nos yeux dans le Harlem et l'Amérique des années vingt. Cette perspective fut très appréciée par les lecteurs et assura ainsi le succès du personnage :

> Je ne peux vraiment pas, comme le font certains romanciers, prétendre qu'il n'existe « aucune « ressemblance entre mes personnages et des êtres vivants ou ayant existé ». Au contraire, une foule de gens leur a servi de modèle bien qu'on ne puisse les identifier à personne en particulier. Car, il est tout bonnement impossible de vivre à Harlem sans rencontrer au moins une centaine de Simple, cinquante Joyce, vingt-cinq Zarita, un certain nombre de Boyd et pas mal de cousines Minnie. Même si tous les détails n'y sont pas, la ressemblance est suffisante[279] (Hughes, *L'ingénu de Harlem*, 12).

Le prénom de Simple est également symbolique. Dans la bible, Jesse (Josué en français) est le père du roi David et il conduisit les Hébreux dans la conquête de la Terre Promise. Personne vertueuse, Josué enseignait la Torah aux foules. Simple revêt le même rôle en dispensant un ensemble d'enseignements à travers son histoire et celle des siens. Ses prises de position sont une façon de faire prendre conscience des problèmes de la communauté noire et d'en donner une autre image. Or, Simple affirme dans « Final Fear » (57-61) / « La peur de mourir » (90-95) qu'il aurait dû être prénommé Job et non Jesse car cet autre prénom aurait bien mieux convenu à sa situation : « Hein ! Si j'ai souffert ? Je sais pas pourquoi ma maman, elle m'a appelé Jess Semple. C'est Job qu'elle aurait dû m'appeler, ma

---

I think you are gone now, I said. Out of your head. / Not quite, said Simple' (« High Bed », 57).

[279] *I cannot truthfully state, as some novelists do at the beginnings of their books, that these stories are about "nobody living or dead." The facts are that these tales are about a great many people although they are stories about no specific persons as such. But it is impossible to live in Harlem and not know at least a hundred Simples, fifty Joyces, twenty-five Zaritas, a number of Boyds, and several Cousin Minnies or reasonable facsimilies thereof*. (Hughes, *The Best of Simple*, vii)

vieille[280] » (« La peur de mourir », 94). Effectivement, le prénom Job est particulièrement symbolique lorsqu'il renvoie à Simple. Homme de grande vertu et de piété, Job est mis à l'épreuve par Dieu et le Livre de Job raconte les circonstances de cette mise à l'épreuve. Si le lecteur peut douter de la grande vertu de Simple, il n'en reste pas moins que le rapprochement avec Job est fondamental. Lorsque Simple évoque sa condition et ses problèmes quotidiens, le lexique de l'injustice et des mauvais traitements, mais aussi l'accumulation de termes construits avec le préfixe « sous » sont un parallèle avec la punition divine de Job :

> J'ai été sous-nourri, sous-payé, sous-vêtu, jamais sous-exploité ! Des chiens m'ont mordu. Des chats m'ont mordu. Des souris m'ont mordu, des rats m'ont mordu. Pff ! J'ai été mordu par des punaises, des puces, des taons, des tiques ! Par ces bestioles qu'on appelle des « grands-pères » et même j'ai été mordu par une bonne femme qu'avait des dents en or. [...] C'est pas tout, dit Simple. J'ai été abusé, mésusé, accusé, entôlé par erreur, façon de parler, jugé, condamné, libéré sur parole, assommé, battu, tabassé. Et quand je dis tabassé... J'ai été « troisième degré », compris ? C'est tout juste si j'ai pas été lynché[281] (« La peur de mourir », 94).

Tout comme Job, l'infortune de Simple est source d'expérience et d'enseignement non seulement pour lui, mais aussi pour le lecteur. En évoquant l'origine de son nom, Simple se donne pour ambition de créer sa propre généalogie et de constituer son identité propre, ce qui fut refusé à ses ancêtres esclaves. Cette dénomination est pour Simple une façon de s'inscrire dans l'histoire commune nationale et de s'affranchir de son passé familial d'esclave. Pouvoir choisir son nom est un moyen, pour lui, d'affirmer son identité.

À la manière du bluesman qui raconte des micro-histoires Hughes fait parler l'ensemble des Noirs américains à travers son personnage. En faisant dire « je » à Simple, Hughes se met à la place

---

[280] *"Suffered!" Cried Simple. "My Mama should have named me Job instead of Jess Semple"* (« Final Fear », 60).
[281] *I have been underfed, underpaid, undernourished, and everything but undertaken. I been bit by dogs, cats, mice, rats, poll parrots, fleas, chiggers, bedbugs, grand-daddies, mosquitoes, and a gold-toothed woman. [...] In this life I been abused, confused, misused, accused, false-arrested, tried, sentenced, paroled, blackjacked, beat, third-degreed and near about lynched!* (« Final Fear », 60).

de chaque Noir et abolit subtilement la frontière entre fiction et réalité tout en jouant avec son lecteur qui doit décoder les différents messages qui se tissent au fur et à mesure des échanges entre Simple et Boyd ; échanges qui combinent d'ailleurs adroitement écriture et oralité. Boyd, le narrateur, a en effet un talent pour l'écriture et avoue aimer les mots, alors que Simple, en homme du Sud, est avant tout un orateur, un conteur d'histoires : « Je peux causer, mais je sais pas écrire » (« L'impôt sur le revenu », 105) / « I can talk, but I can't write » (« Income Tax », 69), avoue-t-il à Boyd. Simple est le porte-parole de Hughes et gagne en authenticité, au point que la frontière entre le personnage et l'auteur-narrateur s'estompe, tout comme la limite entre l'illusion et la réalité. Chaque histoire ajoute davantage à la confusion tout en créant des couches de sens successives.

Simple est un amalgame de stéréotypes et porte différents masques pour faire passer son message, mais aussi le message de Hughes. Avec ce personnage, Hughes associe ainsi les clichés des Blancs aux clichés que les Noirs ont d'eux-mêmes pour créer un personnage crédible, incarnation des contradictions de son temps.

« Ligne de fuite » et « déterritorialisation »

Le « langage du signifiant » permet d'appréhender la « double-voix » (double voice) inhérente aux textes des auteurs africains-américains où s'enchevêtrent des myriades d'histoires, de voix et de possibilités intertextuelles. La théorie du « signifying monkey » (singe signifiant) de Henry Louis Gates Jr. établit un lien entre les mythes africains (que les esclaves apportèrent, selon lui, avec eux dans le Nouveau Monde) et les œuvres littéraires des grands auteurs africains-américains[282]. Gates définit la figure du « singe signifiant » (*signifying monkey*), principe rhétorique du discours vernaculaire africain-américain, de la façon suivante :

> Le « Singe Signifiant » est la figure de style par excellence du discours afro-américain ; dans la tradition afro-américaine, le langage du signifiant est sa forme verbale. [...] L'écriture est liée au mythe d'Esu, alors que l'oralité est propre au mythe du Singe Signifiant. [...] Dans la

---

[282] Depuis sa publication, la théorie de Gates a été largement critiquée pour n'accorder aucune place au modernisme et au lyrisme dans l'écriture noire américaine. Bien que datée, elle apporte cependant un éclairage au texte de Hughes. Voir notamment l'article de Joyce A. Joyce "A Tinker's Damn: Henry Louis Gates, Jr., and *The Signifying Monkey* Twenty Years Later".

tradition, ces figures symbolisent la dualité de la voix. Comme de nombreux textes africains le prouvent, Esu et son ami le Singe sont eux-mêmes à la recherche d'une voix[283] (Gates 22).

Ce farceur (*trickster*) permet de comprendre la double-voix à l'œuvre dans les textes africains-américains, car le va-et-vient entre le sens littéral et figuré peut être source de quiproquo pour un lecteur non averti. La théorie du « singe signifiant » s'appuie sur la figure du farceur ou du filou, un personnage mythique de la littérature africaine-américaine mais aussi des différentes cultures africaines. Cette figure, indispensable au bon fonctionnement d'une société, détruit toute idée de permanence ou d'ordre social :

> Trickster : personnage mythique qui joue un rôle consistant à dérégler le jeu normal des évènements, à plaisanter sur les dieux. Présent dans les cultures africaines, les missionnaires chrétiens l'ont souvent confondu avec le diable[284].

Simple correspond bien à cette définition-là. Il est tour à tour sérieux et grave lorsqu'il défend la cause noire, et devient drôle et comique s'il évoque sa logeuse ou ses compagnons d'infortune. À cet égard, Simple porte la marque de son auteur tout autant que celle de son époque et est le produit de l'Histoire (la grande histoire), mais aussi de l'histoire qu'il met lui-même en scène. L'humour est ici le mode dominant qui permet à Hughes de questionner les problèmes de la société. Pour Hughes, l'humour est un moyen de réagir face à la réalité sociale d'une part, et de sonder l'esprit inhérent à la culture noire traditionnelle d'autre part. Construites comme de petites pièces de théâtre, les aventures de Simple sont une succession de saynètes qui jouent sur le comique de situation. Simple retrouve son interlocuteur principal, Boyd (le narrateur), et est entouré de personnages secondaires : Joyce, Zarita, sa logeuse, la logeuse de Joyce, les cousins F. D. et Minnie, Isabel, son ex-femme. Ces personnages, doublés de péripéties diverses, servent de source

---

[283] *The Signifying Monkey exists as the great trope of Afro-American discourse, and the trope of tropes, his language of Signifyin(g), is his verbal sign in the Afro-American tradition. [...] The figure of writing appears to be peculiar to the myth of Esu, while the figure of speaking, of oral discourse densely structured rhetorically, is peculiar to the myth of the Signifying Monkey. [...] As figures of the duality of the voice within the tradition, Esu and his friend the Monkey manifest themselves in the search for a voice [...].*
[284] Définition extraite du dictionnaire Larousse en ligne : www.larousse.fr/dictionnaires/francais/trickster [Site consulté le 2 mai 2015].

d'inspiration à Simple. En prenant le cadre du *Paddy's Bar* ou du *Wishing Well*, l'illusion du réel est ainsi créée, car ces histoires pourraient être racontées par quiconque dans un bar de Harlem.

Simple domine tous les sketches, mais il gagne en efficacité grâce à la présence de Boyd qui, sans lui voler la vedette, donne plus de poids à ses prises de position. L'astuce de l'auteur consiste ainsi à manipuler le lecteur : les histoires commencent toujours par des propos inopportuns et inoffensifs pour mieux délivrer l'opinion de Simple in media res sur le quotidien, la question raciale, la violence, le racisme et les brimades dont les Noirs sont victimes. Ce jeu de palimpseste, voire de kaléidoscope, est infini puisque depuis le nom du personnage jusqu'à ses propos, ses histoires et ses tracas, les significations et interprétations se superposent et s'enchevêtrent et impliquent des significations, des « strates », plus ou moins évidentes pour le lecteur qui se doit de rester un lecteur actif :

> Jamais je me serais attendu à trouver un Nègre assis sur mon lit. J'ai cru que c'était un voleur et tous les cheveux de ma tête sont devenus aussi raides qu'un fil métallique, c'est vous dire[285] (« Ces gens qui ne font qu'aller et venir », 196).

Pour un lecteur blanc ayant fait l'expérience de la ségrégation et favorable à la séparation raciale, les Noirs sont tous des voleurs. Pour Simple, utiliser les stéréotypes sans détour ou avec plus ou moins de subtilité est avant tout une façon de révéler comment la société américaine considère les Noirs et à quel point les stéréotypes raciaux ont la vie dure :

> Je ne fais de tort à personne, non ! Vous ne m'avez jamais vu en train d'essayer de faire une entourloupette à quelqu'un, je ne suis pas[286]... (« Au coin de la rue », 31).

Par ce moyen, Simple peut ainsi avouer sans crainte des vérités embarrassantes et dénoncer les maux de la société dans laquelle il vit. Cette technique de l'intertextualité suppose un degré d'implication du lecteur qui doit savoir lire entre les lignes, interpréter et analyser ce

---

[285] *But when I opened the door, I hollered out loud, also damn near turned pale. I had not expected to see no Negro setting on my bed. I thought he were a robber* (« They Come and They go », 134).
[286] *"I don't do nobody no harm, do I? You don't see me out here hustling off nobody, do you? I am not mugging and cheating and robbing, I am?"* (« Conversation on the Corner », 13).

que lui livre le personnage, car ce mouvement de va-et-vient entre le littéral et le figuré suppose « une troisième oreille », une forme de connivence entre le lecteur et son auteur en quelque sorte. Le lecteur tient sa propre carte entre les mains ; il suit le chemin qu'il a choisi en fonction de son interprétation et de son rapport à l'écriture de Hughes. En étant ainsi bousculé, le lecteur fait aussi l'expérience de la ligne de fuite, car la modification des règles le pousse hors du canon littéraire, hors de son territoire et bouleverse son usage habituel de la langue.

Les oppositions binaires récurrentes qui rythment le texte dans son intégralité font partie intégrante de l'innovation rhétorique de Hughes qui propose d'en finir avec la marginalisation littéraire africaine-américaine en imposant un autre style qu'il voit comme le socle d'une véritable tradition littéraire. L'itinéraire de Simple est semé de discordances qui s'organisent en thèmes conflictuels. Les dichotomies existantes dans la vie des Noirs américains prennent toutes leurs significations à travers les péripéties de Simple. Les contrastes ville/campagne, haut/bas de l'île de Manhattan (*uptown / downtown*), culture rurale / culture urbaine, tradition africaine / tradition américaine, apparence / réalité et personnage / narrateur sont autant d'oppositions qui engendrent l'ambiguïté, mais qui symbolisent avant tout la condition noire aux États-Unis et supposent une forme de connivence entre l'auteur et son lecteur puisque le point de vue proposé est toujours double et souvent contradictoire. Simple est donc en déséquilibre permanent entre ce qu'il dit et ce qu'il est, car il est à la fois un homme du Sud avec une culture rurale, mais il s'est urbanisé en s'installant à Harlem. En ce sens, il analyse la question raciale en homme du Sud et prête aux problèmes du Sud une importance qui dépasse le cadre des États sudistes. Deux mondes, l'un étant l'antithèse de l'autre, sont décrits afin de mieux souligner les conditions de vie dans le Sud, la ségrégation, la violence et l'humiliation qui poussent tant de Noirs à quitter les États du Sud et à tenter leur chance dans les villes du Nord :

> En vérité, je vous le dis, l'hiver, c'est une abomination. [...] Évidemment, il y a la solution de la richesse. On peut aller en Floride. Vous pouvez me donner toute votre Floride et toute votre

ségrégation du Sud sur un plateau d'argent, j'en voudrais pas, dit Simple[287] (« Simple et les radiateurs », 63-64).

Simple rejette le Sud pour sa violence et les lois Jim Crow mais il reste profondément attaché à ses racines. Les binarités sur lesquelles repose toute l'histoire de Simple montrent que la réalité est autre et qu'Harlem n'est finalement pas le paradis tant attendu comme l'explique Simple lui-même à sa cousine Minnie fraîchement arrivée de Virginie :

> Je m'en vais te raconter comment que ça se passe ici dans le Nord. Dans le Sud, on nage dans un fleuve qui descend vers la mer. Tu peux avoir des ennuis, risquer de couler, mais au moins, tu nages avec le courant. Ici, dans le Nord, c'est le contraire. Tu nages contre le courant pour essayer d'arriver sur la terre ferme. Je suis ici depuis vingt ans, Minnie, et je suis toujours dans la flotte si tu vois ce que je veux dire[288] (« Cousine Minnie entre en scène », 299).

Harlem ne tint pas ses promesses et ne put faire face aux vagues massives d'immigrants du Sud et malgré de nombreux efforts pour combattre la dégradation, le quartier devint peu à peu un ghetto :

> Harlem, comme de nombreux quartiers urbains noirs, et le logement des Noirs subirent des transformations radicales pendant les années vingt. Les efforts locaux furent simplement réduits à néant face à l'ampleur des changements qui s'opéraient[289] (Osofsky 153-155).

Le schéma binaire est aussi omniprésent dans le texte de Hughes qui codifie la ségrégation raciale et spatiale entre les Noirs et les Blancs :

---

[287] *Winter time in Harlem sure is a blip [...]. One could be rich and go to Florida. You couldn't give me Florida and all that Jim Crow on a silver platter!* (« Letting off Steam », 36).
[288] *Set down and I will tell you about Harlem, Minnie, so you will be clear in mind. In fact, I will tell you about the North. Down South you're swimming in a river that's running to the sea where you might drown but, at least, you're swimming with the current. Up North we are swimming the other way, against the current, trying to reach dry land. I been here twenty years Minnie, and I'm still in the water, if you get what I mean* (« Enter Cousin Minnie », 209).
[289] *Harlem, like many other urban Negro communities, underwent its most radical years of transformation and Negro settlement in the 1920's. Community efforts were simply overwhelmed by the magnitude of the population change that took place.*

> Je regrette qu'il y ait des Blancs qui ont peur de venir à Harlem. Mais moi aussi, j'ai peur d'approcher certains d'entre eux. Pourquoi ? Une fois, dans ma ville natale, avant que je vienne vivre dans le Nord, je descendais tranquillement la rue quand une femme blanche fait un bond sur le seuil de sa maison, et me dit :
> Fichez-moi le camp d'ici, mon garçon. J'ai peur de vous !
> Pourquoi ? Je lui dis.
> Parce que tu es noir, elle me répond. [...]
> J'avais beaucoup plus de raisons d'avoir peur des Blancs qu'ils en ont d'avoir de moi[290] (« Un toast pour Harlem », 44).

Plusieurs oppositions sont mises en abîme ici. La première interprétation qui se dégage de cet échange est bien sûr le constat de la ségrégation entre Blancs et Noirs. Comme dans le Sud, la ségrégation raciale s'accompagne de la ségrégation spatiale. Nous savons que les Noirs furent confinés à Harlem et ainsi tenus à l'écart des Blancs. Les Blancs qui osèrent s'aventurer à Harlem à la nuit tombée n'eurent que très peu de contacts avec leurs habitants puisque les cabarets présentaient de grands artistes noirs sans pour autant autoriser l'accès au public noir.

Les débats idéologiques et politiques des leaders noirs se retrouvent dans les aventures de Simple. En aspirant à un renouveau, les intellectuels noirs ne tombèrent pas tous d'accord sur les principes à mettre en place et différents courants de pensée furent revendiqués. Hughes a bien incarné ce débat idéologique de la Renaissance et c'est un peu de lui que le lecteur retrouve en Simple. Contrairement à Simple, qui est favorable à un repli communautaire et préfère vivre parmi les siens, Joyce prône l'intégration et les relations interraciales. Pour ce faire, les Noirs qui véhiculent une image négative, selon elle, doivent modifier leur image afin d'être acceptés :

> Tu aurais dû l'entendre expliquer que les Nègres ont joué un rôle dans l'Histoire, de tout temps, depuis l'Eden jusqu'aujourd'hui.
> Tu crois qu'Ève était foncée de peau ? je lui demande.

---

[290] *I am sorry white folks is scared to come to Harlem, but I am scared to go around some of them. Why, for instant, in my home town once before I came North to live, I was walking down the street when a white woman jumped out of her door and said, 'Boy, get away from here because I am scared of you.' / I said, 'Why'? / She said, 'Because you are black.' / [...] I got more reasons to be scared of white folks than they have of me* (« A Toast to Harlem », 22).

> Je ne sais pas pour Ève, elle me dit. Mais Cléopâtre était une femme de couleur. Et la Bible raconte que la reine de Saba qui fut aimée de Salomon était noire, mais avenante.
> Je me demande si elle serait venue à moi ?
> Salomon avait trouvé Cléopâtre avenante aussi. Et c'était un roi, elle dit.
> Et moi, je suis Jess B. Simple, je lui dis[291] (« Chanter, rire et danser », 343).

À cet égard, la culture est, pour elle, une solution essentielle. Comme le leader noir Booker T. Washington (1856-1915), Joyce croit au développement de l'éducation, unique facteur d'émancipation, un point de vue que Simple ne partage pas totalement. En donnant à Joyce et à Simple l'occasion d'exprimer différents points de vue, Hughes met en scène le débat idéologique qui opposa les deux grands leaders noirs du début du vingtième siècle : Booker T. Washington et William E. B. Du Bois. Récusant le gradualisme de Washington qui recommanda d'accepter la ségrégation tout en renonçant à l'agitation politique, Du Bois milita pour les droits civiques des Noirs en revendiquant leur dignité. Par conséquent, Simple et Joyce sont l'expression de ce débat et de ces tensions idéologiques au sein de la communauté noire ; débats auxquels Hughes prit activement part pendant la Renaissance de Harlem. Simple et Joyce donnent à envisager un *modus vivendi* qu'aurait pu adopter la communauté noire à cette époque où la solution aurait été à mi-chemin entre intégration et préservation de l'identité noire. Simple ne souhaite pas décevoir Joyce, mais il revendique ses origines avant tout et est prêt à en payer le prix, il reste un « nègre » (186) et refuse finalement le compromis :

> Je suis conscient de mon état, dit Simple. Je suis un nègre, non ? Et j'ai pas honte de ma race. Je suis pas comme cette bonne femme qui a acheté un melon d'eau et qui le fait envelopper serré avant de sortir de la boutique. Moi-même même, mon vieux, je suis ce que je suis. Si t'es pain de maïs, joue pas au sirop de chocolat, voilà ce que je dis[292]… (« Folie d'été », 186).

---

[291] *Did you not hear him say that Negroes have played a part in all history, throughout all time, from Eden to now? / Do you reckon Eve was brownskin? I requested. / I do not know about Eve, said Joyce, but Cleopatra was of the colored race, and the Bible says Sheba, beloved of Solomon, was black but comely. Solomon also found Cleopatra comely. He was a king, says Joyce* (« Jazz, Jive, and Jam », 242).
[292] *I am race conscious, said Simple. And I ain't ashamed of my race. I ain't like that woman that bought a watermelon and had it wrapped before she carried it out of the store. I am what*

Cette différence entre les personnages principaux traduit finalement les contradictions de la Renaissance de Harlem et l'expérience noire aux États-Unis dans sa globalité. Cependant, en opposant Simple et Joyce l'auteur réussit à créer une connivence entre lui et ses lecteurs puisqu'il propose deux types d'idéaux, deux attitudes, qui engendrent certes la confusion, mais supposent que chacun y trouve son compte. La position ambiguë de Simple provient à la fois de son mode de communication et de sa fonction documentaire de la condition noire dans une grande ville du Nord au début du vingtième siècle. Hughes, en adepte du double-entendre, utilise le masque de Simple pour évoquer de façon indirecte et subtile le racisme, la ségrégation, la discrimination et présenter de manière efficace et lucide les multiples problèmes qui se posèrent aux Noirs de son époque.

Le réalisme comique emprunté par Hughes donne toute sa crédibilité à Simple mais aussi aux Noirs humbles qu'il décrit puisqu'ils sont présentés avec objectivité et de manière autocritique. L'humour de Simple est un antidote contre la violence, la société américaine et ses désillusions et permet à l'auteur d'ébranler des certitudes. Il enseigne et distrait en même temps en associant humour et esprit engagé. Hughes suggère toujours implicitement ce que sont les relations raciales au moment de la Renaissance de Harlem et au-delà. En se superposant à la réalité, le masque de Simple offre une double vision : celle de la réalité vécue et celle de la réalité déformée ; il nous donne ainsi à réfléchir sur la situation noire au début du vingtième siècle et les rapports entre Noirs et Blancs. Le masque de Simple rend supportable l'insupportable. Tantôt ridicule et naïf, ou au contraire très sensé et sûr de lui, Simple est objet de dérision et modèle culturel. Simple incarne les contradictions de son temps pendant que ses aventures mêlent la grande et la petite histoire. Grâce à l'humour, Simple se venge des mauvais traitements, des humiliations et des libertés que les Blancs prennent avec lui. Le préjudice racial est la toile de fond de l'écriture de Hughes. La « persona » permet à Hughes de faire le tour de l'expérience humaine, d'explorer son statut marginal et d'offrir une double vision. À travers Simple, Hughes exploite tous les aspects négatifs attribués aux Noirs par les Blancs et les Noirs eux-mêmes pour mieux les réutiliser et

---

I am. And what I say is: If you're corn bread, don't try to be an angel-food cake!" (« Midsummer Madness », 126).

affirmer ainsi la véritable identité de son personnage. Aussi, le lecteur pourra tomber dans le piège des apparences et se sentir supérieur à Simple, soit parce qu'il peut se montrer stupide parfois (mais une stupidité feinte), soit parce que le lecteur se sent à l'abri des épreuves qu'il a endurées.

Peu connu en France, *The Best of Simple* est entré dans la tradition littéraire noire américaine, car, à travers son personnage, Hughes a séduit à la fois le lectorat blanc et noir. En mêlant humour et *jive*, Hughes donne toute sa saveur à sa fiction et fait retrouver aux Noirs leurs racines et leur originalité. La retranscription de cette oralité, tant souhaitée par l'auteur, doit être comprise avant tout comme un effet de style qui permet d'entretenir un rapport de connivence entre l'auteur et ses lecteurs. L'expression dialectale offre une diversité d'intentions et induit un décalage entre le signifiant et le signifié. Ce décalage est permanent et les aventures de Simple sont construites sur ce va-et-vient entre son prétendu manque de culture et sa profonde sagesse ; ce qui révèle la grande complexité du personnage et en assura le succès auprès du public. Un succès que Simple/Hughes avait probablement pressenti car dans une dernière phrase plutôt visionnaire Hughes fait dire à son personnage pour clore son histoire :

> L'âme précieuse de Jess B. vaut plus que les mots peuvent dire, plus que les langues peuvent inventer, plus qu'un sermon peut sermonner, plus qu'une gueule peut gueuler, plus qu'un cerveau peut cérébrer ! Ah, cette âme de Jess B. ! Âme simple de Jess Semple qui s'en est allée vers la gloire ![293] (« Mon propre avis de décès », 339).

Hughes avait compris à cette époque-là que lui qui avait été tant critiqué et décrié pendant la Renaissance de Harlem, laissait avec les histoires de Simple une œuvre qui allait finir par être inscrite au canon littéraire américain et enfin passer à la postérité.

---

[293] *Oh precious soul of Jesse B., worth more than words can tell! Worth more than tongues can fabulate, worth more than speech can speculate, than throat can throttle, than human mind can manipulate! This soul, this Jess B. of a soul! This simple soul, this Semple! Gone to glory, gone to his great reward of milk and honey, manna and time unending, and the fruit of the tree of eternity* (« An Auto-Obituary », 239).

Conclusion

> Pendant plusieurs siècles, l'Homme noir semblait n'être né que pour travailler. Travailler dur – comme un Nègre – et travailler pour les autres. Puis vint un moment – une période d'une vingtaine d'années au début du xxe siècle – où se trouva campé des deux côtés de l'Atlantique, mais d'abord aux États-Unis, un nouvel homme Noir. Un « New Negro » qui brouillait l'image traditionnelle que gardait de lui le monde blanc. Un homme qui suggérait une manière autre, un peu mystérieuse, d'être homme (L.T. Achille, Sylvanise, 204).

L'Antillais Louis-Thomas Achille, qui découvre les artistes noirs américains de passage à Paris chez ses cousines, les sœurs Nardal, et qui se passionne pour les negro spirituals, ne pensait peut-être pas précisément à Langston Hughes lorsqu'il écrivit ces quelques lignes pour *La Revue du Monde Noir* de 1931. Toutefois, nul autre écrivain noir américain que Hughes n'incarne mieux ce « Nouveau Noir » des années vingt et cette nouvelle pensée née pendant la Renaissance de Harlem. Porte-parole des petites gens de Harlem, il exploita les formes culturelles populaires noires pour construire sa propre écriture, trouver sa voie, mais aussi affirmer sa voix. Comme l'écrit Louis-Thomas Achille, il « brouill[a] l'image traditionnelle [...] [pour suggérer] une manière autre d'être homme » et nous pouvons même ajouter « d'être Noir ».

À la recherche d'une tradition littéraire qui manquait cruellement aux Noirs américains, Hughes n'hésita pas à utiliser le dialecte noir, mais aussi le blues et le jazz, pour valoriser un héritage racial occulté et une culture populaire tenue à l'écart par le canon littéraire américain. Insoumis, rebelle jusque dans son écriture poétique, Hughes fut la quintessence du niggerati des années vingt. À travers une écriture « libérée des questions de métrique et du dilemme entre anglais standard et dialecte » (Sylvanise 200), à travers une écriture métissée et hybride, comme nous avons tenté de le démontrer, Hughes osa faire table rase des contraintes imposées par les conservateurs et l'élite noire pour proposer un nouvel esthétisme, une nouvelle écriture entre blues et jazz, dialecte noir et culture populaire.

Entrer dans l'intimité de la langue de Hughes permet de comprendre la maturation stylistique du poète, mais aussi l'importance et le pouvoir des mots et du rythme. C'est aussi comprendre l'extraordinaire capacité d'adaptation des premiers Africains déportés dans la production de leur art. Cette « outre-langue », propre à Hughes, lui permit d'atteindre un « devenir-poétique » tout en créant une écriture nouvelle, originale et de qualité. Son besoin d'enraciner son écriture dans la musique noire et l'expérience des Noirs démunis fut déterminant dans son « devenir-poète ». À travers ce devenir, Hughes devint le porteur d'une énonciation collective et entraîna avec lui toute une communauté qui aspirait, en définitive, à un « devenir-humain ».

Les choix de Hughes firent de lui l'un des poètes les plus controversés dans l'histoire de la poésie américaine. Il est cependant l'un des rares à avoir évoqué avec sensibilité et émotion la richesse de la culture africaine-américaine par delà les classes sociales, car Hughes souhaitait créer une œuvre dépositaire de l'expérience noire, profondément ancrée dans le passé et l'héritage culturel de l'Afrique et de l'Amérique. Tout au long de sa carrière, il refusa de parler un langage poétique qui ne soit pas proche du peuple, qui ne soit pas celui des Noirs les plus humbles. Il revendiqua d'ailleurs très jeune son attachement à la communauté noire américaine dans son article-manifeste, « L'artiste nègre et la montagne raciale » :

> La plupart de mes propres poèmes sont issus de ma race par leurs thèmes et leurs formes ; ils découlent de la vie que je connais. Dans beaucoup d'entre eux, j'essaie de saisir et de conserver la signification et le rythme du jazz. [...] Pour moi le jazz est une des expressions inhérentes à la vie des Nègres en Amérique : l'éternel tam-tam qui résonne dans l'âme noire, le tam-tam de la révolte contre la lassitude de vivre dans un monde blanc, un monde de métro et de travail, de travail, de travail ; le tam-tam de la joie et du rire, et de la peine qu'on avale derrière un sourire (Hughes in Richet, ed., 129-130).

Hughes reçut l'influence du monde qui l'entourait dans ce « devenir-poète » fait de « trajets et de devenirs » (Deleuze, 1993, 86), mais aussi de relations rhizomatiques. En refusant tout académisme formel et artificiel, il navigua sans cesse entre la norme et la marge pour suivre d'autres voies, construire sa propre voix et atteindre un « étant-poétique ». Hughes croyait au pouvoir des mots et au pouvoir social et politique de son écriture. Il considérait de son devoir d'écrire sur et pour les Noirs les plus démunis. Très engagé pendant les années trente, en réponse à la Grande Dépression et aux changements économiques qui affectèrent la communauté noire, il devint plus modéré au fil du temps.

En positionnant ce travail d'analyse à la marge littéraire noire américaine nous avons délibérément privilégié l'« universalité hughesienne » sans toutefois aborder la marge sexuelle dans le détail ni l'homosexualité supposée de Hughes comme des caractéristiques de la construction identitaire et culturelle. Dans un contexte racial tendu et en proie à la critique littéraire, Hughes préféra vraisemblablement rester prudent. Il considéra peut-être aussi qu'il était trop tôt et trop risqué pour lui d'affirmer ouvertement son identité sexuelle et préféra traduire par l'écriture et à travers les personnages de sa poésie, l'oppression subie par les Noirs dans leur globalité en montrant l'universalité de la condition noire, qu'elle soit féminine ou masculine, hétérosexuelle ou homosexuelle.

Aussi, retenons du travail d'écriture de Hughes, son sens artistique et esthétique, son originalité et son universalité. L'écriture de Hughes oscilla constamment entre maîtrise du folklore africain-américain et improvisation, mais une improvisation maîtrisée, car son style faussement simple démontre un travail sur la forme et la langue. Son chant et son humour furent les instruments de survie du petit peuple de Harlem qu'il décrivit inlassablement dans ses poèmes, mais aussi dans les aventures de Jesse B. Simple. Son écriture poétique, ou plutôt ses écritures, résonnent encore de nos jours, car leur portée et leur influence ont survécu à la Renaissance de Harlem.

Construite autour de « mots-musique » et d'« harmonies sonores » (Deleuze, 1993, 122), dans un contexte qui imposait des orientations dont il était difficile d'échapper, l'écriture poétique de Hughes révèle son sens inné de la création et de la provocation stylistique sur fond d'engagement et de militantisme social. Convaincu du pouvoir des mots et de la mission du poète, ses mots furent sa seule arme. Nous conclurons donc cet ouvrage en citant Hughes qui, tout au long de sa carrière, fit sien ce principe : « Poètes, accrochez vous à vos propres mots, si non vous mourrez[294] ».

---

[294] *"Hang yourself, poet, in your own words; otherwise you are dead"*. Phrase prononcée par Langston Hughes et citée dans Rampersad, 1994, 5.

Bibliographie

SOURCES PRIMAIRES
Poésie

HUGHES, Langston, *Selected Poems*, New York, A. Knopf, 1965.
—, *Ask Your Mama: 12 Moods for Jazz*, New York, A. Knopf, 1961.
—, *Montage of a Dream Deferred*, New York, A. Knopf, 1951.
—, *The Dream Keeper and Other Poems*, New York, A. Knopf, 1932.
—, *The Negro Mother*, New York, Golden Stair Press, 1931.
—, *Dear Lovely Death*, Amenia, Troutbeck Press, 1931.
—, *Fine Clothes to the Jew*, New York, A. Knopf, 1927.
—, *The Weary Blues*, New York, A. Knopf, 1926.
RAMPERSAD, Arnold, Roessel, David, ed., *The Collected Poems of Langston Hughes*, New York, Vintage Classics, 1995.

Simple

HUGHES, Langston, *L'ingénu de Harlem*, Traduction par F.J Roy, Paris, La Découverte, 2003.
—, *The Return of Simple*. New York, Hill & Wang, 1994.
—, *Simple's Uncle Sam*, New York, Hill & Wang, 1967
—, *The Best of Simple*, New York, Hill & Wang, 1961.
—, *Simple Stakes a Claim*, New York, Hill & Wang, 1957.
—, *Simple Takes a Wife*, New York, Simon & Schuster, 1953.
—, *Simple Speaks his Mind*, New York, Dodd, Mead and Company, 1950.

Autobiographies

HUGHES, Langston, *The Big Sea*, New York, Alfred Knopf, 1940.
—, *I Wonder as I Wander*, Rineheart, 1956.

Correspondance

BERNARD, Emily, ed., Remember Me to Harlem. *The Letters of Langston Hughes and Carl Van Vechten (1925-1964)*, New York, Alfred Knopf, 2001.

SOURCES SECONDAIRES

ANDERSON, Jervis, *This Was Harlem. A Cultural Portrait, 1900-1950.* New York, The Noon Press, 1981.

ARCHER-STRAW, Petrine, *Negrophilia*. New York, Thames & Hudson, 2000.

ARNOLD, James, *Modernism and Negritude: The Poetry and Poetics of Aimé Césaire*. Cambridge, Harvard University Press, 1981.

BAKER HOUSTON, *Modernism and the Harlem Renaissance*. Chicago, University of Chicago Press, 1987.

BAKHTINE, Mikhail. *The Dialogic Imagination. Four Essays*, Austin, University of Texas Press, 1981.

BARKSDALE, Richard, *Langston Hughes: his times and his humanistic techniques*. Black American Literature and Humanism, Kentucky, University Press of Kentucky, 1981.

—, *Langston Hughes: the poet and his critics*. Chicago, American Library Association, 1977.

BARKSDALE, R., KINNAMON, *Black Writers of America. A Comprehensive Anthology*. New York, The Mac Millan Company, 1972.

BARTHES, Roland, « *Le Mythe aujourd'hui* ». (1957), in Mythologies, sous la dir., Jacqueline Guittard, Paris, Seuil, 2010.

__, *Le plaisir du texte*, Paris, Editions du Seuil, 1973.

BASCOM, Lionel C., ed., *A Renaissance in Harlem*. New York, Avon Books, 1999.

BERGEROT, Franck et MERLIN, Arnaud, *L'épopée du Jazz. Du Blues au Bop*. Paris, Gallimard, 1991.

BERLIN, Ira, *The Making of African America. The Four Great Migrations*. New York, Penguin Books, 2010.

BERRY, Faith, *Langston Hughes, Before and Beyond Harlem*. Westport, Lawrence Hill, 1983.

BHABHA, Homi. *The Location of Culture*, London and New York, Routledge, 1994.

—, *Nation and Narration*. New York, Routledge, 1990.

BLACHER COHEN, Sarah, *Comic Relief. Humor in Contemporary American Literature,* Urbana, University of Illinois Press, 1978.

BLAIR W., Hill H., *America's Humor. From poor Richard to Doonesbury*, New York, Oxford University Press, 1978.

BLOOM, Harold, *Modern Critical Views: Langston Hughes*. New York, Chelsea House Publishers, 1989.

BOGLE, Donald, *Toms, Coons, Mulattoes, Mamies and Bucks: an Interpretative History of Blacks in American Films*. New York, Viking Press, 1973.

BONE, R., *The Negro Novel in America*. New Haven, Yale University Press, 1965.

BONTEMPS, Arna, *The Harlem Renaissance Remembered*. Essays, New York, Dodd and Mead, 1972.

BOYD, Valerie, *Wrapped in Rainbows. The Life of Zora Neale Hurston*, New York, Scribner, 2003.

BROWN, Claude, *Harlem ou la Terre Promise*. Paris, Stock, 1966.

CASHMORE, Ellis, *The Black Culture Industry*. London and New York, Routledge, 1997.

CESAIRE, Aimé, *Cahiers du retour au pays natal* (1933), Paris, Présence Africaine, 2000.

CHAMOISEAU, Patrick, *La matière de l'absence*. Paris, Éditions du Seuil, 2016.

CHISHOLM, Ann, *Nancy Cunard: A Biography*. London, Penguin Books, 1979.

CLARY, Françoise, *Caryl Phillips, Crossing the River*. Collection Les Clefs concours Anglais-Littérature dirigée par Elisabeth Soubrenie, Paris: Atlande, 2017.

DAVIS & JENKINS, ed., *The Cambridge Companion to Modernist Poetry*. Cambridge, Cambridge University Press, 2007.

DAVIS, Angela, *Blues Legacies and Black Feminism*. New York, Vintage, 1999.

DELEUZE, Gilles et GUATTARI, Félix, *Qu'est-ce que la philosophie ?* Paris, Les Éditions de Minuit, 2005.

—, *Mille Plateaux*, Paris, les Éditions de Minuit, 1980.

DELEUZE, Gilles, *Critique et clinique*, Paris, Les Éditions de Minuit, 1993.

—, *Dialogues*, avec Claire Parnet, Paris, Flammarion, 1977.

—, *Kafka, pour une littérature mineure,* Paris, Les Éditions de Minuit (collection « Critique »), 1975.

—, *Différences et répétitions* (1969), Paris, Presses Universitaires de France, 2011.

DOUGLASS, Frederick, *Narrative of the Life of Frederick Douglass* (1845). Mineola, N.Y., Dover Publications, 1995.

DUALÉ, Christine, *Harlem Blues : Langston Hughes et la poétique de la Renaissance afro-américaine.* Paris, L'Harmattan, 2014.

DURST JOHNSON, Claudia, ed., *Race in the Poetry of Langston Hughes.* Michigan, Greenhaven Press, 2014.

EMANUEL, James, *Langston Hughes.* New York, Twayne Publishers, 1967.

FABRE Geneviève, FEITH, M., ed., *Temples for Tomorrow, Looking Back at the Harlem Renaissance.* Bloomington, Indiana University Press, 2001.

FABRE, Michel, OREN, *Harlem, ville noire.* Paris, Armand Colin, 1971.

FANON, Frantz, *Peau noire, masques blancs.* Paris, Les Éditions du Seuil, 1952 ; Points Essais, 2015.

FOHLEN, Claude, *Histoire de l'esclavage aux États-Unis.* Paris, Perrin, 1998.

FONER, Philip, *History of Black Americans. From Africa to the Emergence of the Cotton Kingdom.* Westport, Greenwood Press, 1975.

FRANKLIN, John Hope, *Mirror to America: The Autobiography of John Hope Franklin.* New York, Farrar, Straus and Giroux, 2005.

FRAZIER, Franklin, *Black Bourgeoisie.* New York, The Free Press, 1957.

FREDERICKSON, George M., *The Black Image in the White Mind.* Hanover, New Haven, Wesleyan University Press, 1987.

GALE, Steven, *Encyclopedia of American Humorists.* New York and London, Garland Publishing, 1988.

GARRAIT-BOURRIER, Anne, *L'esclavage aux États-Unis.* Du déracinement à l'identité, Paris, Ellipses, 2001.

GATES, Henry Louis Jr., *The Signifying Monkey. A Theory of African-American Literary Criticism,* New York & Oxford, Oxford University Press, 1988.

GILROY, Paul, *The Black Atlantic. Modernity and Double Consciousness.* Cambridge, Harvard University Press, 1993.

GLISSANT, Édouard, *Introduction à une poétique du divers*. Paris, Gallimard, 1996.

GREEN, Lisa B., *African American English, A Linguistic Introduction*. New York, Cambridge University Press, 2001.

HALL, Stuart, ed., *Representation. Cultural Representations and Signifying Practices*. Sage Publications, The Open University, 1997

HAYES, Edwards Brent, *The Practice of Diaspora*. Cambridge, Massachussetts, Harvard University Press, 2003.

HOOKS, Bell, *Ain't I a Woman. Black women and feminism*. Boston, South End Press, 1981.

HUGGINS, Nathan, *Voices from the Harlem Renaissance*. New York, Oxford University Press, 1976.

HUGHES, Langston, *The Book of Negro Humor*. New York, Dodd, Mead and Company, 1966.

HUGO, Victor, *Bug-Jargal* (1876). Paris, Hachette, 2013.

HUCHINSON, George, *The Harlem Renaissance in Black and White*. Cambridge, Ma., Harvard University Press, 1995.

JONES, Leroi, *Blues People. Negro Music in White America* (1963), New York, London, Harper Perennial, 2002.

KUTZINSKI, Vera M., *The Worlds of Langston Hughes: Modernism and Translation in the Americas*. Ithaca, NY, Cornell University Press, 2012.

LACROIX, Jean Michel, *Histoire des États-Unis*. Paris, Presses Universitaires de France, 1996.

LARSEN, Nella, *Passing* (1929), Alfred A. Knopf, London, Serpent's Tail, 1989.

__, *Quicksand* (1928), Alfred A. Knopf London, Serpent's Tail, 1989.

LE DANTEC LOWRY, Hélène, FRUND, Arlette, sous la dir., *Écritures de l'Histoire Africaine-Américaine*. Paris, L'Harmattan, 2003.

LEVERING LEWIS, David, *When Harlem was in Vogue*. New York, Oxford University Press, 1982.

LEVET, Jean-Paul, *Talkin' That Talk : le langage du blues, du jazz et du rap*. Paris, Outre Mesure, 2010.

LEVET, Jean-Paul et al., *De Christophe Colomb à Barack Obama 1492-1919*. Une chronologie des musiques afro-américaines, Tome I, Paris, Clarb, Soul Bag, 2015.

LEVET, Jean-Paul, *Rire pour ne pas pleurer: le Noir dans l'Amérique blanche / Laughing Just to Keep from Cryin: Blacks in White America*. Paris, Les éditions Parenthèses, 2002.

LEVIN, Harry, *Veins of Humor*. Cambridge, Massachusetts, Harvard University Press, 1972.

LOCKE, Alain, *The New Negro: Voices of the Harlem Renaissance*. New York, A. & C. Boni, 1925, Touchstone, 1999.

MARAN, René, *Batouala. Véritable roman nègre* (1921), Harpress Publishing, 2013.

MAXIMIN, Daniel, *Suzanne Césaire, Le grand camouflage. Ecrits de dissidence (1941-1945)*, Paris, Éditions du Seuil, 2009.

MC KAY, Claude, *Banjo* (1929), New York, Harvest Book,1970.

_, *Harlem: the Negro Metropolis*. New York, Brace and Worlds, 1968.

MITCHELL, Patricia B., *Soul on Rice. African Influences on American Cooking (1993)*. Chatham, Mitchells Publications, 2009.

MVE BEKALE, Marc, *Traite négrière et expérience du temps dans le roman afro-américain*. Paris, L'Harmattan, 2006.

NDIAYE, Pap, *La condition noire. Essai sur une minorité française*. Paris, Calmann-Lévy, 2008.

NEALE HURSTON, Zora, *Their Eyes Were Watching God* (1937). New York, Perennial Classics, 1998.

OSOFSKY, Gilbert, *Harlem: the Making of a Ghetto*. New York, Harper Torchbooks, second edition, 1971.

RAMPERSAD, Arnold, *The Life of Langston Hughes: I, Too, Sing America*. Volume 1, New York, Oxford University Press, 1986.

RICHET, Isabelle, sous la dir., *Harlem 1900-1935*. Paris, Éditions Autrement, Série Mémoires – n° 25, 1993.

RICOEUR, Paul, *La mémoire, l'histoire, l'oubli*. Paris, Editions du Seuil, 2000.

ROCCHI, Jean-Paul, *Ce qui Compte. Liminalities: A Journal of Performance Studies*. Volume 12 : 2, 2016, Liminalities.net. (ouvrage électronique), 256 pages.

http://liminalities.net/12-2/cequicompte.html

ROCCHI, Jean-Paul, sous la dir., *Dissidence et identités plurielles*. Nancy, Presses Universitaires de Nancy, 2008.

ROYOT, Daniel, *Amos'n'Andy. Les avatars d'un stéréotype ethnique*. Revue Française d'Études Américaines (55), février 1995.

ROYOT, Daniel, et al., *Histoire de la culture américaine*. Paris, Presses Universitaires de France, 1993.

ROYOT, Daniel, *L'humour américain. Des puritains aux Yankees*. Lyon, Presses Universitaires de Lyon, 1980.

RUMMEL, Jack, *Langston Hughes*. New York, Chelsea House Publishers, 1988.

SEDAR SENGHOR, Léopold, *Liberté, tome 1. Négritude et humanisme.* Paris, Seuil, 1964.

SHARPLEY-WHITING, T. Denean, *Negritude Women.* Minneapolis, The University of Minnesota Press, 2002.

SMITH FOSTER, Frances, *Witnessing Slavery: The Development of Ante-bellum Slave Narratives.* University of Wisconsin Press, (1979) 1994.

STAMPP, Kenneth, *The Peculiar Institution: Slavery in the Ante-Bellum South.* New York, Vintage Books, 1956.

STARLING, Marion, *The Slave Narrative: Its Place in American History (1982).* Washington D.C., Howard University Press, 1988.

SYLVANISE, Frédéric, *Langston Hughes. Poète jazz, poète blues.* Lyon, ENS Éditions, 2009.

TOCQUEVILLE (de), Alexis, *De la démocratie en Amérique (1835).* Paris, GF Flammarion, 13e édition, 1981.

TOOMER, Jean, *Cane* (1923), New York, Liveright, 1951.

TRACY, Steven C., ed., *A Historical Guide to Langston Hughes.* New York, Oxford University Press, 2004.

TRUTH, Sojourner, *Narrative of Sojourner Truth (1850).* Mineola, N.Y., Dover Publications, 1997.

VAN VECHTEN, Carl, *Nigger Heaven* (1926). University of Illinois Press, 1999.

WAGNER, Jean, *Les poètes nègres des États-Unis : le sentiment racial et religieux dans la poésie de Paul Laurence Dunbar à Langston Hughes (1890-1940).* Paris, Istra, 1963.

WATKINS, Mel, On the Real Side. *A History of African Amercian Comedy from Slavery to Chris Rock.* Chicago, Lawrence Hill Book, 1999 (1994).

WEST, Dorothy, *The Wedding* (1909), New York, Anchor Books, 1995.

WHEELER, Rebecca, ed., *The Workings of Language.* Westport, Connecticut, Praeger, 1999.

WIRTH, Thomas, ed., *Gay Rebel of the Harlem Renaissance: Selections from the Work of Richard Bruce Nugent.* Durham, London, Duke University Press, 2002.

YOUNG, Robert, *Colonial Desire: Hybridity in Culture. Theory and Race.* London, Routledge, 1995.

Entretien

La Négritude, Césaire et Senghor. Entretien avec Aimé Césaire à Fort-de-France, par Michel Field, 1994. http://m.ina.fr/video/105329806

Discographie

RAINEY, Ma, Complete Recorded Works in Chronological Order, Volumes 1–5. Document 5156, 5581–5584.
SMITH, Bessie, The Complete Recordings, Volumes 1-5, Columbia C2 K47091 (10 CDs).
SMITH, Mamie, Complete Recorded Works in Chronological Order, Volumes 1–4. Document 5357–5360.

Magazine de référence

Soul Bag, le magazine du blues et de la soul. Revue Trimestrielle, Clichy, ISSN 0398-9089. N° 219, Delta Blues. Juillet, août, septembre 2015.

Sites de référence

American Music, site de Stefan Wirz:
http://www.wirz.de/music/american.htm
Blues: http://www.guitaredomination.com
Soul Music: http://www.soulfulkindamusic.net

ARTICLES CITÉS

ANDERSON, Jervis, « Marcus Garvey, le Moïse noir », in *Harlem 1900-1935*, Isabelle Richet, dir., Paris, Éditions Autrement, Série Mémoires – n° 25, 1993, 152-158.
BILLARD, François, « Honky tonks, ragtime n'blues » in *Harlem 1900-1935, Isabelle* Richet, dir., Paris, Éditions Autrement, Série Mémoires – n° 25, 1993, 132-149.
CAPONE, Stefania, « Repenser les « Amériques noires », in *Journal de la société des américanistes*, Nouvelles perspectives de la recherche afro-américaniste », [En ligne], 91-1 | 2005, mis en ligne le 10 janvier 2010. Consulté le 05 juillet 2015. URL : http://jsa.revues.org/2830

CLARY, Françoise, « Paroles entravées et contre-discours : la résistance de la langue africaine dans l'espace caraïbe » in, *Langues dominantes, Langues dominées*, textes réunis par Laurence Villard, avec la collaboration de Nicolas Ballier, collection ERIAC, Publications des Universités de Rouen et du Havre, 2008, 333-352.

COHEN, Joël, « Spirituals noir et blanc ». Texte traduit par Catherine Escrive, Notre Histoire, n° 182-183, novembre-décembre 2000, 56-58.

COURET, Boris, « Nicolás Guillén, ou l'incarnation poétique du métissage cubain. Le chantre cubain de la « négritude négriste », in *Le Journal International,* mis en ligne le 16 Décembre 2013. Consulté le 5 août 2015. Article non paginé. URL :
http://www.lejournalinternational.fr/Nicolas-Guillen-ou-l-incarnation-poetique-du-metissage-cubain_a1579.html

DEBOUZY, Marianne, « Syndicalistes, socialistes et communistes à Harlem », in *Harlem 1900-1935*, Isabelle Richet, dir., Paris, Éditions Autrement, Série Mémoires – n° 25, 1993, 159-175.

DOMINGO, Wilfred A., « Un don des Tropiques noirs », in *Harlem 1900-1935*, Isabelle Richet, dir., Paris, Éditions Autrement, Série Mémoires – n° 25, 1993, 37-45.

DUALÉ, Christine, « Glissement du mode « majeur » au mode « mineur » dans *L'ingénu de Harlem* de Langston Hughes ». Miranda [Online], 12 | 2016, Online since 26 February 2016. Connection on 25 March 2016, 1-16. URL : http://miranda.revues.org/8102

—, « Lorsque Langston Hughes écrivait l'Amérique de demain : Jesse B. Simple, porte parole des Noirs américains », in Africultures, 25 février 2015. Consulté le 19 septembre 2015. Article non paginé. URL: africultures.com/php/index.php?nav=article&no=12789

—, « L'émergence de la pensée féminine et féministe antillaise : des sœurs Nardal à Suzanne Roussi Césaire », in Africultures (48), 26 novembre 2014. Consulté le 23 janvier 2016. Article non paginé. URL:
http://www.africultures.com/php/index.php?nav=article&no=12564

—, « Conflits et pouvoir : le rôle des Africaines-Américaines dans la création des associations féminines noires (1890-1960) », in *Femmes, Conflits, Pouvoir*, Anglophonia (French Journal of English Studies) 27, Toulouse, Presses Universitaires du Mirail, 2010, 119-128.

—, « Les Combats des Africaines-Américaines pour leur liberté », in *Civilisations 10, Combats de femmes,* Toulouse, Presses de l'Université de Toulouse 1 Capitole, 2010, 223-242.

DZANOUNI, Lamia, H. Le Dantec-Lowry, C. Parfait, « From One Crisis to the Other: History and Literature in The Crisis from 1910 to the Early 1920s », European journal of American studies [Online], Vol 11, no 1 | June 2016, 1-21. Consulté le 23 Juin 2016. URL : http://ejas.revues.org

FABRE, Geneviève, « Singing the Event: Death Songs and Freedom Songs, 1861-1865 » in *Écritures de l'Histoire Africaine-Américaine*, Hélène Le Dantec-Lowry, Arlette Frund, dir., Paris, L'Harmattan, 2003, 65-85.

—, « La Renaissance de Harlem », in *Harlem 1900-1935*, Isabelle Richet, dir., Paris, Éditions Autrement, Série Mémoires – n° 25, 1993, 92-114.

FABRE, Michel, « L'Amérique blanche à la découverte de son âme noire», in *Harlem 1900-1935*, Isabelle Richet dir., Paris, Éditions Autrement, Série Mémoires – n° 25, 1993, 82-91.

GARRAIT-BOURRIER, Anne, « Dissidences génériques et gender dans les Amériques », in *Lectures du genre n° 9 : Dissidences génériques et gender dans les Amériques*, 2012, 9-17.

GUILLAMUME, Paul, Les Arts à Paris. (Numéro 3, 1918 ; numéro 4, 1919; numéro 5, 1919; numéro 9, 1924) in *Negrophilia*, ARCHER-STRAW, Petrine, New York, Thames & Hudson, 2000.

HECQUET, Vincent, « Littératures orales africaines », in *Cahiers d'études africaines* [En ligne], 195 | 2009, mis en ligne le 22 septembre 2009. Consulté le 08 juillet 2015. Article non paginé. URL : http://etudesafricaines.revues.org/14052

HOOKS, bell. "Seductive Sexualities: Representing Blackness in Poetry and on Screen." Yearning: Race, Gender, and Cultural Politics. Boston, South End, 1990, 193-201.

JOYCE, A. Joyce, « A Tinker's Damn: Henry Louis Gates, Jr., and The Signifying Monkey Twenty Years Later », Callaloo, 31. 2 (Spring 2008), 370-380.

LE DANTEC-LOWRY, Hélène, « Ecrire l'histoire africaine-américaine après les années soixante » in *Écritures de l'Histoire Africaine-Américaine*, Hélène Le Dantec-Lowry, Arlette Frund, dir., Paris, L'Harmattan, 2003, 21-36.

LEMOINE, Xavier, « Performances instables: tête de pont de la dissidence ou vivier de la récupération ? » in *Dissidence et identités plurielles*. Jean-Paul Rocchi, sous la dir., Nancy, Presses Universitaires de Nancy, 2008, 125-144.

MATTIUSSI, Laurent, « Philosophie des marges littéraires : l'écriture du dehors », in *Théorie des marges littéraires*, P. Forest, M. Szkilnik, Cécile Defaut, dir., 59-72, 2005, archives ouvertes.
URL :<hal-00946784>
MESNARD, Éric, « Une dénonciation convaincante de l'esclavage à travers le récit de la descente aux enfers d'un homme libre devenu esclave », in *Cahiers d'histoire. Revue d'histoire critique* [En ligne], 124 | 2014, mis en ligne le 01 juillet 2014. Consulté le 05 août 2015. Article non paginé. URL : http://chrhc.revues.org/3840
MILLER, Kelly, « After Marcus Garvey », New York Amsterdam News, 4 mai 1927. Document non paginé.
NARDAL, Jane, « L'internationalisme noir » ; « Pantins exotiques », La Dépêche africaine, octobre 1928. Consulté le 26 novembre 2014. URL : http://gallica.bnf.fr/ark:/12148/bpt6k32946v/f54.image.langFR
NARDAL, Paulette, « L'éveil de la conscience de race », La Revue du Monde Noir, 6 avril 1932. Consulté le 26 novembre 2014. URL : http://gallica.bnf.fr/ark:/12148/bpt6k32946v/f54.image.langFR
NDIAYE, Pap, « Présence africaine avant "Présence Africaine" », in, *La subjectivation politique noire en France dans l'entre-deux guerres*, Gradhiva, 10, 2009, 64-79.
OLLIVIER-MELLIOS, Anne, « Waldo Frank et Europe : un Américain et l'Europe », in *Revue française d'études américaines* 2001/1 (n° 87), 17-37.
ONWUCHEKWA, Jemie, « The Sociale Messages in the Poetry of Langston Hughes », in *Race in the Poetry of Langston Hughes*, Claudia Durst Johnson, ed., Michigan, Greenhaven Press, 2014, 38-48.
PULLUM, Geoffrey K., « African American Vernacular English is not Standard English with Mistakes », in *The Workings of Language*, Rebecca Wheeler, ed.,Westport, Connecticut, Praeger, 1999, 39-58.
RAMPERSAD, Arnold, « Hughes's Fine Clothes to the Jew », in *Langston Hughes, Critical Perspectives Past and Present*, K. A. Appiah, H. L. Gates Jr., ed., New York, Amistad, 1993, 53-68.
REVERSEAU, Anne, « Breton, Man Ray et l'imaginaire photographique de la magie », in, *Textimage*, Varia 2, été 2010, 1-21.
ROCCHI, Jean-Paul, « Baldwin, l'homotextualité et les identités plurielles : une rencontre à l'avant-garde », Revue LISA/LISA e-journal [En ligne], *Écrivains, écritures, Hommage à James Baldwin* (Dossier par Benoît Depardieu), mis en ligne le 01 janvier 2004.

Consulté le 26 février 2016. Article non paginé. URL: http://lisa.revues.org/611

ROUFFINEAU, Isabelle, « The Color Purple ou la Féminitude Pourpre », in, *La Couleur du Temps dans la culture afro-américaine,* Claudine Raynaud, dir., actes de l'Atelier de l'AFEA du 22-23 mai 2004, Cahiers de Recherches Afro-Américaines Transversalité n°1/2005, Tours, Presses Universitaires François Rabelais, 2005, 113-131.

ROUSSI CESAIRE, Suzanne, « Malaise d'une civilisation », Tropiques 5 (1942) ; « Le grand camouflage », Tropiques 13,14 (1945), in *Suzanne Césaire, Le grand camouflage. Écrits de dissidence (1941-1945),* Daniel Maximin, Paris, Éditions du Seuil, 2009.

SIBERTIN-BLANC, Guillaume, « Pour une littérature mineure : un cas d'analyse pour une théorie des normes chez Deleuze ». [En ligne] Université de Lille 3, 2003. Consulté le 27 avril 2015). Article non paginé.

URL:http://stl.recherche.univlille3.fr/seminaires/philosophie/macherey/Macherey20022003/Sibertn.html

SPENCER, John Michael, « Les Églises noires entre l'excentrique et le sublime », in *Harlem 1900-1935,* Isabelle Richet, dir., Paris, Éditions Autrement, Série Mémoires – n° 25, 1993, 48-65.

SYLVANISE, Frédéric, « La Renaissance de Harlem fut-elle une dissidence inefficace ou une collaboration interraciale essentielle ? » in *Dissidence et identités plurielles.* Jean-Paul Rocchi, sous la dir., Nancy, Presses Universitaires de Nancy, 2008, 207-226.

THIAO, Yopane, « Nicolás Guillén ou l'incarnation de la 'négritude négriste' », Africultures, mis en ligne le 28/7/2003. Consulté le 5 août 2015. Article non paginé.

URL:http://www.africultures.com/php/?nav=article&no=3024#sthash.cPLhzIip.dpuf

INDEX

A

Affects, 182, 186, 191
Afrique, 11, 14, 20, 24, 29, 30, 31, 32, 33, 34, 35, 36, 37, 42, 43, 46, 48, 49, 50, 51, 52, 53, 54, 58, 59, 71, 73, 75, 76, 82, 88, 105, 107, 110, 111, 114, 115, 118, 119, 121, 122, 123, 128, 131, 132, 137, 145, 146, 150, 151, 184, 188, 194, 201, 235, 236, 244, 251, 261, 276
Amos'n'Andy, 221, 225, 284

B

Baker Josephine, 116
Batouala, 87, 121, 284
Bennett Gwendolyn, 87, 100, 106, 109
Blues, 11, 12, 22, 25, 41, 47, 94, 107, 138, 148, 154, 155, 159, 160, 161, 162, 164, 167, 168, 184, 185, 186, 188, 212, 254, 279, 280, 281, 282, 283, 286
Bourgeoisie noire, 17, 21, 23, 29, 49, 71, 84, 87, 89, 98, 99, 100, 101, 102, 103, 105, 108, 109, 118, 120, 142, 143, 203, 222, 230

C

Cabarets, 92, 96, 97, 113, 125, 126, 127, 138, 142, 218, 270
Cahier d'un retour au pays natal, 120, 123
Calloway Cab, 93, 95, 259
Césaire Aimé, 75, 76, 120, 121, 122, 129, 130, 131, 132, 280, 284, 286, 287, 290
Crisis, 11, 38, 53, 77, 82, 86, 94, 98, 99, 102, 108, 118, 121, 125, 138, 146, 148, 149, 288
Cullen Countee, 11, 22, 100, 174, 184
Cunard Nancy, 117, 118, 119, 126, 281

D

Death songs, 41, 42, 43, 44
Deleuze, 18, 23, 72, 73, 133, 137, 143, 148, 149, 157, 178, 181, 182, 183, 186, 204, 248, 251, 252, 260, 276, 277, 290
Déterritorialisation, 58, 132, 148, 183, 255, 265
Dialecte noir, 23, 41, 85, 145, 163, 275
Diaspora, 33, 77, 100, 114, 118, 121, 122, 123, 129, 130, 132, 133, 139, 141
Discrimination, 20, 74, 81, 82, 140, 232, 246, 272
Douglass Frederick, 42, 43, 56, 59, 60, 61, 187, 282
Droits civiques, 83, 140
Du Bois W.E.B., 11, 82, 83, 84, 86, 89, 91, 98, 99, 102, 103, 119, 125, 128, 138, 145, 235, 271

E

Ellington Duke, 21, 93, 95
Esclavage, 19, 21, 27, 29, 30, 31, 32, 33, 34, 36, 39, 40, 41, 42, 45, 46, 48, 50, 56, 57, 59, 60, 61, 62, 63, 64, 65, 73, 81, 93, 121, 143, 149, 150, 153, 154, 188, 219, 220, 221, 223, 224, 229, 230, 239, 249, 251, 282, 289
Esclave, 41, 42, 44, 46, 55, 56, 57, 58, 60, 61, 62, 63, 65, 85, 131, 146, 149, 187, 188, 191, 223, 241, 261, 264, 289

F

Fanon Frantz, 116, 132, 158
Fauset Jessie, 11, 53, 86, 87, 91, 94, 97, 106, 108, 109, 138
Fine Clothes to the Jew, 12, 107, 125, 157, 158, 165, 279, 289
Fire !!, 21, 99
Franklin Frazier, 31

G

Golliwog, 220

H

Harlem, 21, 22, 70, 82, 98, 104, 107, 113, 184, 205, 206, 218, 239, 241, 243, 245, 255, 263, 269, 270

Héritage, 17, 21, 22, 25, 29, 31, 34, 35, 36, 44, 45, 47, 51, 53, 60, 65, 70, 78, 81, 99, 107, 110, 120, 121, 124, 147, 149, 181, 183, 218, 251, 275, 276

Hughes Langston, 11, 12, 13, 14, 15, 17, 18, 19, 20, 21, 22, 23, 24, 25, 29, 32, 33, 35, 38, 47, 48, 49, 51, 52, 53, 54, 65, 72, 73, 74, 75, 76, 77, 78, 84, 85, 87, 88, 91, 92, 93, 94, 96, 97, 98, 99, 100, 101, 102, 103, 104, 105, 106, 108, 109, 113, 114, 115, 118, 119, 121, 125, 126, 127, 131, 133, 137, 138, 139, 140, 141, 142, 143, 144, 145, 146, 147, 148, 149, 150, 151, 153, 157, 158, 159, 160, 161, 162, 163, 164, 165, 166, 167, 168, 169, 170, 171, 172, 173, 174, 175, 176, 177, 178, 179, 180, 181, 182, 183, 184, 185, 186, 187, 188, 189, 190, 191, 192, 193, 194, 196, 197, 198, 199, 200, 201, 202, 203, 204, 208, 209, 210, 211, 212, 213, 217, 218, 219, 220, 222, 227, 229, 231, 232, 233, 234, 235, 236, 237, 240, 241, 246, 247, 248, 249, 250, 251, 252, 253, 254, 255, 256, 257, 258, 260, 261, 262, 263, 264, 265, 266, 268, 269, 270, 271, 272, 273, 275, 276, 277, 279, 280, 281, 282, 283, 284, 285, 287, 289

I

Identité, 18, 29, 31, 32, 33, 35, 40, 48, 67, 77, 84, 103, 107, 109, 110, 120, 121, 122, 124, 128, 129, 130, 148, 163, 170, 172, 173, 174, 175, 176, 178, 179, 188, 203, 204, 209, 230, 234, 237, 243, 264, 271, 273, 277, 282

Identité raciale, 85, 163

Intégration, 76, 84, 101, 108, 241, 242, 270, 271

J

Jazz, 11, 17, 18, 23, 25, 40, 47, 48, 49, 71, 93, 94, 95, 104, 118, 126, 127, 133, 138, 144, 153, 170, 171, 178, 200, 201, 204, 210, 211, 212, 213, 218, 247, 275, 276, 283, 285

Jezebel, 224, 225

Jive, 255, 257, 271

L

Larsen Nella, 109, 208

Littérature mineure, 143, 181, 182, 184, 192, 220, 247, 248, 255, 260, 282, 290

Locke Alain, 12, 67, 70, 81, 82, 86, 88, 90, 91, 92, 100, 105, 115, 125, 173

M

Marge, 18, 23, 24, 25, 26, 35, 40, 52, 77, 101, 138, 144, 148, 150, 157, 161, 163, 164, 170, 171, 172, 173, 174, 176, 177, 179, 184, 192, 204, 212, 213, 215, 219, 248, 252, 260, 276, 277

Mécènes, 17, 91, 101, 102, 103, 107, 119, 133

Minstrels, 39, 220

Montage of a Dream Deferred, 13, 139, 199, 200, 210, 213, 279

N

NAACP, 14, 82, 89, 97, 104, 138, 146, 197

Narrative of the Life of Frederick Douglass, 42, 60

Neale Hurston Zora, 12, 88, 91, 99, 106, 107, 108, 109, 119, 157, 187, 281
Négritude, 25, 71, 75, 76, 113, 120, 121, 122, 123, 124, 129, 131, 132, 287, 290
Nigger Heaven, 69, 100, 103, 158, 285
Nugent Bruce, 99, 100, 174, 178, 285

O

Opportunity, 12, 77, 86, 88, 98, 99, 100, 110, 115, 184, 197
Oralité, 25, 48, 162, 168, 171, 188, 203, 208, 211, 248, 253, 254, 255, 260, 265, 273

P

Paris, 11, 14, 67, 71, 76, 90, 110, 113, 114, 115, 118, 119, 120, 121, 125, 126, 127, 130, 158, 202, 224, 275, 279, 280, 281, 282, 283, 284, 285, 286, 287, 288, 290
Passing, 109, 208, 209, 283
Peau noire, masques blancs, 116, 282
Percepts, 182, 186, 191
Petite Renaissance, 67, 70, 71, 86

Q

Quicksand, 107, 109, 283

R

Race, 17, 35, 40, 85, 86, 102, 105, 109, 110, 123, 124, 128, 129, 132, 138, 163, 164, 170, 173, 175, 188, 194, 195, 218, 237, 238, 240, 242, 252, 271, 276, 289
Racisme, 20, 55, 117, 118, 120, 121, 122, 128, 158, 177, 206, 222, 230, 234, 235, 267, 272
Récits autobiographiques, 36, 50, 54, 55, 57, 59, 61, 63, 64, 65, 149
Slave narrative, 88

Renaissance de Harlem, 12, 13, 17, 18, 23, 24, 25, 47, 48, 49, 51, 53, 65, 67, 70, 71, 72, 73, 75, 77, 78, 79, 81, 84, 85, 86, 88, 89, 90, 92, 96, 98, 99, 100, 101, 103, 104, 107, 108, 109, 118, 121, 122, 129, 131, 132, 133, 137, 141, 144, 149, 151, 161, 175, 182, 183, 193, 194, 200, 201, 203, 213, 217, 218, 219, 227, 229, 230, 234, 235, 247, 251, 271, 272, 273, 275, 277, 288, 290
Rhizome, 18, 24, 72, 73, 74

S

Sandburg Carl, 17, 145, 147
Sédar Senghor Léopold, 14, 75, 121, 122, 130
Ségrégation, 19, 20, 24, 49, 64, 75, 82, 83, 93, 138, 157, 197, 210, 217, 218, 223, 234, 239, 241, 243, 244, 267, 268, 269, 270, 271, 272
Shuffle Along, 22
Simple, 13, 14, 15, 24, 25, 48, 49, 51, 52, 141, 180, 182, 213, 217, 218, 219, 220, 221, 222, 223, 224, 225, 226, 227, 229, 230, 231, 232, 233, 234, 235, 236, 237, 238, 239, 241, 242, 244, 245, 246, 247, 248, 249, 250, 251, 252, 253, 254, 256, 257, 258, 259, 260, 261, 262, 263, 264, 265, 266, 267, 268, 269, 270, 271, 272, 273, 277, 279, 287
Spirituals, 40, 41, 44, 45, 47, 153, 171, 181, 186, 188, 190, 191, 192, 193, 198, 204, 275
Stéréotypes, 17, 24, 37, 38, 39, 64, 69, 70, 85, 93, 94, 116, 118, 219, 220, 222, 223, 224, 225, 227, 258, 265, 267
Sud, 41, 222, 241
Sugar Hill, 98

T

Talented Tenth, 17, 84, 87, 90, 99, 102, 103, 141, 153

The Best of Simple, 25, 247, 251, 258
   L'ingénu de Harlem, 247
The Big Sea, 13, 54, 92, 97, 104, 146, 158, 159, 173, 179, 279
The Nation, 89, 98, 102
The Negro Artist and the Racial Mountain,, 102
The North Star, 43, 56
Tropiques, 130, 287, 290
Truth Sojourner, 42, 61, 62, 187, 285

U

Uncle Tom's Cabin
   La case de l'oncle Tom, 56

V

Vachel Lindsay, 150

Van Vechten Carl, 12, 21, 69, 94, 100, 104, 105, 119, 158, 175, 176, 179, 280
Van Wyck Brooks, 68, 71
Vernaculaire, 85, 89, 127, 144, 151, 253, 254, 256, 260, 265
Vogue nègre, 70, 104, 111, 113, 117, 129

W

Walker A'Lelia, 15, 56, 65, 96, 97, 194, 225
Washington Booker T, 12, 41, 61, 64, 82, 83, 84, 89, 99, 130, 150, 159, 205, 231, 246, 257, 271, 285
Whitman Walt, 17, 145, 147, 178, 199

Z

Zazou, 95, 259
Zip Coon, 222

Table des matières

Préface 7
Chronologie 11
Introduction 17

Première partie
De l'esclavage à la renaissance culturelle

Chapitre premier L'écriture de l'histoire 29
    La danse, le chant, la musique 36
    Les *death songs* 41
    Musique noire et religion : les spirituals 44
    Les littératures orales africaines 48
    Une première réécriture de l'histoire :
    les récits autobiographiques d'esclaves 54

Chapitre II.
De la « petite Renaissance » blanche
à la Renaissance de Harlem 67
    Régénérer la culture 67
    Faire rhizome : Langston Hughes et la pensée rhizomatique 72

Deuxième Partie
La Renaissance de Harlem :
de nouvelles voix/voies artistiques noires

Chapitre I.
Les voix de Harlem : une nouvelle tradition littéraire noire 83
    Les précurseurs 83

Les architectes de la Renaissance 86
Les spectacles noirs et les salons littéraires 92
Presse et mécénat 98
Les femmes de la Renaissance 107

Chapitre II.
Les voies de Harlem :
de Harlem à Paris, du « Noir nouveau » à la négritude 113

Paris et la « vogue nègre » 113
Nancy Cunard 118
Paris et le mouvement de la négritude 120

Troisième Partie
Construire une voix noire américaine

Chapitre I.
Le poète de la Renaissance de Harlem 137

Une voix africaine-américaine et populaire 138
L'écriture de la marge 144

Chapitre II.
Les écritures de Hughes 153

Hughes, « poète blues » 153
L'écriture de la marge sexuelle et de genre 171
Hughes, poète de l'émotion 181
Hughes, poète social 193

Quatrième Partie
De la marge à l'œuvre canonique

Chapitre I.
Jesse B. Simple. Du stéréotype au personnage phare 217

Un amalgame de stéréotypes 219

Chapitre II.
Jesse B. Simple : messager de Hughes 229

Simple et les femmes 229
Simple et la question raciale 234
Simple et la religion 242

Chapitre III.
La « marge » et le « mineur » dans *The Best of Simple* 249

« Devenir-révolutionnaire » 252
L'écriture de l'oralité 254
« Ligne de fuite » et « déterritorialisation » 266

Conclusion 275

Bibliographie 279

Sources primaires 279
Sources secondaires 280
Articles cités 286

INDEX 291

MUSIQUE
AUX ÉDITIONS L'HARMATTAN

Dernières parutions

PRINCIPES DE LA MÉLODIE
Musiques populaires, philosophie et contre-cultures
Lambert Alain
Dans l'*Essai sur l'origine des langues*, d'abord intitulé *Essai sur le principe de la mélodie*, J.-J. Rousseau donne au concept de mélodie une dimension anthropologique qui permet de mieux comprendre l'évolution des musiques populaires, surtout depuis la Révolution française. Et comment les musiques actuelles, autour du blues, du jazz et du rock, ont pu, en retrouvant, grâce aux techniques du disque et de la radio, une certaine tradition orale, favoriser des contre-cultures et participer à nous construire comme nous sommes aujourd'hui.
(Coll. Univers musical, 15.50 euros, 166 p.)
ISBN : 978-2-343-06218-1, ISBN EBOOK : 978-2-336-38131-2

JILL FELDMAN, SOPRANO INCANDESCENTE
Bien au-delà du Baroque
Bosc Michel
La soprano américaine Jill Feldman s'est fait connaître à l'aube des années 80, au sein des Arts Florissants de Paris, ensemble créé par William Christie. Sa carrière, étalée sur plus de trente ans, embrasse tous les répertoires, du Moyen Âge au contemporain, avec de nombreuses incursions dans le Baroque. Elle a notamment travaillé avec Frans Brüggen, René Jacobs, Jordi Savall, Mar Minkowski, Nicholas McGegan, Andrew Parrot... Ce portrait, en évoquant les grands enjeux du chant, évoque aussi le monde musical, ses souffrances et ses joies.
(Coll. Univers musical, 17.50 euros, 180 p.)
ISBN : 978-2-343-06285-3, ISBN EBOOK : 978-2-336-37621-9

LES COMPOSITEURS ET L'ART RADIOPHONIQUE
Cohen Andrea
Tout au long de son histoire, la radio a suscité l'intérêt des compositeurs. Si le medium leur apparaît tout d'abord comme un espace privilégié pour la diffusion de leurs œuvres, il devient également, avec le développement de l'art radiophonique, un lieu de création. Pour traiter de la relation des compositeurs et l'art radiophonique, cet ouvrage propose un parcours historique suivi d'une réflexion esthétique. Les travaux radiophoniques de Pierre Schaeffer, John Cage, Luciano Berio et Mauricio Kagel sont examinés en détails.
(Coll. Mémoires de radio, 24.00 euros, 236 p.)
ISBN : 978-2-343-04708-9, ISBN EBOOK : 978-2-336-37930-2

LA CULTURE POP AU PANTHÉON DES BEAUX-ARTS
Dangerous, de Mark Ryden à Michael Jackson
Petitjean Isabelle
Dangerous... Non, pas seulement un tableau. Un chef d'œuvre de Mark Ryden. Non, pas seulement un album. Un opus de Michael Jackson. Dialogue entre deux artistes, concerto pour peintre et orchestre, pour chanteur et palette, la portée de l'œuvre dépasse ici le support de

distribution massive, n'est pas réservée à l'élite des musées mais part à la rencontre des esprits du monde entier. Fruit de la rencontre de deux esprits artistiques passionnés par l'éclectisme culturel du monde et de ses civilisations, cette œuvre est unique en son genre.
(Coll. Univers musical, 28.50 euros, 288 p.)
ISBN : 978-2-343-06025-5, ISBN EBOOK : 978-2-336-38191-6

FRANÇOIS-JOSEPH GOSSEC (1734-1829)
Un musicien à Paris, de l'Ancien Régime au roi Charles X (Nouvelle édition)
Role Claude
Dès 1756 une brillante carrière de musicien s'offre à F.-J. Gossec, un des pionniers auxquels on doit en France la naissance de l'orchestre symphonique moderne. Directeur de l'Académie royale de musique, il embrasse les idées de la Révolution et durant cinq ans compose des musiques destinées aux célébrations nationales. On lui doit la première orchestration de la *Marseillaise*. En 1795 il est l'un des fondateurs du Conservatoire national supérieur de musique.
(Coll. Univers musical, 35.00 euros, 390 p.)
ISBN : 978-2-343-04010-3, ISBN EBOOK : 978-2-336-38117-6

LA BELLE HISTOIRE DES FANFARES DES BEAUX-ARTS (1948-1968)
Flanet Véronique
La fanfare des Beaux-arts est née après-guerre entre le boulevard Saint-Germain et la Seine, dans les ateliers d'architecture de l'École. Comment ? Pourquoi ? Le fonctionnement des ateliers, cette sorte de «phalanstère» où ordre et liberté se mêlent avec pas mal de bizarreries, a certainement permis l'éclosion de cette musique qui aimait à se moquer de ses sources. Reste que ces architectes, ces artistes ont, sur un mode potache et sans le vouloir, créé un genre musical à part entière, populaire et bien vivant.
(Coll. Musiques et Champ social, 26.00 euros, 255 p.)
ISBN : 978-2-343-06353-9, ISBN EBOOK : 978-2-336-37978-4

LIBERTÉS ET DÉTERMINISMES DE LA GUITARE
Du Baroque aux Avant-Gardes
Andia Rafael
Rafael Andia propose un regard sur les techniques et les écritures qui ont créé la guitare et continuent de déterminer l'histoire particulière de son instrument : la guitare flamenca ou classique, celle du XXème siècle ou la guitare baroque des Habsbourg de 1600. Celle rêvée par les musiciens de l'Impressionnisme ou celle des Gitans de la Manufacture des Tabacs de Séville. Il peut ainsi tisser des liens entre la *chitarra spagnuola* de la Contre-Réforme et la guitare actuelle, qui a inspiré à Tristan Murail une œuvre spectrale, *Tellur*.
(Coll. Univers musical, 12.50 euros, 110 p.)
ISBN : 978-2-343-06245-7, ISBN EBOOK : 978-2-336-37713-1

HISTOIRE UNIVERSELLE DE LA MUSIQUE ET DE LA THÉORIE MUSICALE
Donval Serge
Depuis environ un millénaire, la musique a beaucoup évolué. Et pour mieux comprendre cette évolution, ce livre explore le côté théorique et constate de nombreuses « incohérences ». Celles-ci ont été introduites par des théoriciens qui étaient peu enclins à la pratique musicale et qui étaient, jusqu'à la fin de la Renaissance, sous l'influence de l'Église catholique. Par ailleurs, les musiques des sociétés orientales ont eu des parcours différents, et sont souvent d'un grand raffinement ; la comparaison avec la musique occidentale est très riche d'enseignements.
(25.50 euros, 250 p.,)
ISBN : 978-2-343-05561-9, ISBN EBOOK : 978-2-336-37401-7

GIOVANNI MORELLI, LA MUSICOLOGIE HORS D'ELLE
Sous la direction d'Antony Desvaux et Vinay Gianfranco
Giovanni Morelli (1942-2011), médecin, musicien, artiste, grand pédagogue, est l'auteur d'une œuvre de musicologie originale, qui a jeté ses lumières tout à la fois sur Rameau, Kurtag, Kubrick, Nono, Fellini, Diderot, Cage, etc., œuvre marquée par une érudition brillante, et une grande

attention aux dimensions à la fois historiques, culturelles et sensibles, proposant une musicologie « hors d'elle «. Ce livre, le premier consacrée à Morelli, figure importante de la culture italienne, invite à découvrir son œuvre.
(Coll. Arts 8, 37.00 euros, 370 p.,)
ISBN : 978-2-343-05868-9, ISBN EBOOK : 978-2-336-37398-0

ENGLISH RHYTHM AND BLUES
Les liens étroits entre le blues et l'anglais
Larroque Patrice
L'anglais est une langue accentuée et mesurée, ce qui signifie qu'elle possède un rythme, de la même manière qu'il y a un rythme dans un air de blues. La structure du blues traditionnel reflète la cadence des blues primitifs qui consistaient à répéter plusieurs fois le même vers, comme dans les chants de travail des esclaves noirs qui s'articulaient sur un jeu d'appels et réponses dont les schémas ressemblaient davantage à un discours rythmé qu'à une mélodie.
(27.00 euros, 274 p.,)
ISBN : 978-2-343-05730-9, ISBN EBOOK : 978-2-336-37476-5

MUSICIENS CÉLÈBRES MALADES
Pourrait-on les sauver aujourd'hui ?
Germain Michel - Préface du Professeur Bernard Lechevalier
Nombre de savants et d'artistes auraient pu, s'ils avaient vécu plus longtemps, nous faire bénéficier encore de leurs travaux et de leur talent. Ce sont soixante-sept musiciens célèbres que l'auteur a choisi d'évoquer pour deux raisons : beaucoup sont décédés trop jeunes et la médecine pourrait aujourd'hui très probablement prolonger leur existence. Germain éclaire ces destins célèbres brisés par la maladie, comme celui de Chopin ou encore de Beethoven.
(Coll. Médecine à travers les siècles, 19.00 euros, 196 p.,)
ISBN : 978-2-343-05933-4, ISBN EBOOK : 978-2-336-37560-1

LA CHANSON DE CIRCONSTANCE
Trihoreau Michel - Préface de Serge Llado
Du temps de l'Inquisition à celui de François Hollande, attitudes croustillantes, mesures scandaleuses ou inventions géniales ont donné libre cours à toutes sortes d'illustrations musicales. Voici plus de 300 extraits de chansons furtives entrées par mégarde dans la postérité. Les chansonniers ont utilisé la caricature ou le pamphlet pour brosser un tableau instantané des événements dont ils étaient témoins.
(Coll. Cabaret, 27.00 euros, 260 p.,)
ISBN : 978-2-343-05940-2, ISBN EBOOK : 978-2-336-37404-8

LA CHANSON DES TROIS GARS
Delorme Pierre, Melgar Floréal, Troin René
On dirait une fable, et ça tombe bien, les auteurs de ce livre aiment bien ça, les fables. Comme la chanson, dont ils savent tout, c'est-à-dire à peu près rien. Car la chanson est partout et prend toutes les formes. C'est un art populaire en perpétuel renouvellement, un genre difficile à cerner tant il se confond avec nous. C'est donc pour parler de tout à propos de rien que les trois gars ont lancé « Crapauds et Rossignols «. Ce n'est pas une fable, mais un site Internet dont sont extraites les chroniques réunies dans ces pages.
(Coll. Autres chants, 25.00 euros, 254 p.,)
ISBN : 978-2-343-06111-5, ISBN EBOOK : 978-2-336-37536-6

JAZZ MANOUCHE
La discothèque idéale
De Gouyon Matignon Louis
Spécialiste reconnu de la question tsigane, Louis de Gouyon Matignon retrace ici l'histoire du jazz manouche depuis sa création dans les années 30 jusqu'à ses expressions les plus récentes. Le lecteur y côtoiera, au gré d'une discothèque de 100 albums, une galerie de personnages hauts en couleur dont Django Reinhardt, les frères Ferré, le trio Rosenberg ou encore Biréli Lagrène

et Christian Escoudé, et découvrira des talents méconnus ou aujourd'hui oubliés. Tous, à leur manière, ont contribué à écrire cette histoire.
(17.00 euros, 142 p., Illustré en couleur)
ISBN : 978-2-343-05509-1, ISBN EBOOK : 978-2-336-37008-8

BOOBA
Poésie, musique et philosophie
Chirat Alexandre
«Pourquoi suis-je transpercé par la musique de Booba ?» L'auteur mène ici une investigation sur l'œuvre du rappeur, qu'il érige au rang de grand poète ; digne héritier d'Artaud et de Michaux. De manière plus générique, il s'interroge sur la poésie et la musique afin de comprendre les ressorts affectifs de l'écoute musicale : que génère la musique ? Qu'éveille-t-elle en nous ? Pourquoi ? Et, enfin, qu'est-ce qu'une bonne musique ?
(14.00 euros, 128 p.)
ISBN : 978-2-343-05539-8, ISBN EBOOK : 978-2-336-36949-5

RENCONTRE DES ARTS
Correspondances entre œuvres sonores et visuelles au XXe siècle
Siqueira de Freitas Alexandre
L'auteur propose ici des angles nouveaux pour observer le dialogue entre formes artistiques : musique, peinture, opéra ou film. Cet essai conjure théorie, par les voies de l'esthétique, et expérience, à travers une analyse et une critique fondées sur la perception. Stravinsky, Picasso, Ligeti, Rothko, Klee, Bach, Dutilleux, Van Gogh, Eisenstein et Berg sont parmi les personnages de ce livre. Il s'agit de transformer les regards, de bouleverser les frontières et de susciter ainsi de nouvelles attitudes perceptives.
(Coll. Ouverture Philosophique, 17.00 euros, 178 p.)
ISBN : 978-2-343-03728-8, ISBN EBOOK : 978-2-336-36922-8

POUVOIRS (LES) DE LA MUSIQUE
***Du diabolus in musica* au showbiz traditionnel : la Corse, un laboratoire exemplaire**
Salini Dominique
La musique a été le modèle privilégié du philosophique et de l'esthétique. Mais paradoxalement, au nom de sa grande sensualité, elle est sous la surveillance des pouvoirs et livrée à l'interdit. La musique renvoie toujours à la même interrogation : pourquoi le phénomène sonore, *a priori* neutre, est-il à la fois jeu et enjeu des pouvoirs et comment se transforme-t-il la plupart du temps en arme idéologique efficace ? Voici un montage de textes sur l'ambiguïté des rapports qu'entretiennent le musical et le politique en prenant la Corse comme illustration exemplaire.
(Coll. Univers musical, 37.00 euros, 358 p.)
ISBN : 978-2-343-04195-7, ISBN EBOOK : 978-2-336-36085-0

ÉMILE GOUÉ (1904-1946)
Chaînon manquant de la musique française
Sous la direction de Philippe Malhaire
Le compositeur Émile Goué laisse derrière lui une cinquantaine d'œuvres ainsi que plusieurs ouvrages théoriques sur l'écriture musicale. Après avoir reçu les conseils et encouragements d'Albert Roussel dans les années 1930, il devient l'un des élèves particuliers de Charles Koechlin. Mais la deuxième guerre mondiale éclate : mobilisé, le compositeur prometteur est fait prisonnier. *Les Carnets de captivité* (1943-1945) de Goué, inédits dans leur intégralité, ont été rédigés durant l'édification de l'esthétique gouéenne de la maturité et sont donc d'une importance capitale pour saisir la pensée de leur auteur.
(Coll. Univers musical, 28.00 euros, 274 p.)
ISBN : 978-2-343-04552-8, ISBN EBOOK : 978-2-336-36064-5

L'HARMATTAN ITALIA
Via Degli Artisti 15; 10124 Torino
harmattan.italia@gmail.com

L'HARMATTAN HONGRIE
Könyvesbolt ; Kossuth L. u. 14-16
1053 Budapest

L'HARMATTAN KINSHASA
185, avenue Nyangwe
Commune de Lingwala
Kinshasa, R.D. Congo
(00243) 998697603 ou (00243) 999229662

L'HARMATTAN CONGO
67, av. E. P. Lumumba
Bât. – Congo Pharmacie (Bib. Nat.)
BP2874 Brazzaville
harmattan.congo@yahoo.fr

L'HARMATTAN GUINÉE
Almamya Rue KA 028, en face
du restaurant Le Cèdre
OKB agency BP 3470 Conakry
(00224) 657 20 85 08 / 664 28 91 96
harmattanguinee@yahoo.fr

L'HARMATTAN MALI
Rue 73, Porte 536, Niamakoro,
Cité Unicef, Bamako
Tél. 00 (223) 20205724 / +(223) 76378082
poudiougopaul@yahoo.fr
pp.harmattan@gmail.com

L'HARMATTAN CAMEROUN
TSINGA/FECAFOOT
BP 11486 Yaoundé
699198028/675441949
harmattancam@yahoo.com

L'HARMATTAN CÔTE D'IVOIRE
Résidence Karl / cité des arts
Abidjan-Cocody 03 BP 1588 Abidjan 03
(00225) 05 77 87 31
etien_nda@yahoo.fr

L'HARMATTAN BURKINA
Penou Achille Some
Ouagadougou
(+226) 70 26 88 27

L'HARMATTAN SÉNÉGAL
10 VDN en face Mermoz, après le pont de Fann
BP 45034 Dakar Fann
33 825 98 58 / 33 860 9858
senharmattan@gmail.com / senlibraire@gmail.com
www.harmattansenegal.com

L'Harmattan Italia
Via Degli Artisti 15; 10124 Torino
harmattan.italia@gmail.com

L'Harmattan Hongrie
Könyvesbolt ; Kossuth L. u. 14-16
1053 Budapest

L'Harmattan Kinshasa
185, avenue Nyangwe
Commune de Lingwala
Kinshasa, R.D. Congo
(00243) 998697603 ou (00243) 999229662

L'Harmattan Congo
67, av. E. P. Lumumba
Bât. – Congo Pharmacie (Bib. Nat.)
BP2874 Brazzaville
harmattan.congo@yahoo.fr

L'Harmattan Guinée
Almamya Rue KA 028, en face
du restaurant Le Cèdre
OKB agency BP 3470 Conakry
(00224) 657 20 85 08 / 664 28 91 96
harmattanguinee@yahoo.fr

L'Harmattan Mali
Rue 73, Porte 536, Niamakoro,
Cité Unicef, Bamako
Tél. 00 (223) 20205724 / +(223) 76378082
poudiougopaul@yahoo.fr
pp.harmattan@gmail.com

L'Harmattan Cameroun
TSINGA/FECAFOOT
BP 11486 Yaoundé
699198028/675441949
harmattancam@yahoo.com

L'Harmattan Côte d'Ivoire
Résidence Karl / cité des arts
Abidjan-Cocody 03 BP 1588 Abidjan 03
(00225) 05 77 87 31
etien_nda@yahoo.fr

L'Harmattan Burkina
Penou Achille Some
Ouagadougou
(+226) 70 26 88 27

L'Harmattan Sénégal
10 VDN en face Mermoz, après le pont de Fann
BP 45034 Dakar Fann
33 825 98 58 / 33 860 9858
senharmattan@gmail.com / senlibraire@gmail.com
www.harmattansenegal.com